DER TOD VON WOLVERINE

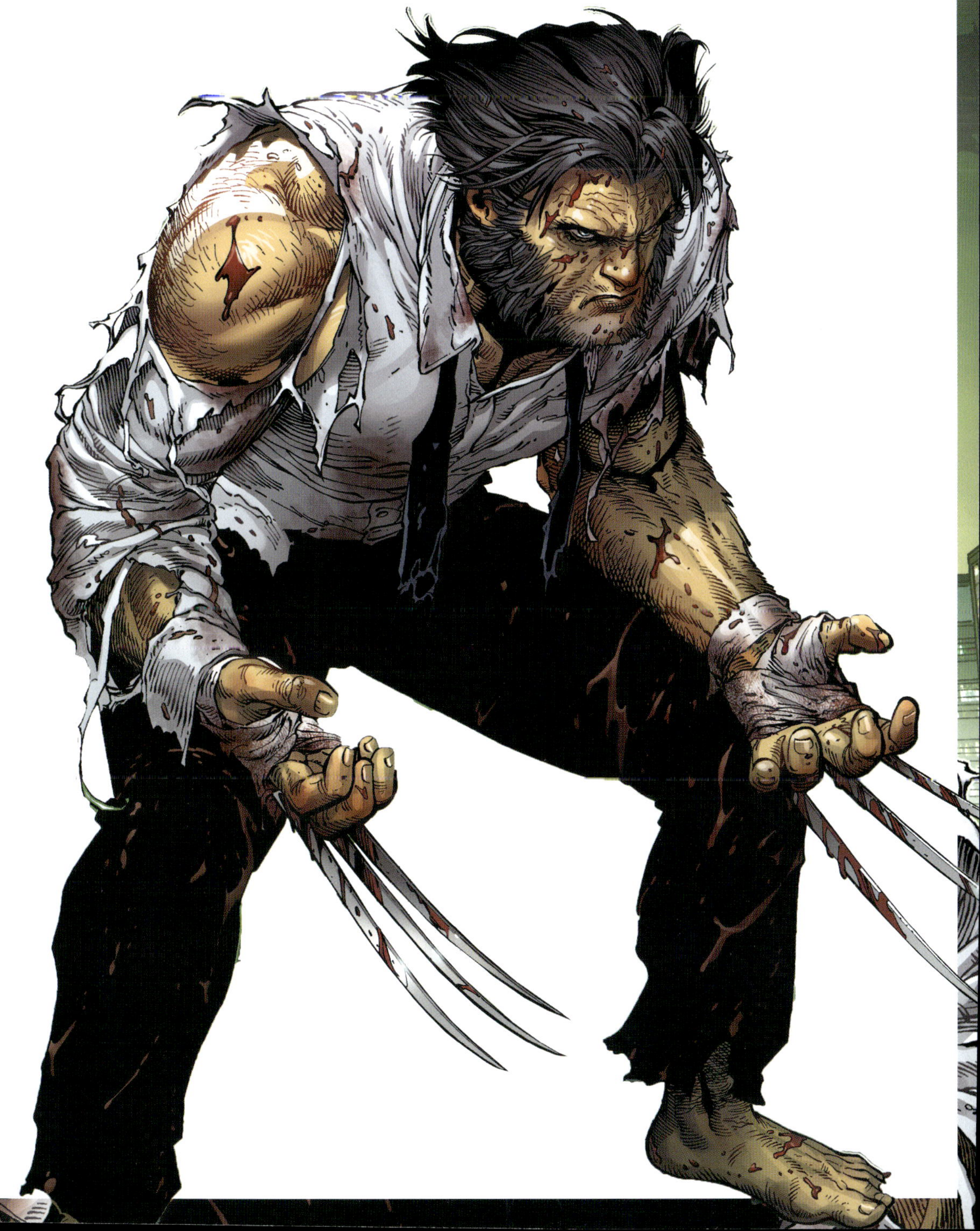

INHALT

MARVEL

FSC
www.fsc.org
MIX
Paper from responsible sources
FSC® C115044

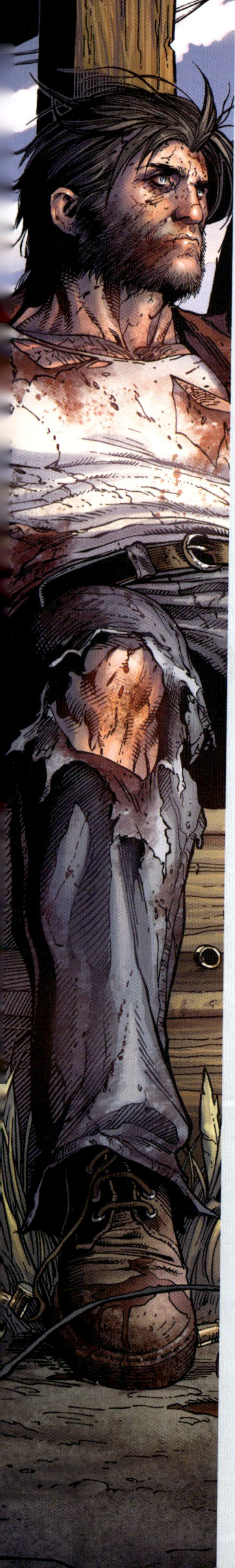

DER TOD VON WOLVERINE

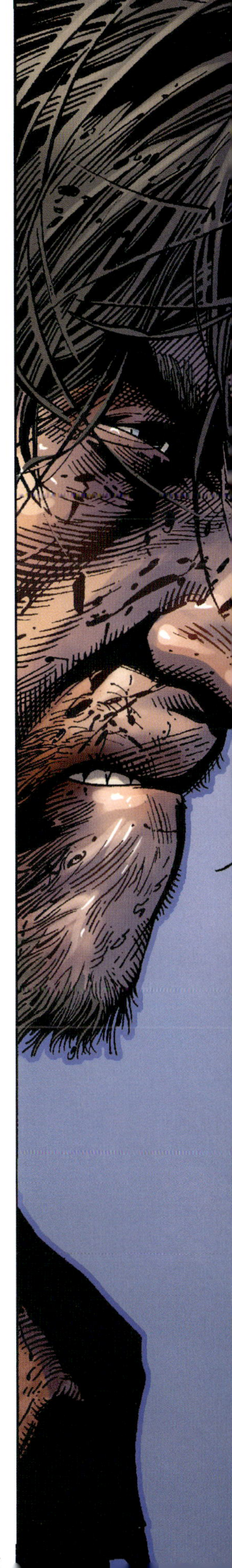

CHARLES SOULE
AUTOR

STEVE McNIVEN
ZEICHNER

JAY LEISTEN
TUSCHE

JUSTIN PONSOR
FARBEN

FABIO CIACCI
ELLETI
LETTERING

JÜRGEN PETZ
ÜBERSETZUNG

XANDER JAROWEY
KATIE KUBERT
MIKE MARTS
REDAKTION USA

C. B. CEBULSKI
CHEFREDAKTEUR USA

JOE QUESADA
CHIEF CREATIVE OFFICER USA

DAN BUCKLEY
HERAUSGEBER USA

ALAN FINE
PRODUZENT USA

MARVEL MUST-HAVE: DER TOD VON WOLVERINE erscheint bei **PANINI COMICS**, Schloßstraße 76, D-70176 Stuttgart. Druck: Lito Terrazzi Industria Grafica. Pressevertrieb: Stella Distribution GmbH, D-22297 Hamburg. Direkt-Abos auf **www.paninicomics.de.** Anzeigenverkauf: BLAUFEUER VERLAGSVERTRETUNGEN GmbH, info@blaufeuer.com. Es gilt die Anzeigenpreisliste Nr. 17 vom 01.10.2019. Geschäftsführer **Hermann Paul**, Publishing Director Europe **Marco M. Lupoi**, Finanzen **Felix Bauer**, Marketing Director **Holger Wiest**, Marketing **Fabio Cunetto**, Vertrieb **Alexander Bubenheimer**, Logistik **Ronald Schäffer**, PR/Presse **Steffen Volkmer**, Publishing Manager **Lisa Pancaldi**, Redaktion **Harald Gantzberg**, **Matthias Korn**, **Anja Seiffert**, **Kristina Starschinski**, **Ilaria Tavoni**, **Daniela Uhlmann**, **Thomas Witzler**, Übersetzung **Marc-Oliver Frisch**, **Jürgen Petz**, Proofreading **Tomislav Subasic**, Lettering **Fabio Ciacci**, **Elleti**, grafische Gestaltung **Marco Paroli**, Art Director **Mario Corticelli**, Redaktion Panini Comics **Annalisa Califano**, **Beatrice Doti**, Prepress **Cristina Bedini**, **Andrea Lusoli**, **Nicola Soressi**, Repro/Packager **Alessandro Nalli** (coordinator), **Mario Da Rin Zanco**, **Valentina Esposito**, **Luca Ficarelli**, **Linda Leporati**. Deutsche Edition bei Panini Verlags-GmbH unter Lizenz von Marvel Characters B.V. Cover von **Steve McNiven**, *Death of Wolverine* (2014) 1.

Bibliografische Information der Deutschen Nationalbibliothek
Die Deutsche Nationalbibliothek verzeichnet diese Publikation in der Deutschen Nationalbibliografie; detaillierte bibliografische Daten sind im Internet über dnb.d-nb.de abrufbar.

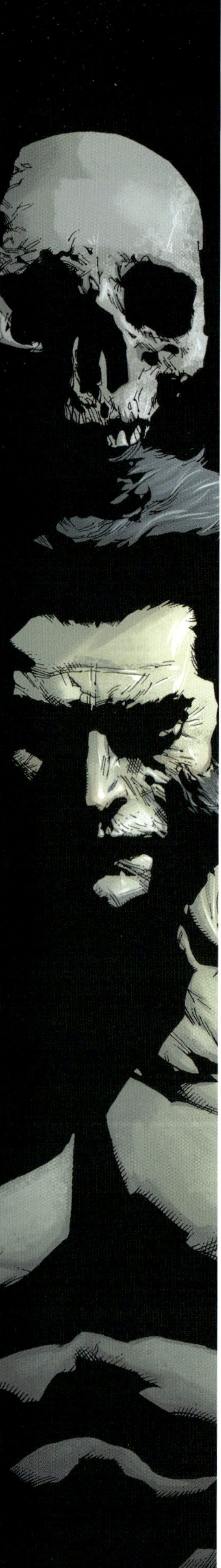

DER RITT AUF DER RASIERKLINGE

Was in den 90ern noch die meisten als ein utopisches Hirngespinst abgedrehter Comic-Freaks abgetan hätten, ist mittlerweile Realität. Marvels Superhelden haben im 21. Jahrhundert die Welt erobert. Ihr Siegeszug begann im Jahre 2000 mit der ersten Realverfilmung der **X-Men**. Zwei Fortsetzungen und diverse Ableger folgten. Den kommerziellen Erfolg verdankten die Blockbuster vor allem **Hugh Jackman** in der Rolle von einem gewissen kanadischen Haudegen, der auf Anhieb zum Publikumsmagneten avancierte. Auf den bunten Seiten war der Mann mit den unzerstörbaren Adamantiumklauen und dem hitzigen Temperament schon damals längst ein gefeierter Star. In einschlägigen Bestenlisten stets ganz vorne vertreten und Lieblingsfigur unzähliger Fans, ist er ohne Frage der populärste Marvel-Charakter, den **Stan Lee** nicht erfunden hat. Dafür hatte jener berühmte Zeichner die Finger im Spiel, der bereits **Spider-Man** zum Aushängeschild des Verlages gemacht hatte.

Nachdem John Romita Sr. Aussehen und Kostüm gestaltet hatte, debütierte **Wolverine** 1974 unter der Regie von Autor **Len Wein** und Künstler **Herb Trimpe**. Nicht etwa als strahlender Verteidiger des Rechts, sondern als etwas überforderter Widersacher vom **Hulk**. Die Aura des mysteriösen, reizbaren Antihelden legte er auch nicht ab, als ihn **Professor X** kurz darauf zu den X-Men holte. Nur wenig war seinerzeit über den kurz gewachsenen Sonderling bekannt. Nach und nach erfuhren die Leser, dass er sich **Logan** nannte, animalische Sinne besaß und die Krallen Teil seines Körpers waren. X-Men-Übervater **Chris Claremont** wollte ihn relativ schnell aus der Serie schreiben, doch Zeichenlegende **John Byrne** intervenierte. Gemeinsam entwickelten sie Wolverine peu à peu zum heimlichen Mittelpunkt des Teams. Wie sich herausstellte, verfügte der einsame Wolf über einen extremen Heilfaktor, der es Wissenschaftlern erlaubt hatte, in einem grausamen Experiment auch seine Knochen mit dem Metall Adamantium zu überziehen. Zu Beginn waren seine regenerativen Fähigkeiten nicht annähernd so ausgeprägt wie heute. Aber im Laufe der Zeit konnte Logan dank wechselnder Autoren und aufstrebendem Status auch schwerste Verletzungen teils mühelos überstehen.

Was lange spektakulär war, wurde irgendwann zum Problem. Jemand, der den Tod kaum fürchten muss, kann sich nahezu gedankenlos in jeden Kampf stürzen. Das macht es auf Dauer immer komplizierter, interessante Geschichten zu erfinden. Rund 40 Jahre nach seinem ersten Auftritt konfrontierten dann **Paul Cornell** und **Alan Davis** den Berserker mit einem Thema, das aktuell brisanter ist denn je. **Charles Soule** gebührte letztlich die Ehre, die Story zu einem dramatischen Ende zu führen.

Ein außerirdisches Virus hat **Logan** seiner extremen Selbstheilungskräfte beraubt. Der unaufhaltsame Mutant ist plötzlich sterblich. Und selbst die brillantesten Köpfe des Marvel-Universums können nichts für ihn tun. Vom eigenen Metall in seinem Körper vergiftet, rückt der Tod jedes Mal näher, wenn er die Krallen ausfährt. In der Unterwelt hat sein Zustand rasch die Runde gemacht. Die Zeit der Abrechnung ist gekommen. Doch ganz egal, wer ihm alles nach dem Leben trachtet: Er wird ihnen eine Schlacht liefern, die sie nie vergessen werden.

Thomas Witzler

DER TOD VON WOLVERINE, TEIL 1: DAS ENDE

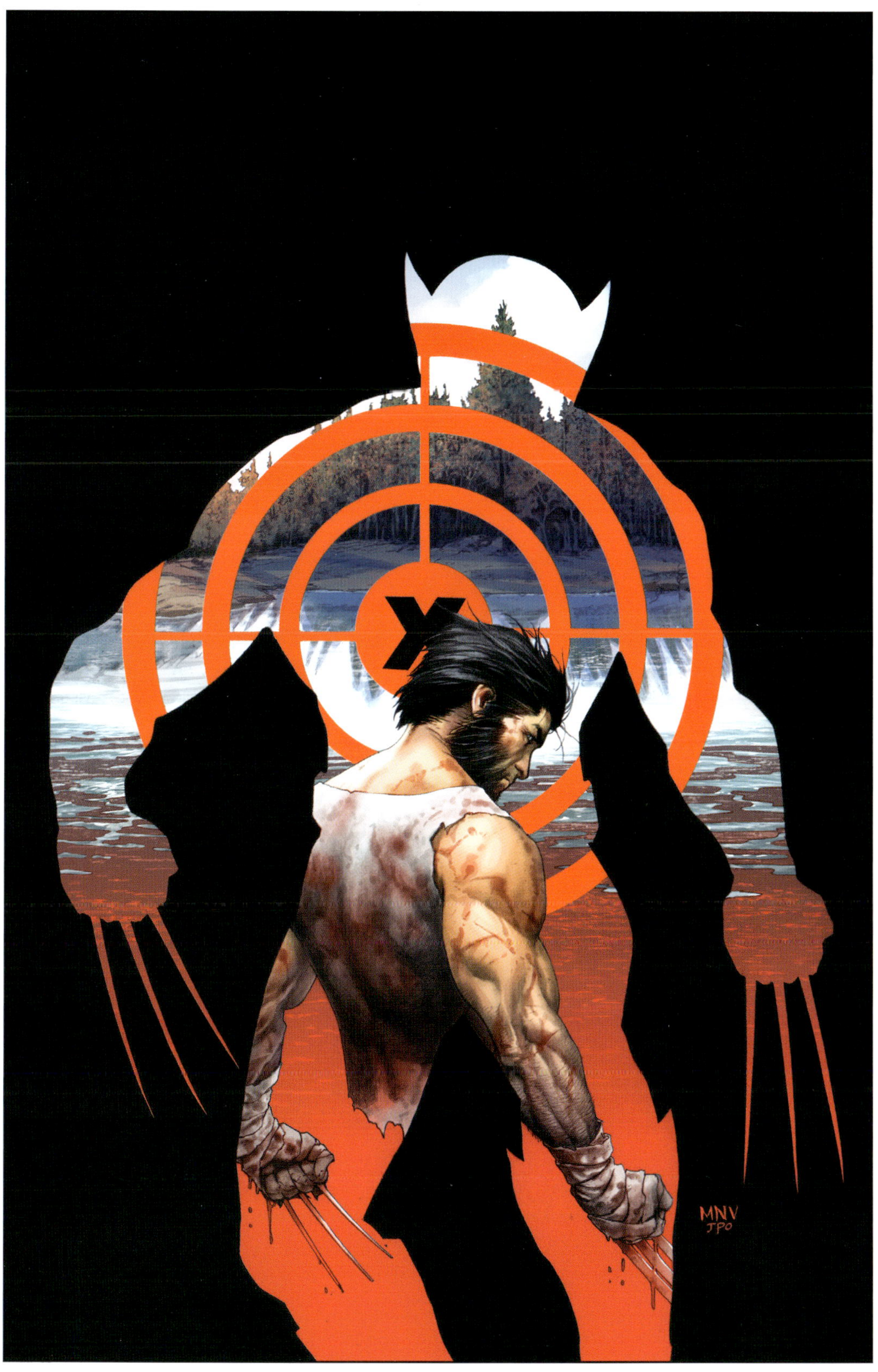

Death of Wolverine (2014) 1
Cover von **STEVE McNIVEN**

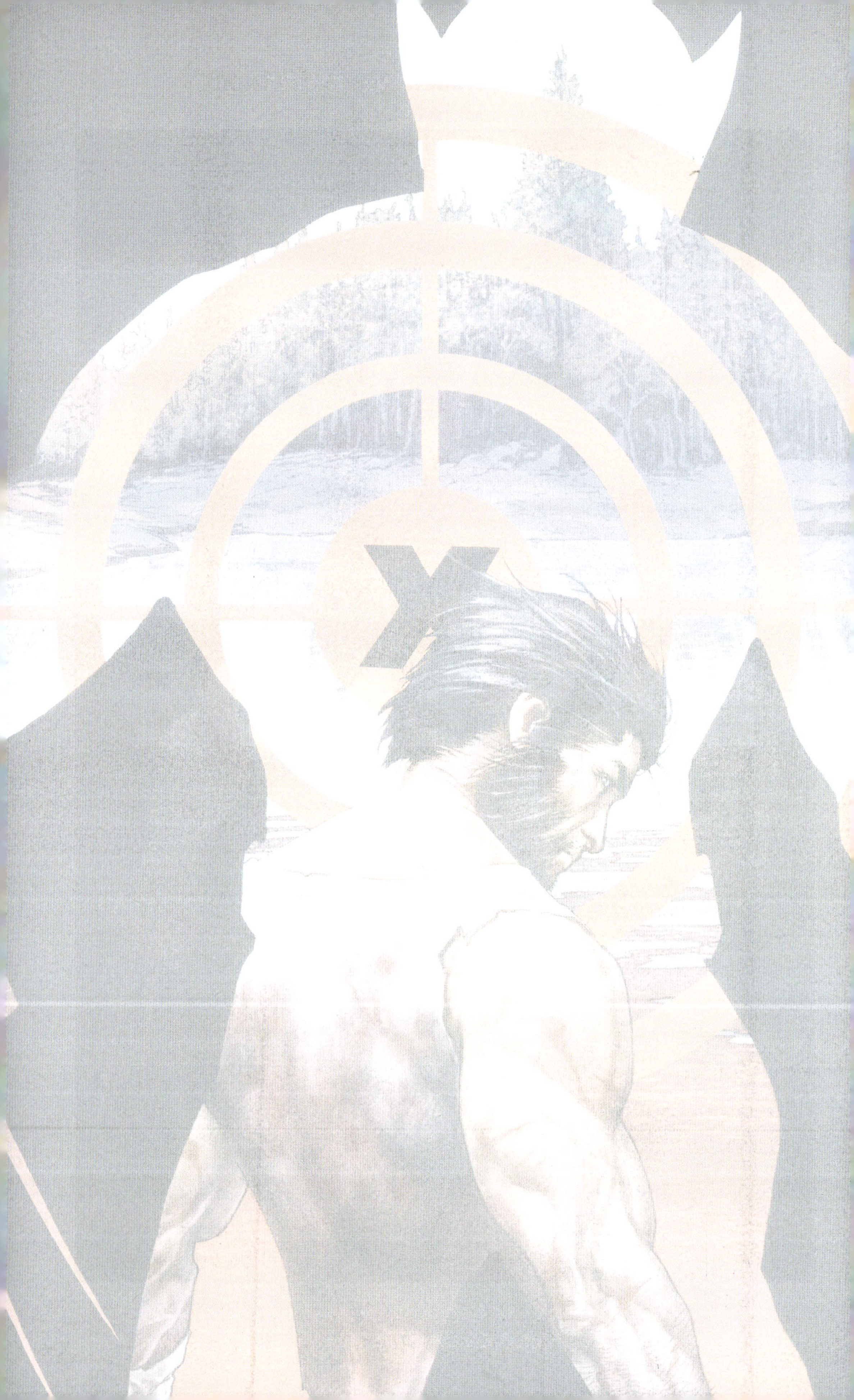

DAS ENDE

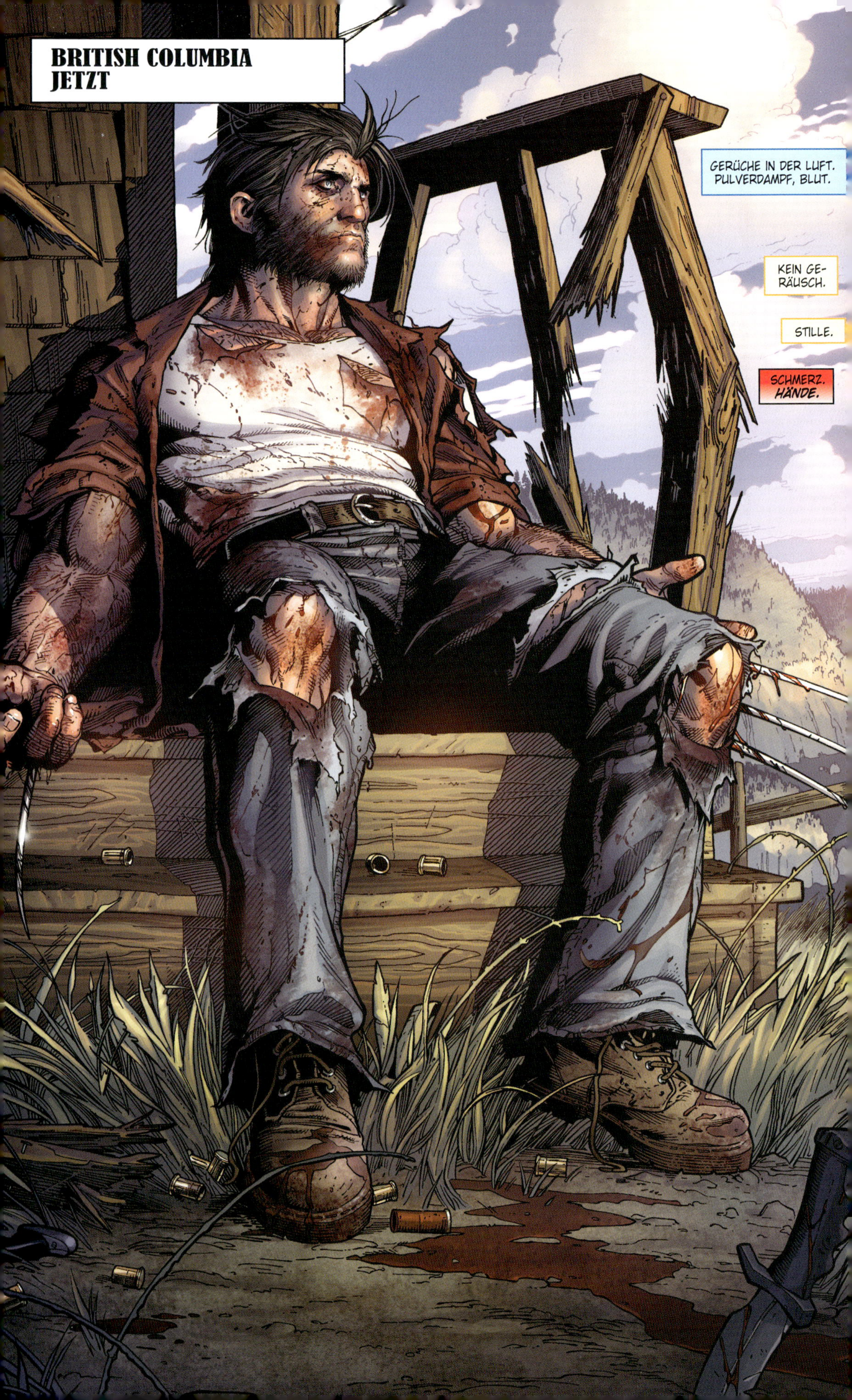
BRITISH COLUMBIA
JETZT
GERÜCHE IN DER LUFT. PULVERDAMPF, BLUT.
KEIN GE-RÄUSCH.
STILLE.
SCHMERZ. HÄNDE.

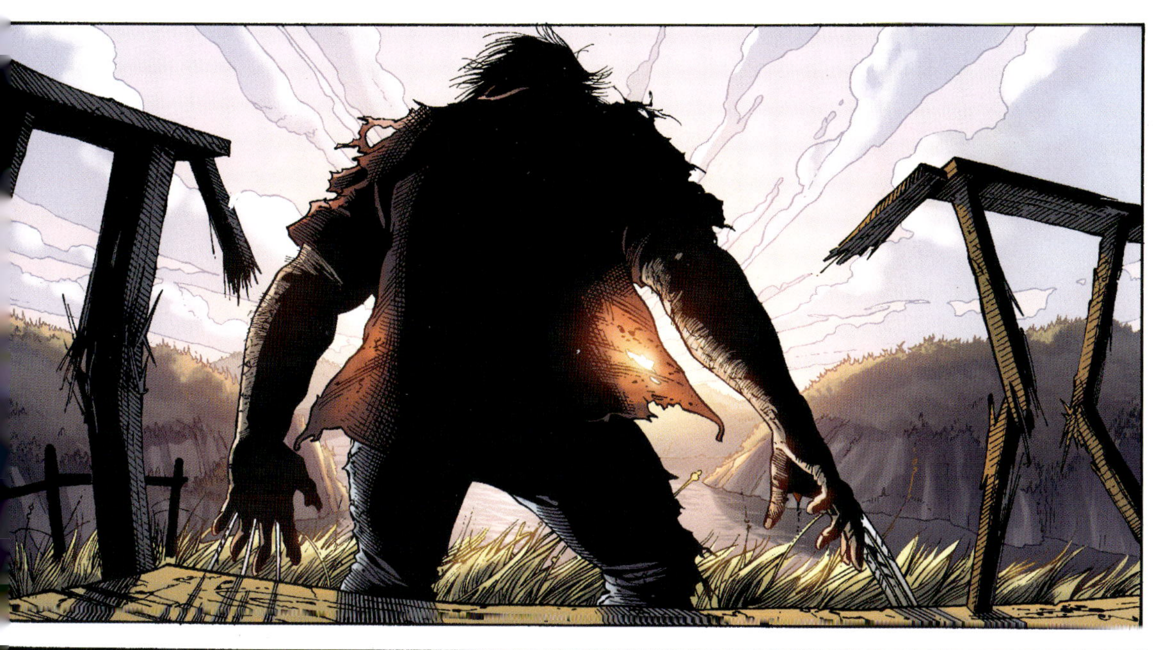

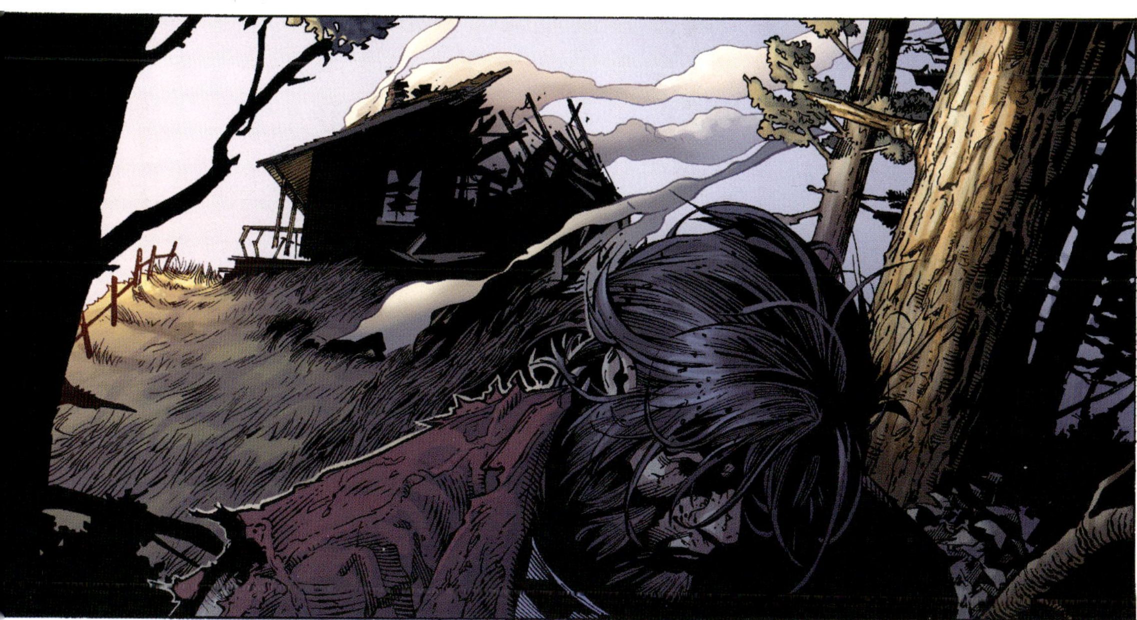

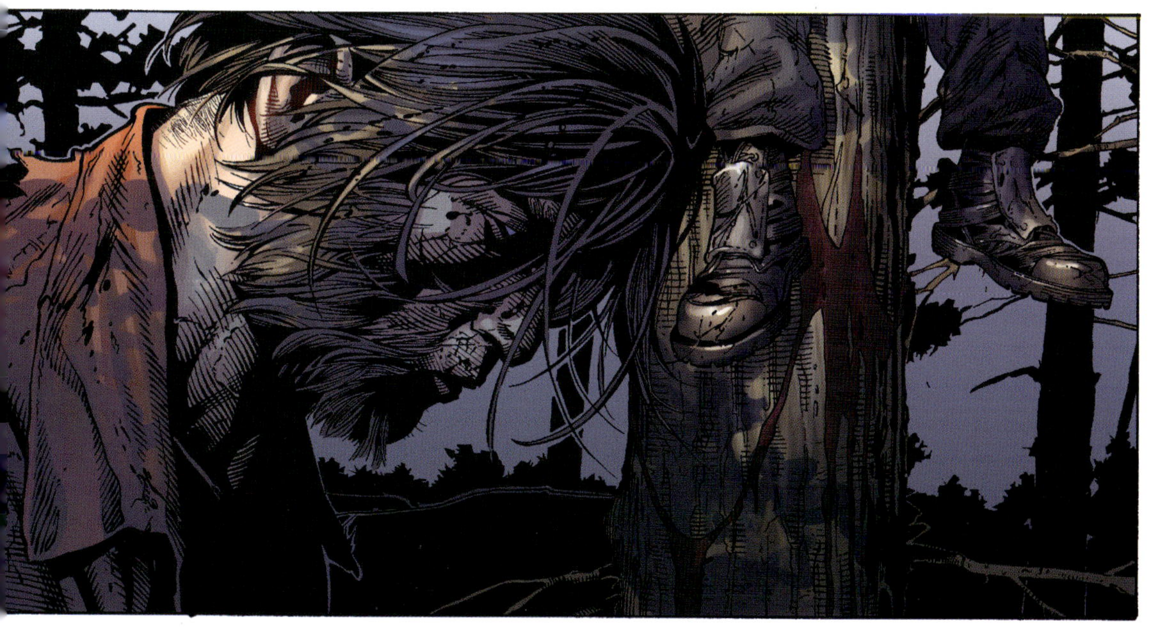

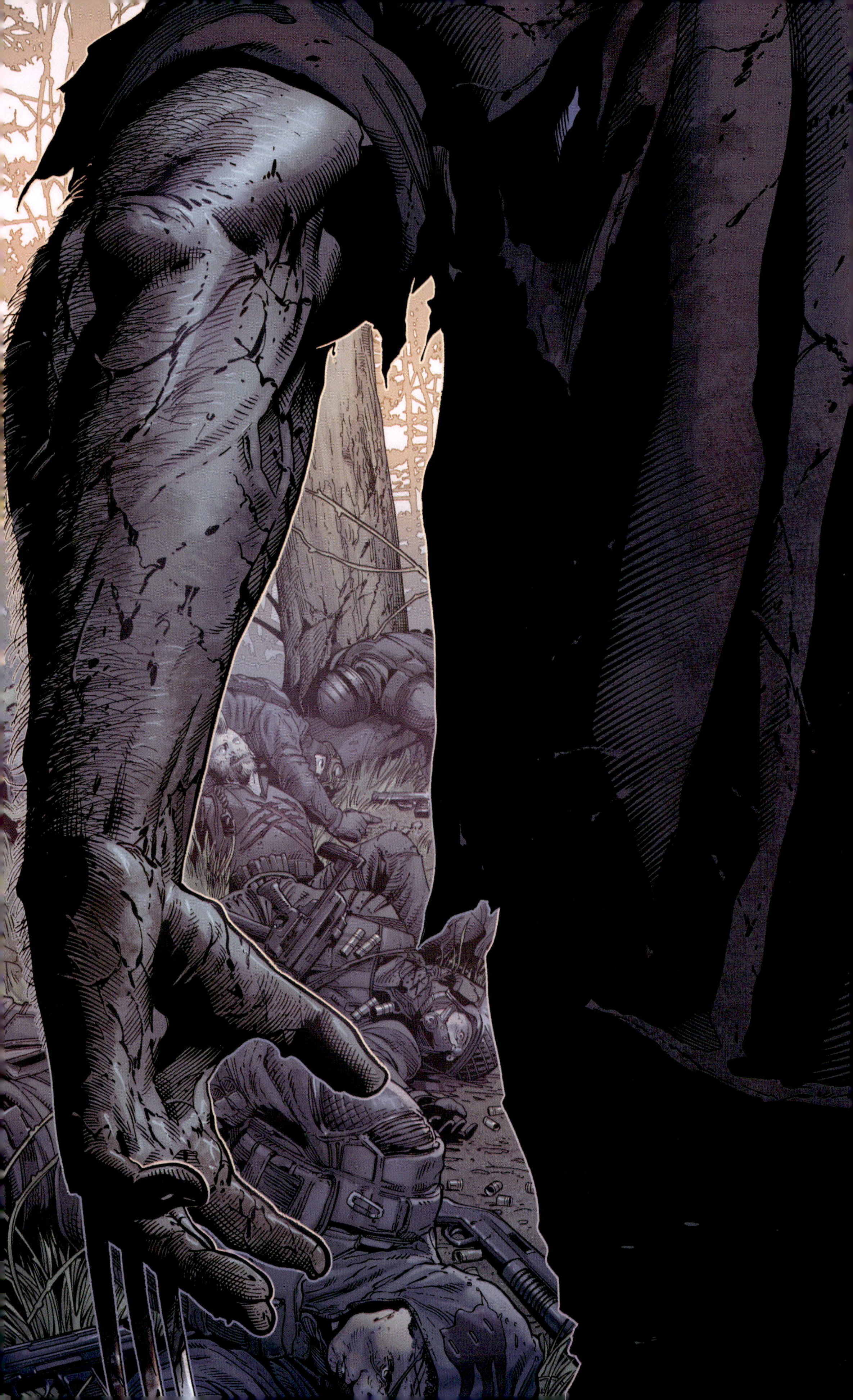

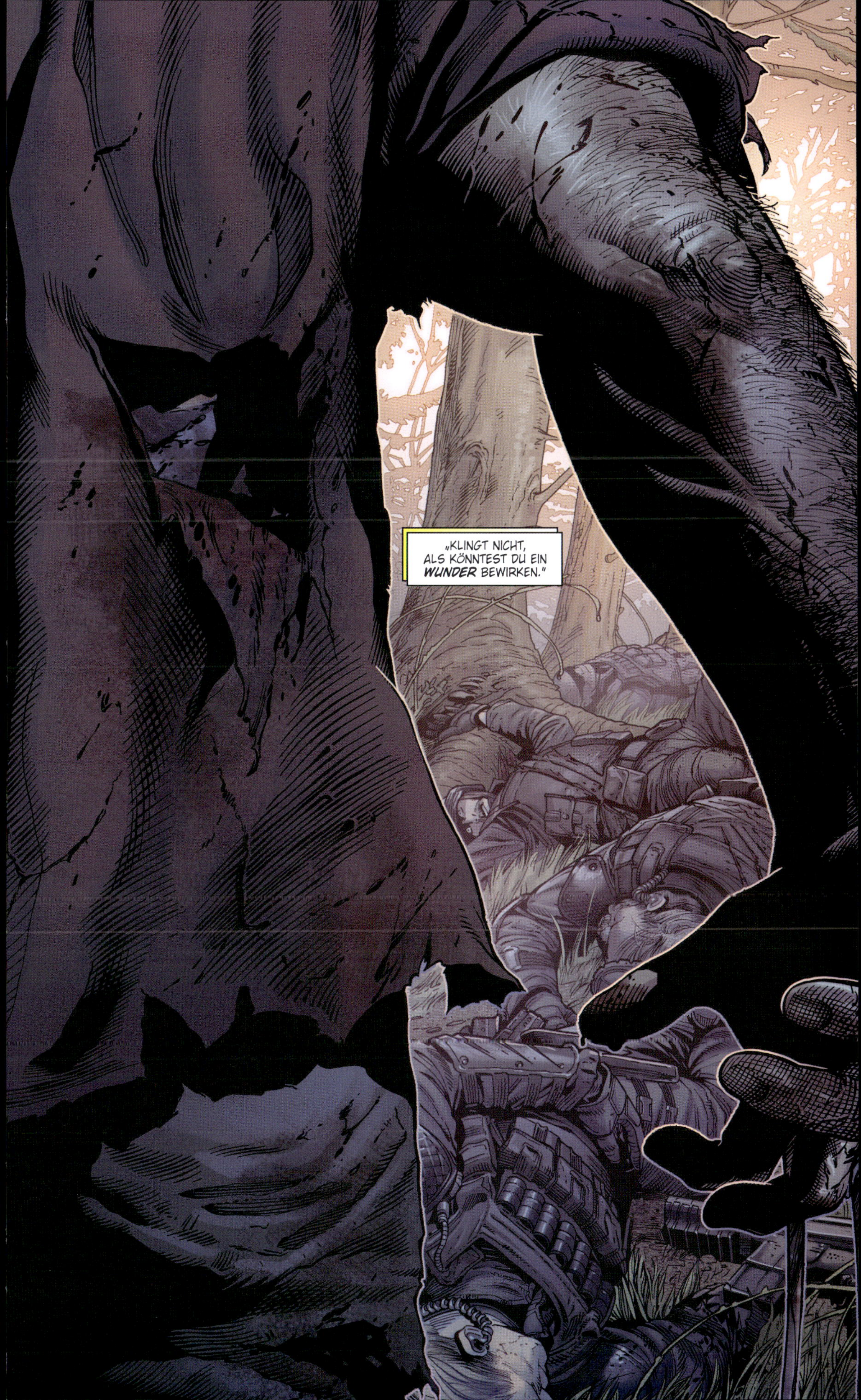
„KLINGT NICHT, ALS KÖNNTEST DU EIN WUNDER BEWIRKEN."

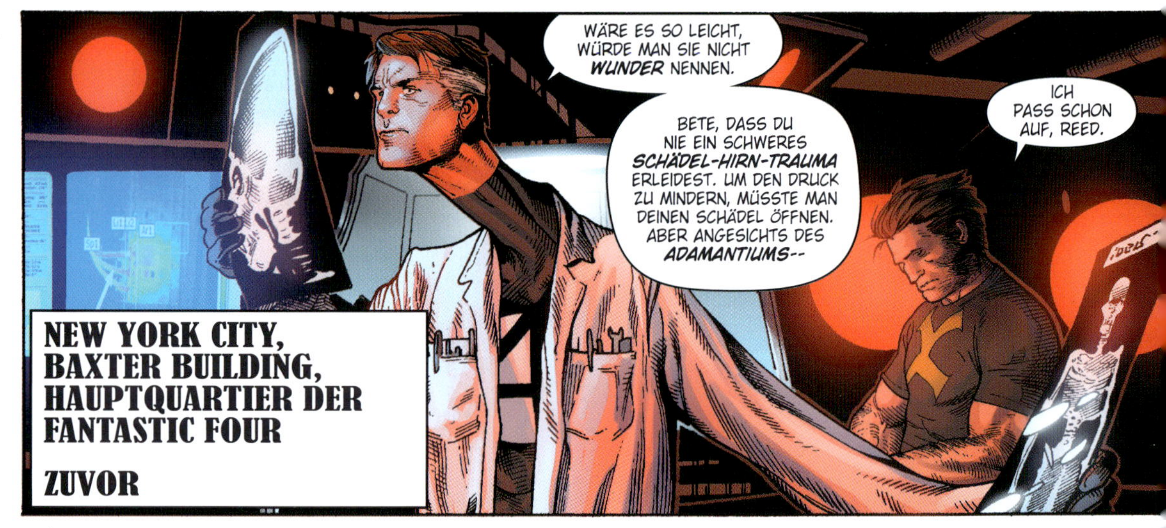
NEW YORK CITY, BAXTER BUILDING, HAUPTQUARTIER DER FANTASTIC FOUR
ZUVOR
WÄRE ES SO LEICHT, WÜRDE MAN SIE NICHT **WUNDER** NENNEN.
BETE, DASS DU NIE EIN SCHWERES **SCHÄDEL-HIRN-TRAUMA** ERLEIDEST. UM DEN DRUCK ZU MINDERN, MÜSSTE MAN DEINEN SCHÄDEL ÖFFNEN. ABER ANGESICHTS DES **ADAMANTIUMS**--
ICH PASS SCHON AUF, REED.

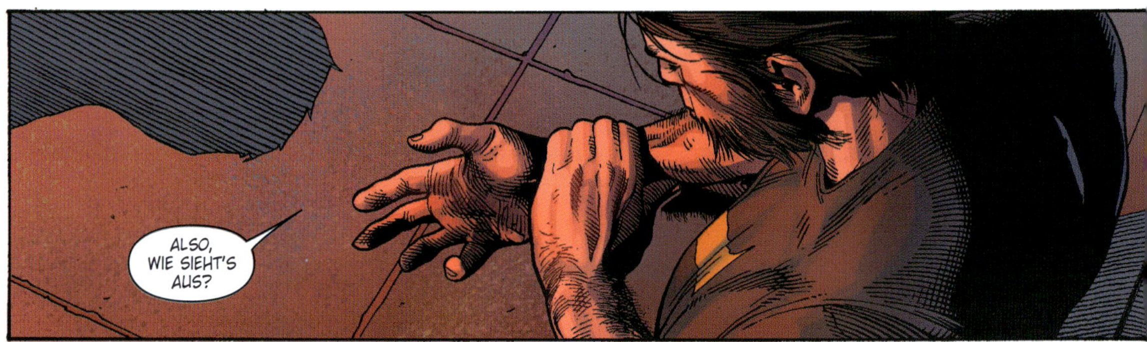
ALSO, WIE SIEHT'S AUS?

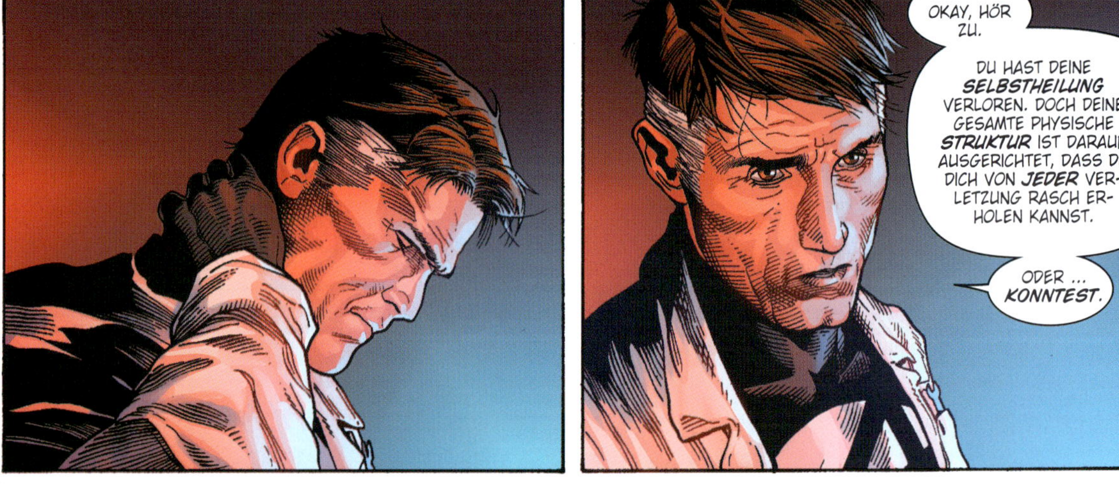
OKAY, HÖR ZU.
DU HAST DEINE **SELBSTHEILUNG** VERLOREN. DOCH DEINE GESAMTE PHYSISCHE **STRUKTUR** IST DARAUF AUSGERICHTET, DASS DU DICH VON **JEDER** VERLETZUNG RASCH ERHOLEN KANNST.
ODER ... **KONNTEST**.

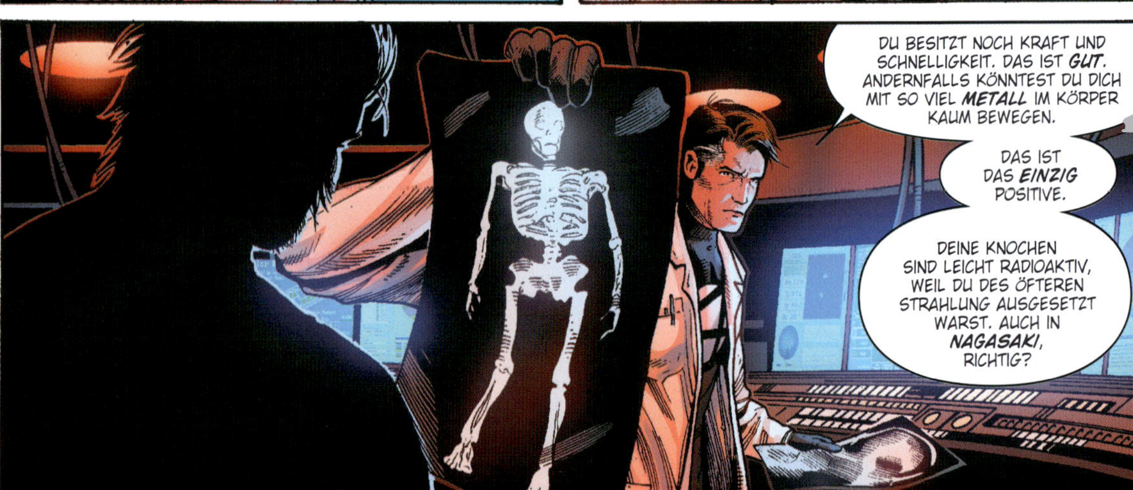
DU BESITZT NOCH KRAFT UND SCHNELLIGKEIT. DAS IST **GUT**. ANDERNFALLS KÖNNTEST DU DICH MIT SO VIEL **METALL** IM KÖRPER KAUM BEWEGEN.
DAS IST DAS **EINZIG** POSITIVE.
DEINE KNOCHEN SIND LEICHT RADIOAKTIV, WEIL DU DES ÖFTEREN STRAHLUNG AUSGESETZT WARST. AUCH IN **NAGASAKI**, RICHTIG?

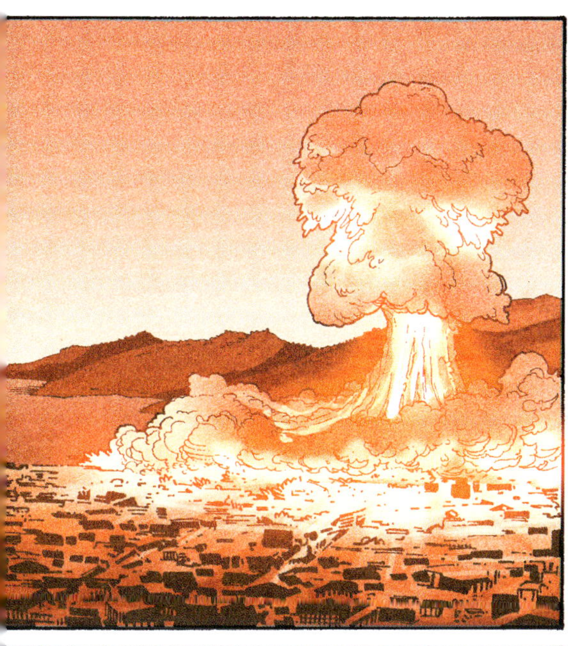

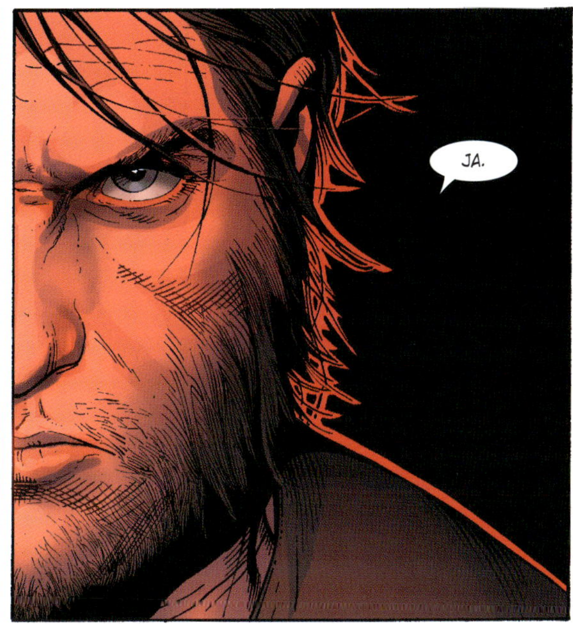

JA.

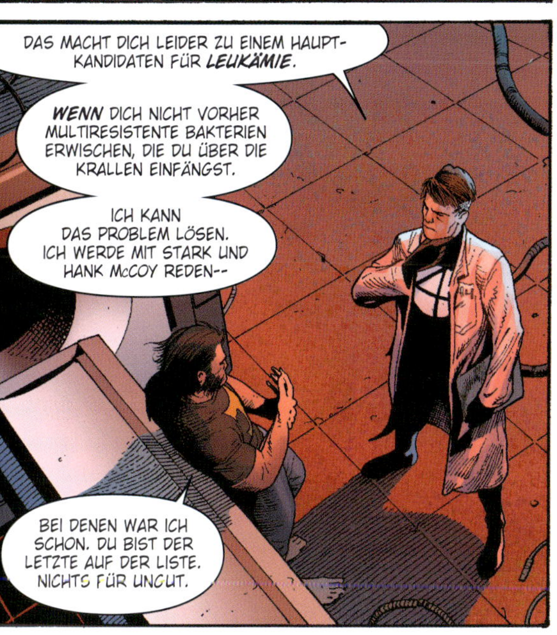

DAS MACHT DICH LEIDER ZU EINEM HAUPT-KANDIDATEN FÜR LEUKÄMIE.
WENN DICH NICHT VORHER MULTIRESISTENTE BAKTERIEN ERWISCHEN, DIE DU ÜBER DIE KRALLEN EINFÄNGST.
ICH KANN DAS PROBLEM LÖSEN. ICH WERDE MIT STARK UND HANK McCOY REDEN--
BEI DENEN WAR ICH SCHON. DU BIST DER LETZTE AUF DER LISTE. NICHTS FÜR UNGUT.

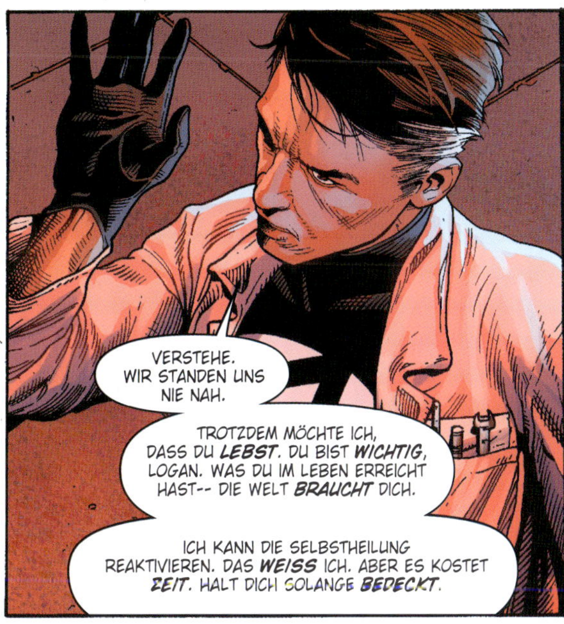

VERSTEHE. WIR STANDEN UNS NIE NAH.
TROTZDEM MÖCHTE ICH, DASS DU LEBST. DU BIST WICHTIG, LOGAN. WAS DU IM LEBEN ERREICHT HAST-- DIE WELT BRAUCHT DICH.
ICH KANN DIE SELBSTHEILUNG REAKTIVIEREN. DAS WEISS ICH. ABER ES KOSTET ZEIT. HALT DICH SOLANGE BEDECKT.

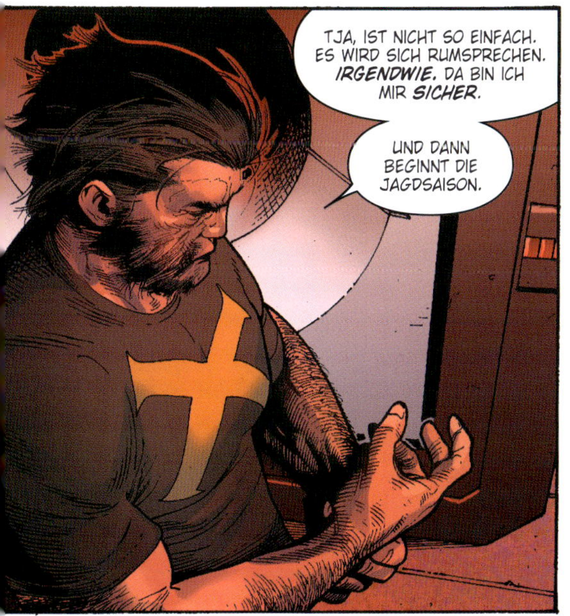

TJA, IST NICHT SO EINFACH. ES WIRD SICH RUMSPRECHEN. IRGENDWIE. DA BIN ICH MIR SICHER.
UND DANN BEGINNT DIE JAGDSAISON.

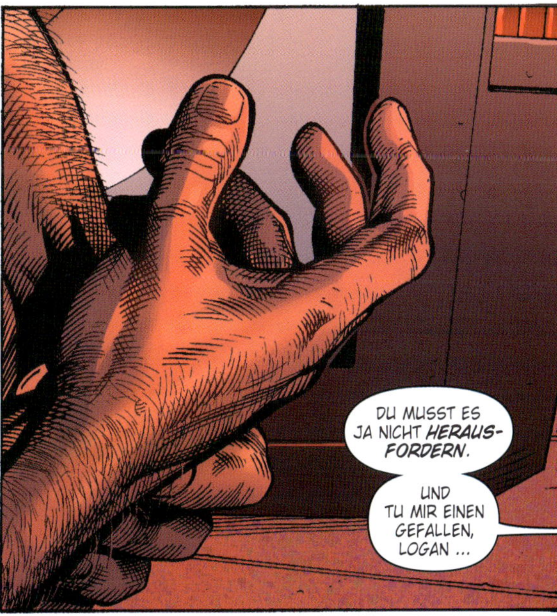

DU MUSST ES JA NICHT HERAUS-FORDERN.
UND TU MIR EINEN GEFALLEN, LOGAN ...

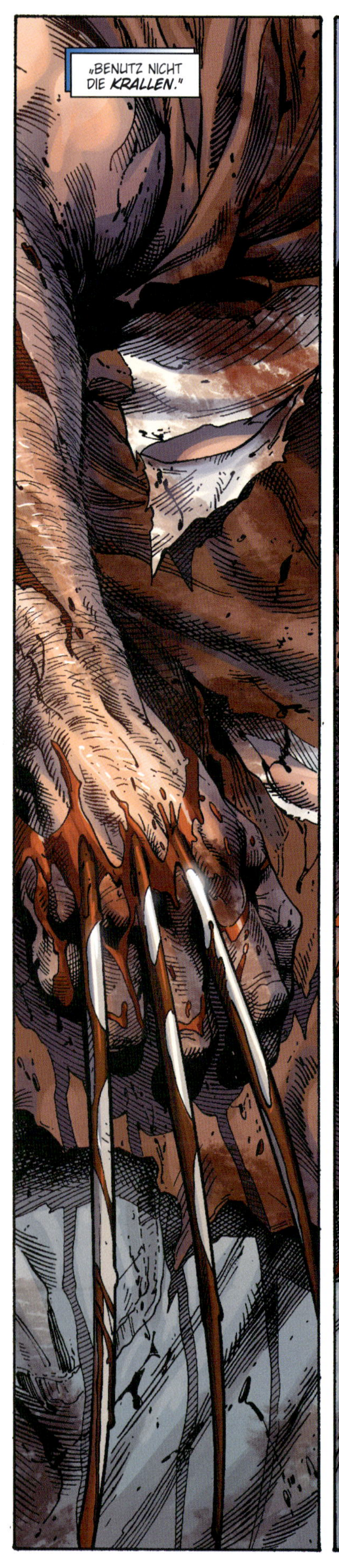
„BENUTZ NICHT DIE KRALLEN."
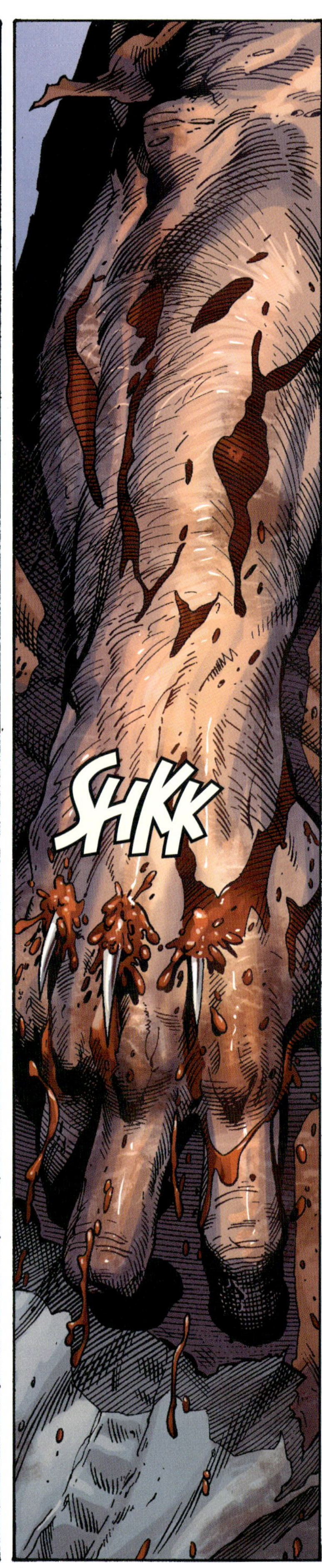
SHKK
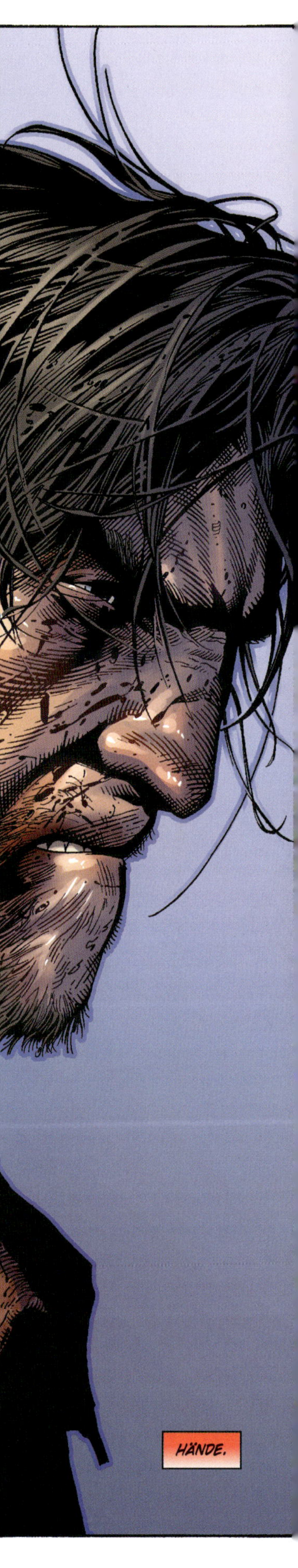
HÄNDE.

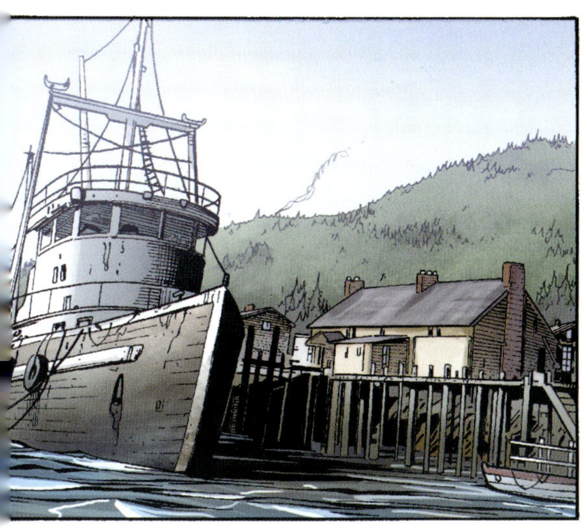

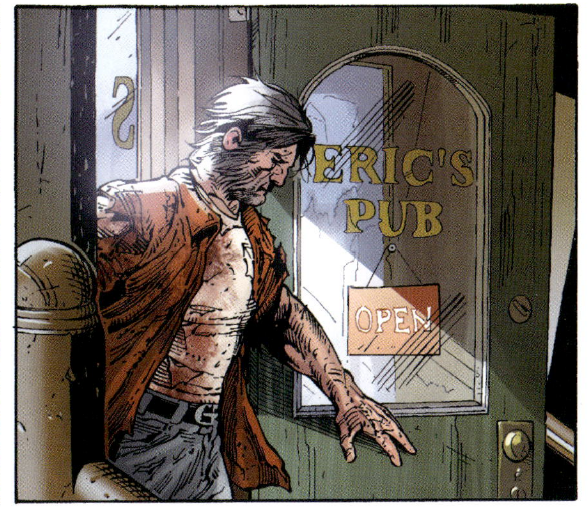
ERIC'S PUB
OPEN

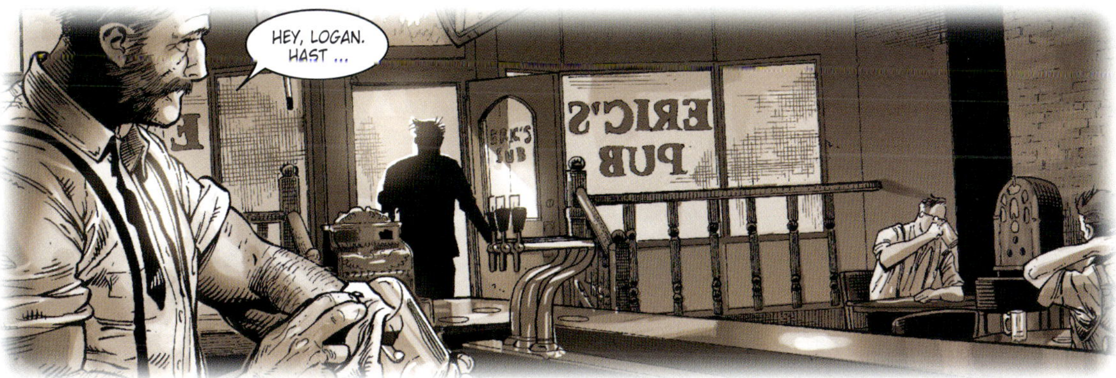
HEY, LOGAN. HAST ...
ERIC'S PUB

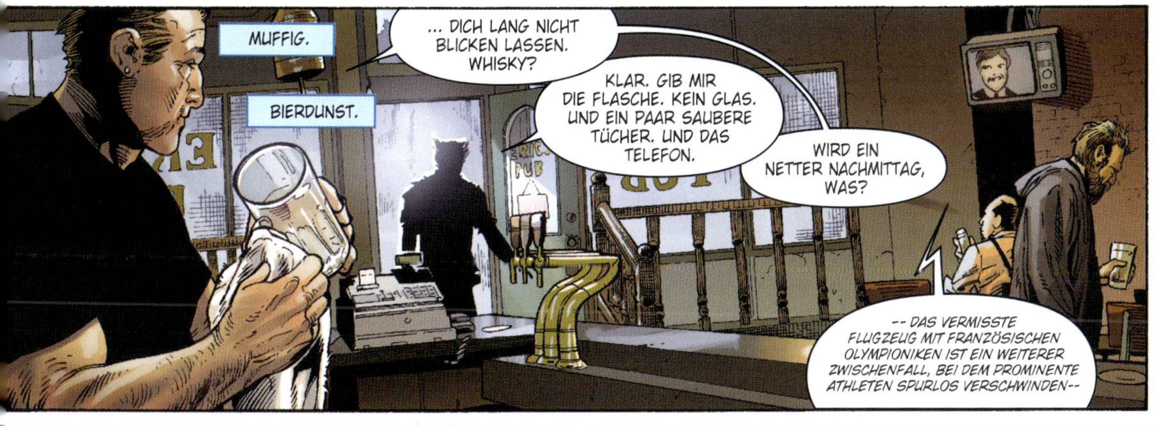
MUFFIG.
BIERDUNST.
... DICH LANG NICHT BLICKEN LASSEN. WHISKY?
KLAR. GIB MIR DIE FLASCHE. KEIN GLAS. UND EIN PAAR SAUBERE TÜCHER. UND DAS TELEFON.
WIRD EIN NETTER NACHMITTAG, WAS?
-- DAS VERMISSTE FLUGZEUG MIT FRANZÖSISCHEN OLYMPIONIKEN IST EIN WEITERER ZWISCHENFALL, BEI DEM PROMINENTE ATHLETEN SPURLOS VERSCHWINDEN--

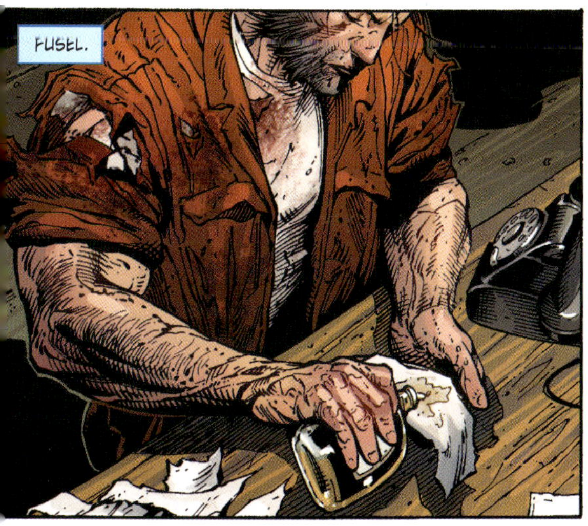
FUSEL.

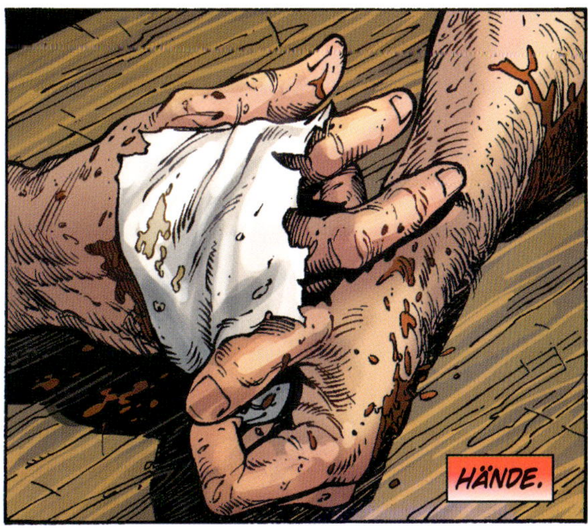
HÄNDE.

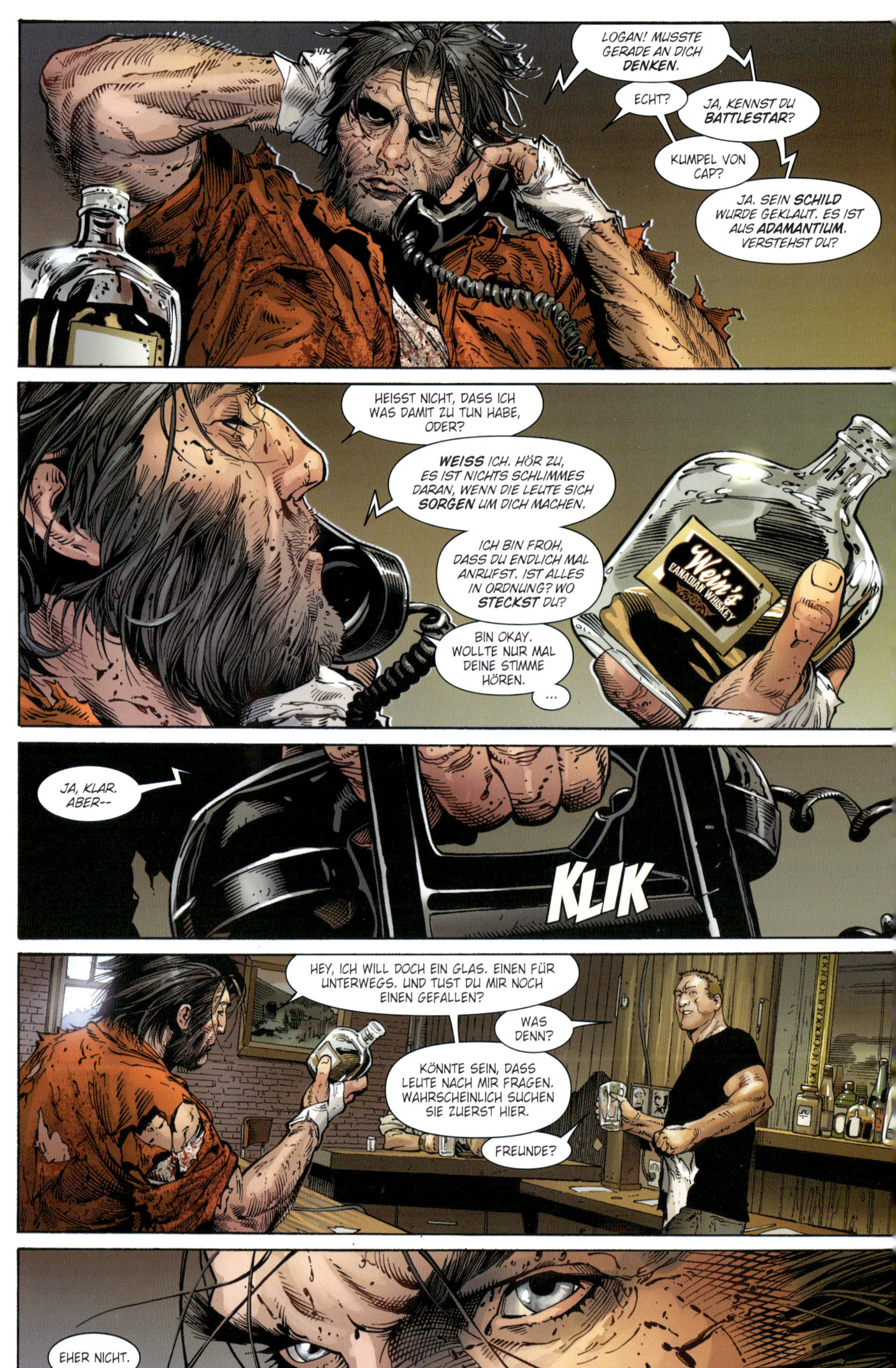
LOGAN! MUSSTE GERADE AN DICH DENKEN.
ECHT?
JA, KENNST DU BATTLESTAR?
KUMPEL VON CAP?
JA. SEIN SCHILD WURDE GEKLAUT. ES IST AUS ADAMANTIUM. VERSTEHST DU?
HEISST NICHT, DASS ICH WAS DAMIT ZU TUN HABE, ODER?
WEISS ICH. HÖR ZU, ES IST NICHTS SCHLIMMES DARAN, WENN DIE LEUTE SICH SORGEN UM DICH MACHEN.
ICH BIN FROH, DASS DU ENDLICH MAL ANRUFST. IST ALLES IN ORDNUNG? WO STECKST DU?
Wein's CANADIAN WHISKEY
BIN OKAY. WOLLTE NUR MAL DEINE STIMME HÖREN.
...
JA, KLAR. ABER--
KLIK
HEY, ICH WILL DOCH EIN GLAS. EINEN FÜR UNTERWEGS. UND TUST DU MIR NOCH EINEN GEFALLEN?
WAS DENN?
KÖNNTE SEIN, DASS LEUTE NACH MIR FRAGEN. WAHRSCHEINLICH SUCHEN SIE ZUERST HIER.
FREUNDE?
EHER NICHT.

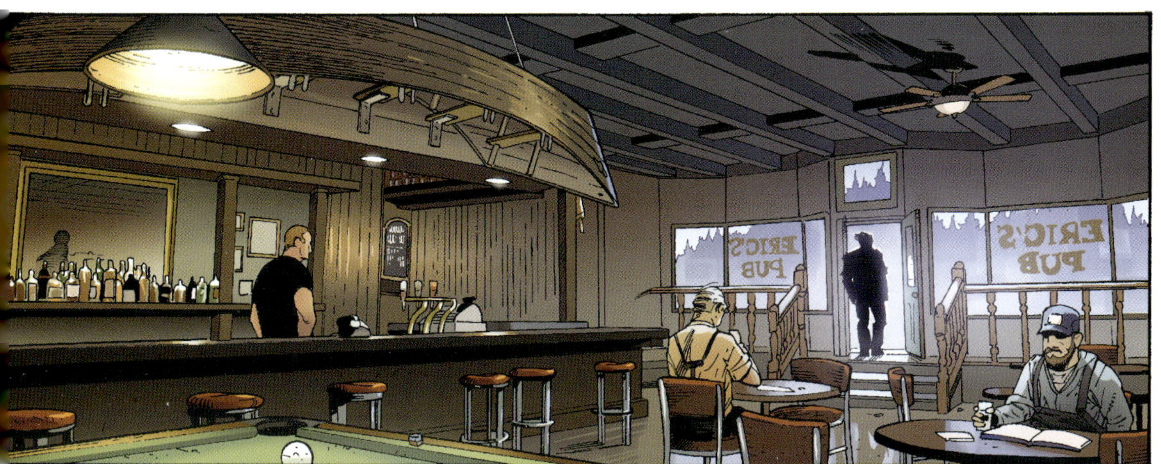
ERIC'S PUB
ERIC'S PUB

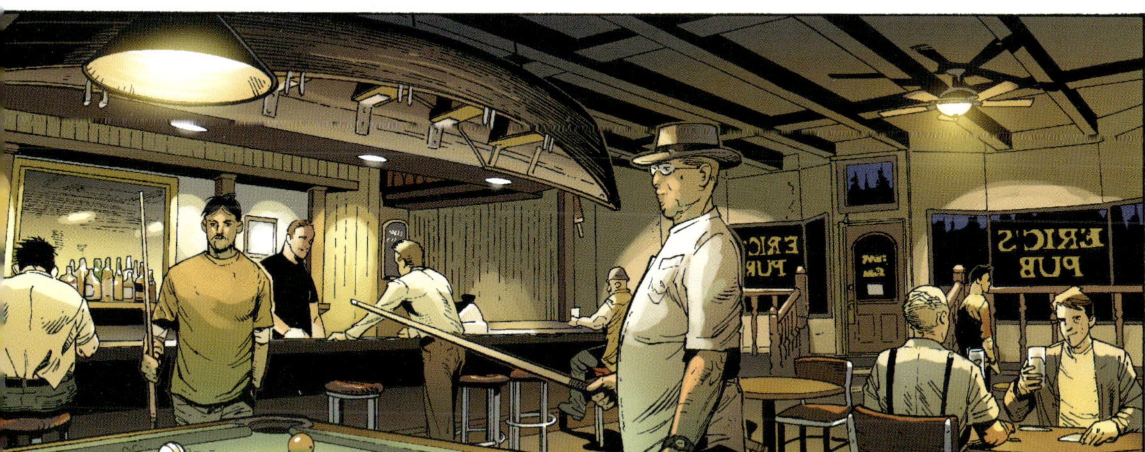
ERIC'S PUB
ERIC'S PUB

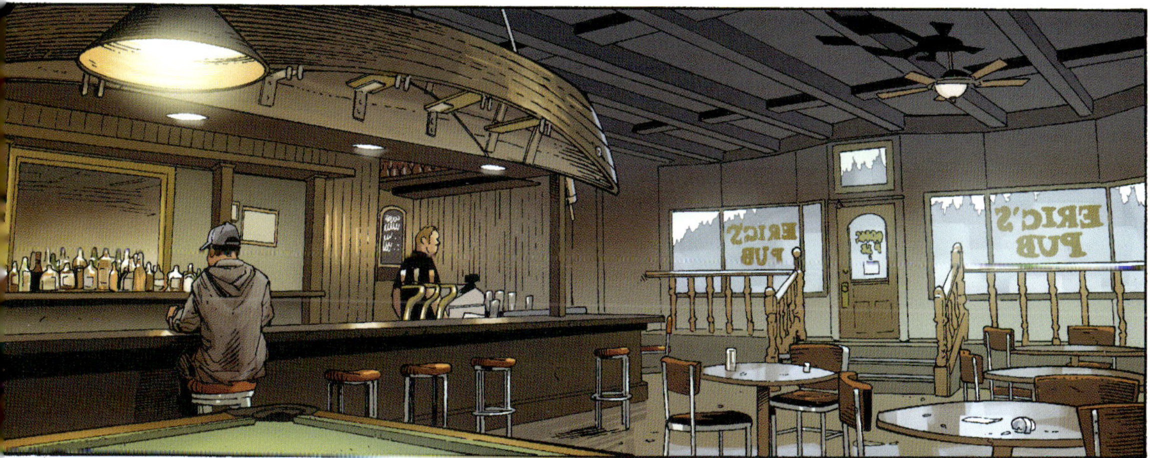
ERIC'S PUB
ERIC'S PUB

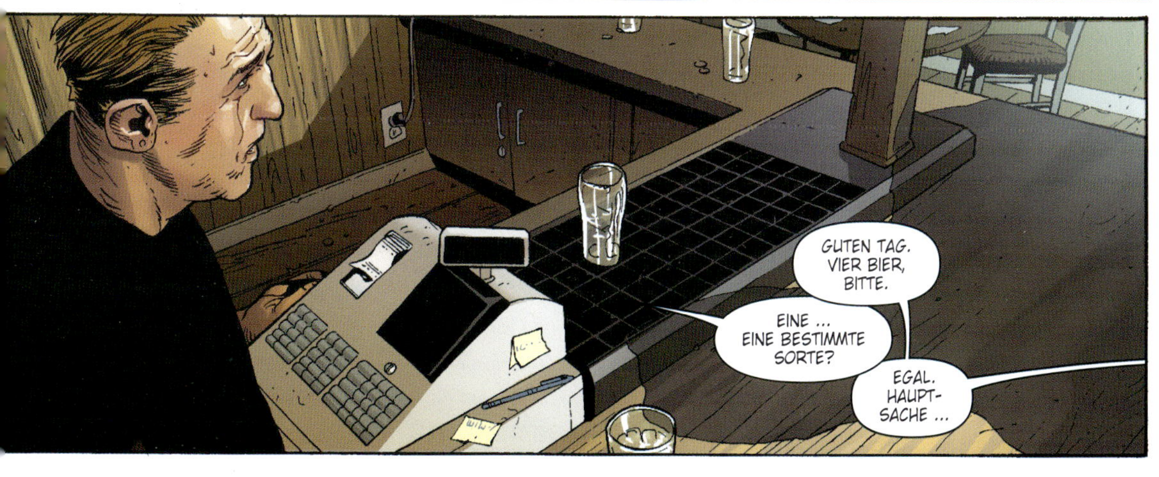
GUTEN TAG. VIER BIER, BITTE.
EINE ... EINE BESTIMMTE SORTE?
EGAL. HAUPT-SACHE ...

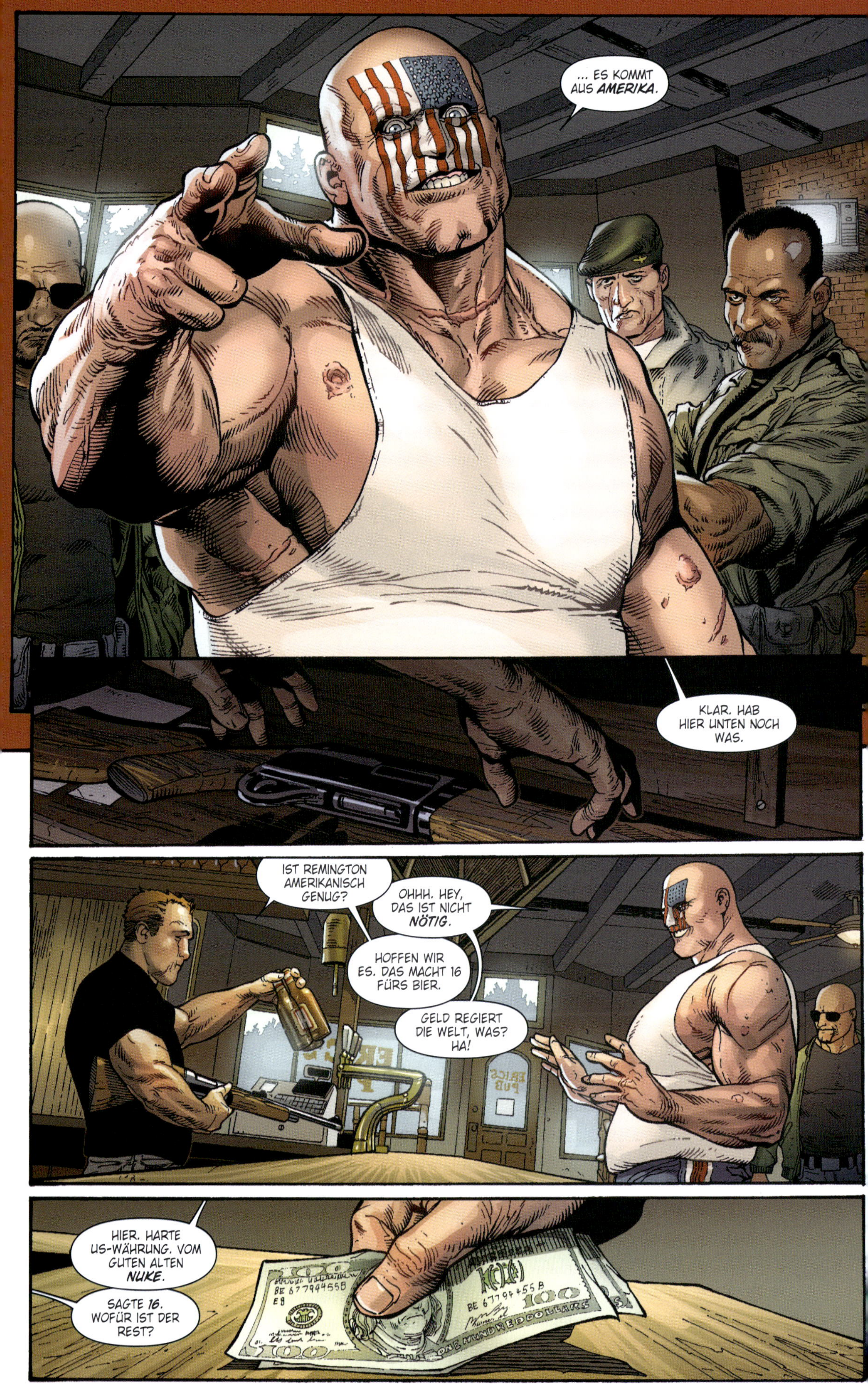
... ES KOMMT AUS AMERIKA.
KLAR. HAB HIER UNTEN NOCH WAS.
IST REMINGTON AMERIKANISCH GENUG?
OHHH. HEY, DAS IST NICHT NÖTIG.
HOFFEN WIR ES. DAS MACHT 16 FÜRS BIER.
GELD REGIERT DIE WELT, WAS? HA!
HIER. HARTE US-WÄHRUNG. VOM GUTEN ALTEN NUKE.
SAGTE 16. WOFÜR IST DER REST?

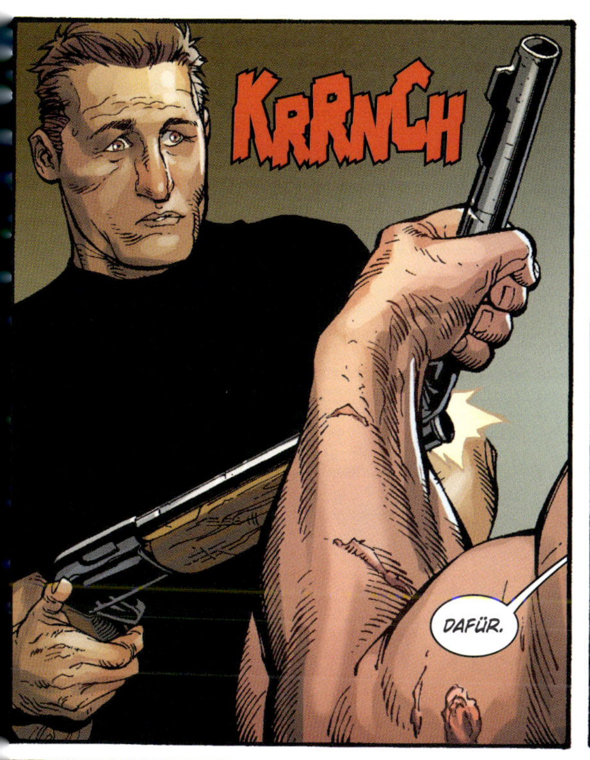

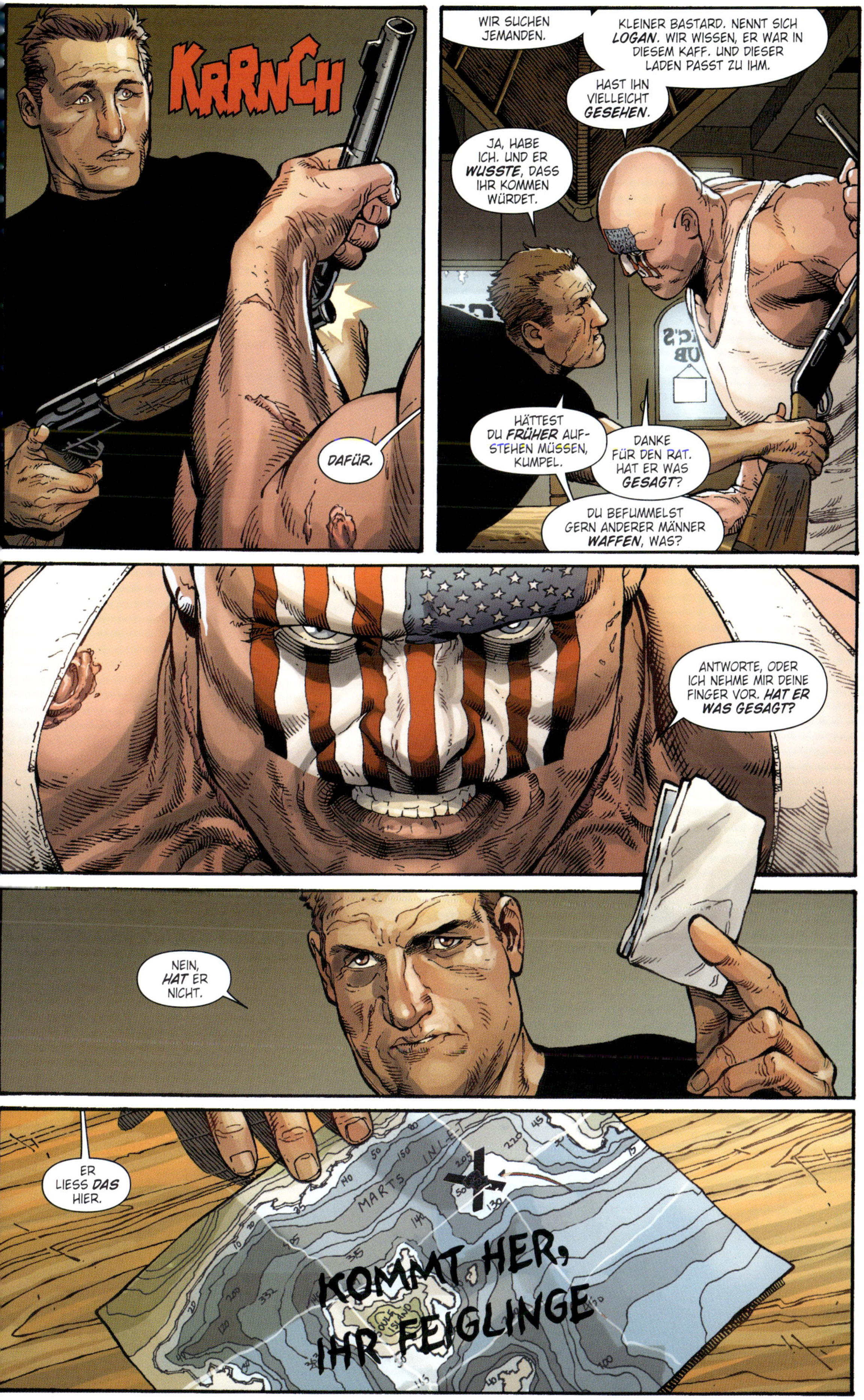

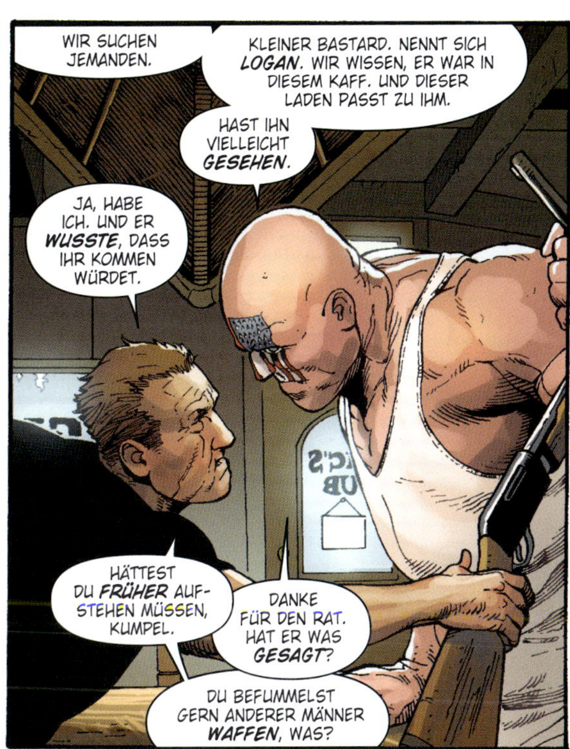

ANTWORTE, ODER ICH NEHME MIR DEINE FINGER VOR. ***HAT ER WAS GESAGT?***

NEIN, ***HAT*** ER NICHT.

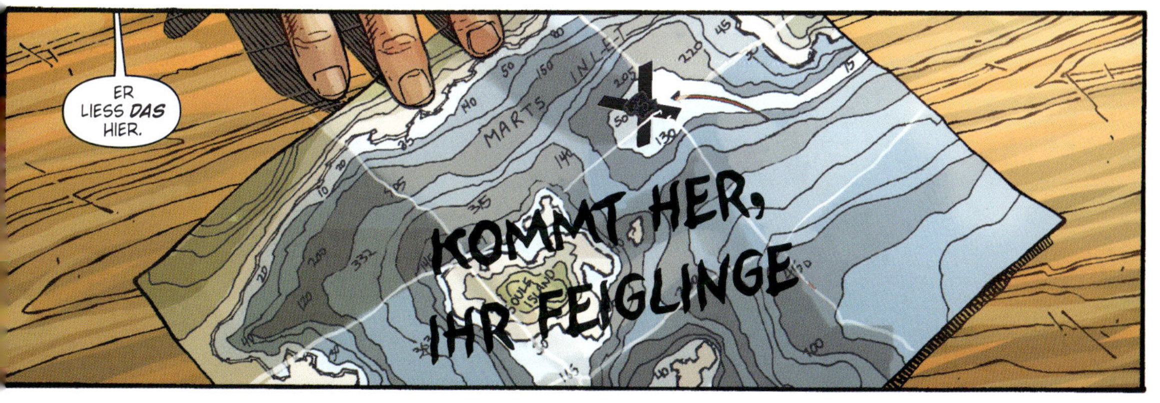

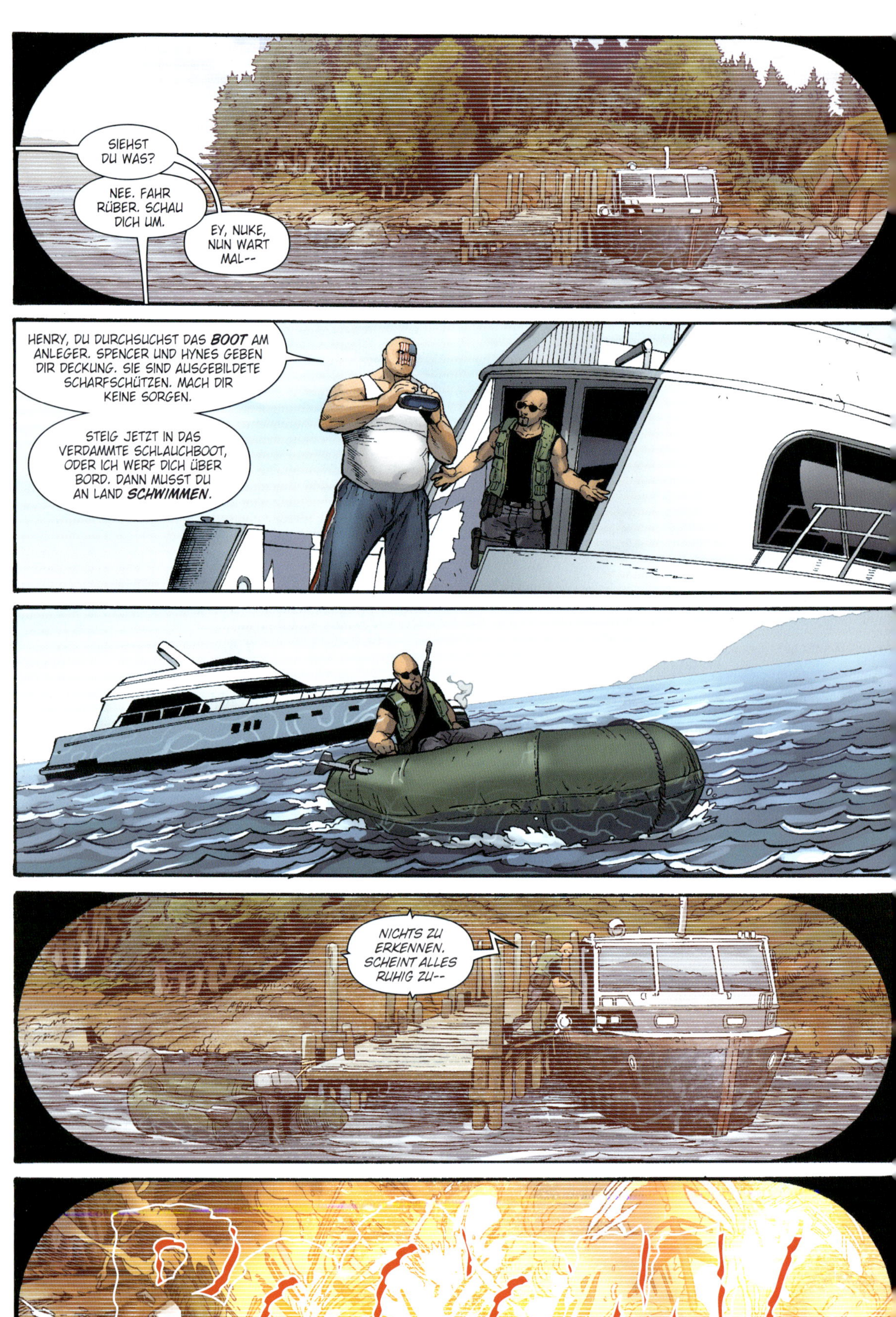
SIEHST DU WAS?
NEE. FAHR RÜBER. SCHAU DICH UM.
EY, NUKE, NUN WART MAL--
HENRY, DU DURCHSUCHST DAS *BOOT* AM ANLEGER. SPENCER UND HYNES GEBEN DIR DECKUNG. SIE SIND AUSGEBILDETE SCHARFSCHÜTZEN. MACH DIR KEINE SORGEN.
STEIG JETZT IN DAS VERDAMMTE SCHLAUCHBOOT, ODER ICH WERF DICH ÜBER BORD. DANN MUSST DU AN LAND *SCHWIMMEN*.
NICHTS ZU ERKENNEN. SCHEINT ALLES RUHIG ZU--
BOOM!

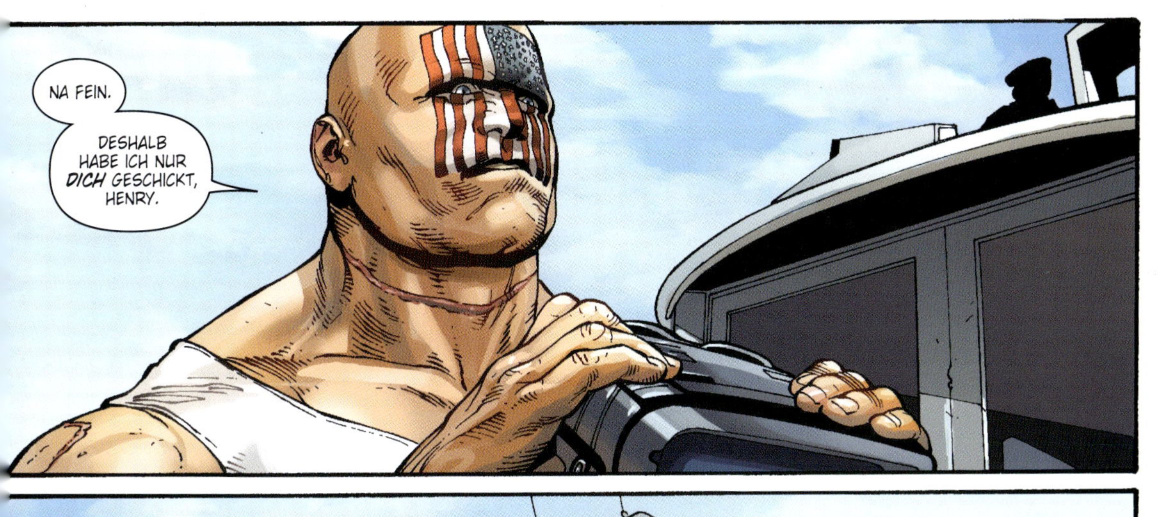
NA FEIN.
DESHALB HABE ICH NUR DICH GESCHICKT, HENRY.

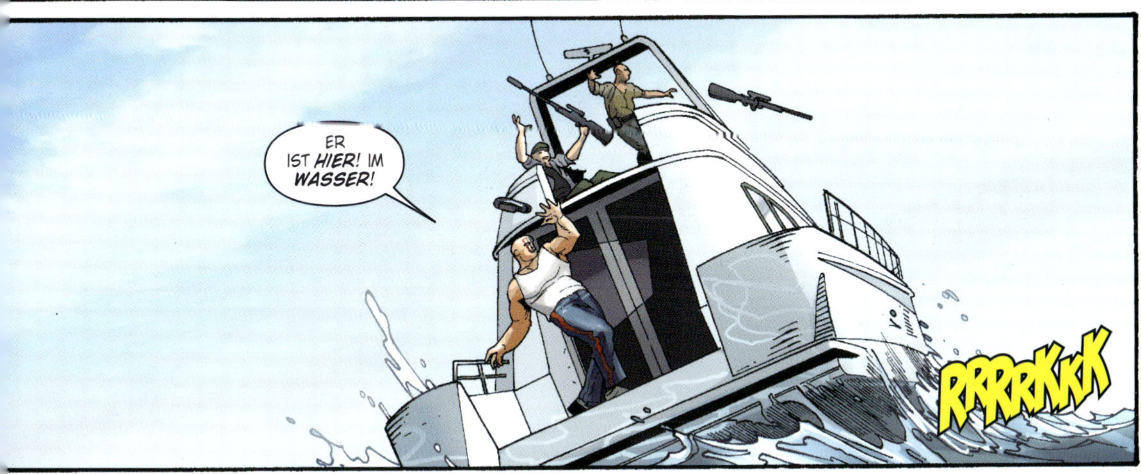
ER IST HIER! IM WASSER!
RRRRKKK

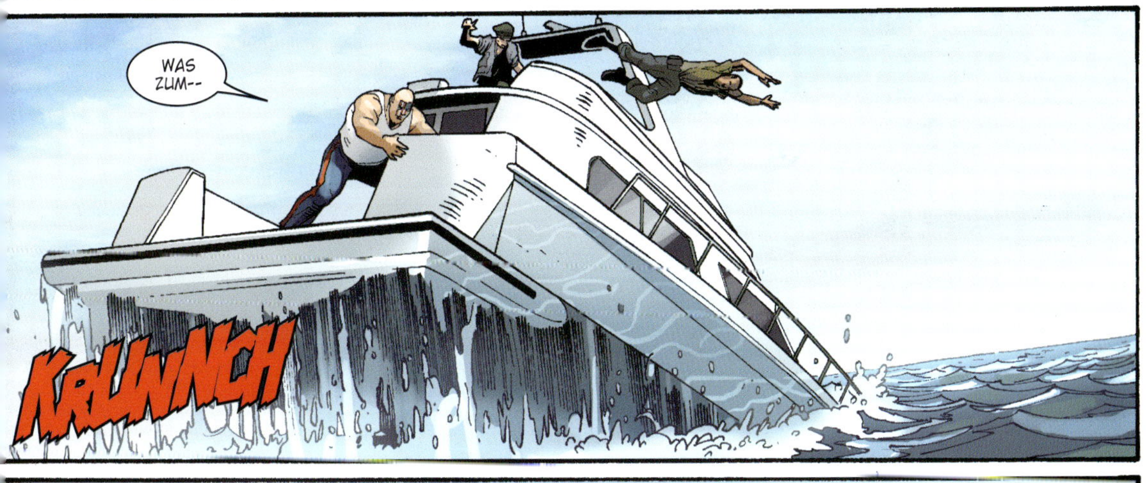
WAS ZUM--
KRUNNCH

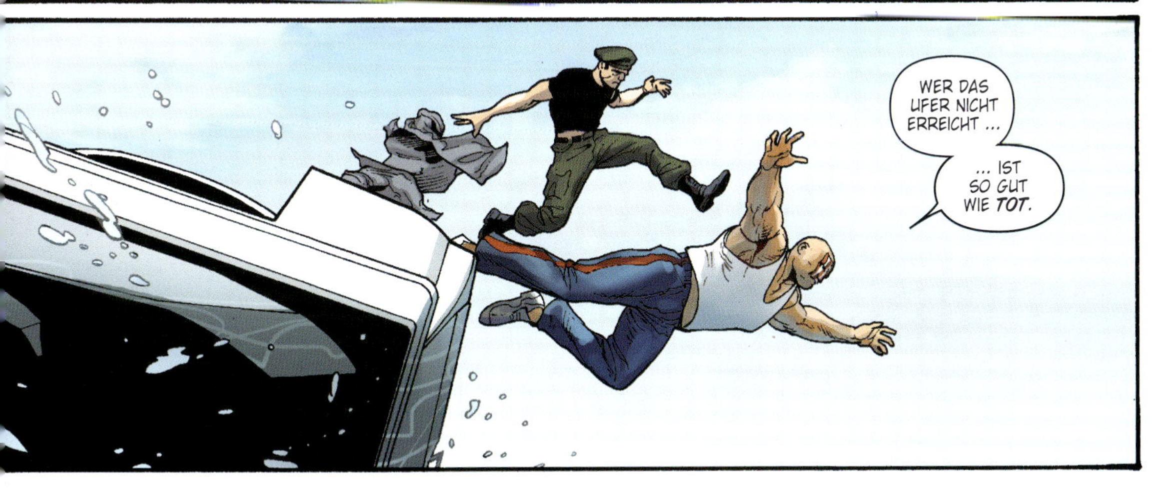
WER DAS UFER NICHT ERREICHT ...
... IST SO GUT WIE TOT.

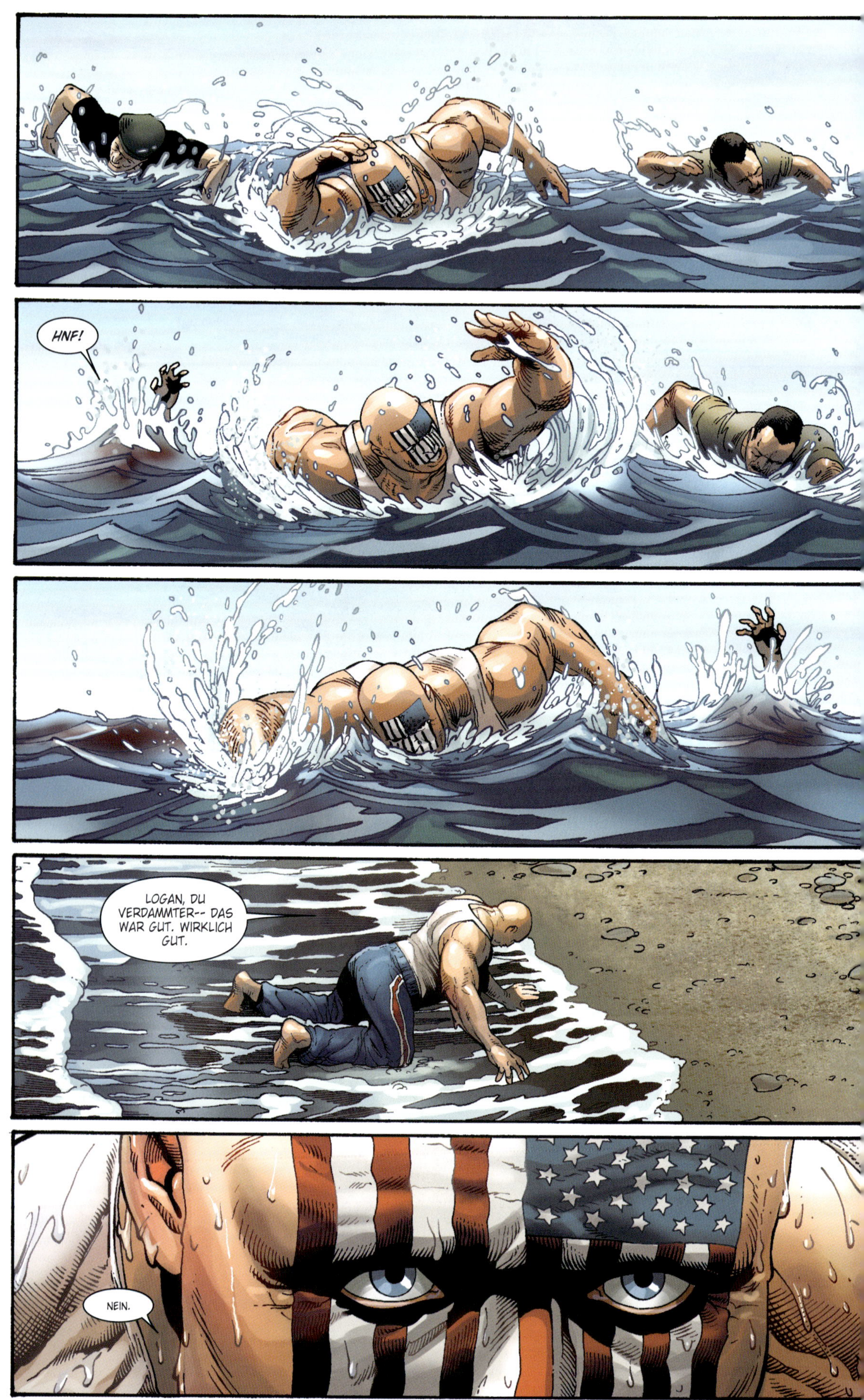
HNF!
LOGAN, DU VERDAMMTER-- DAS WAR GUT. WIRKLICH GUT.
NEIN.

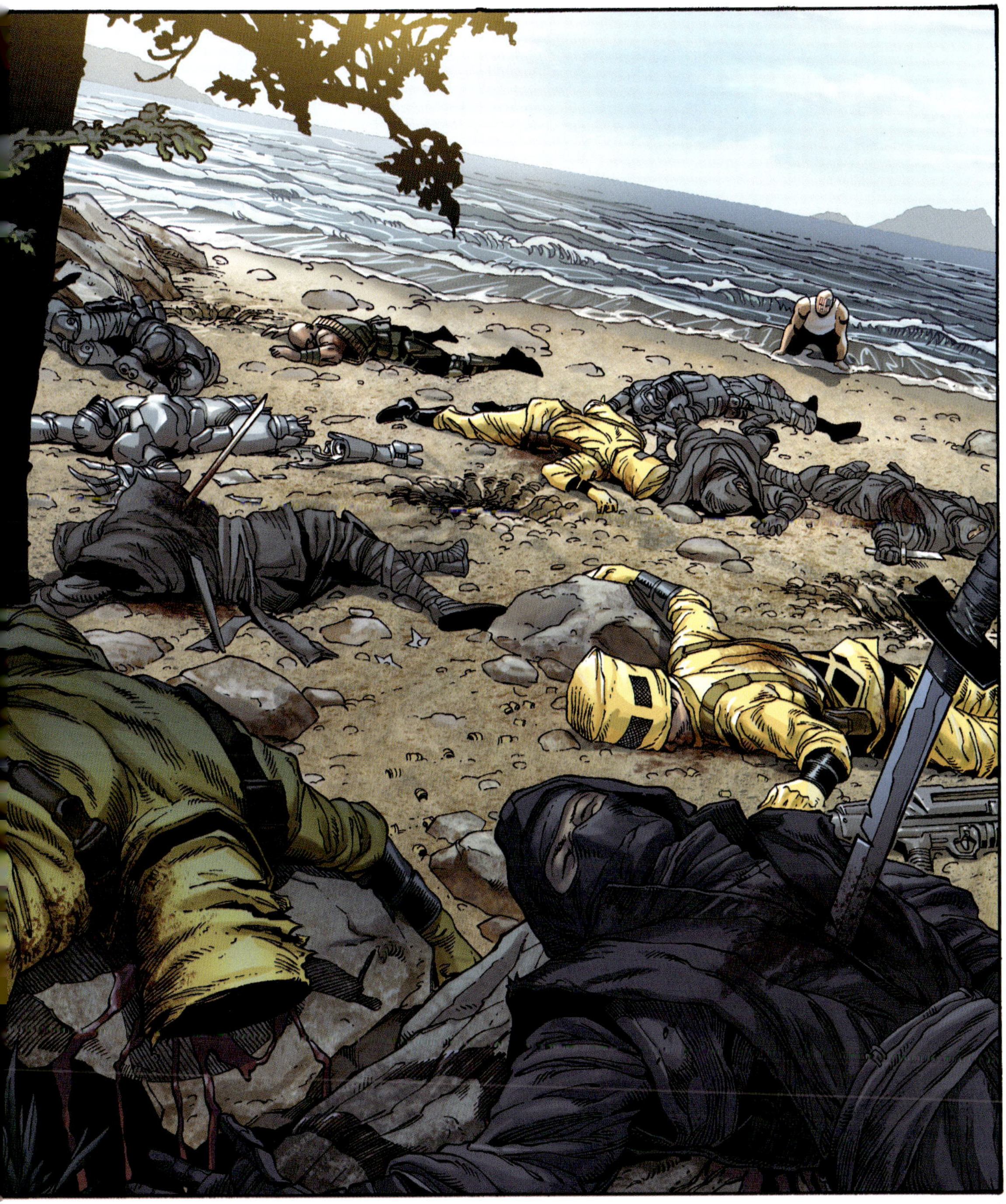

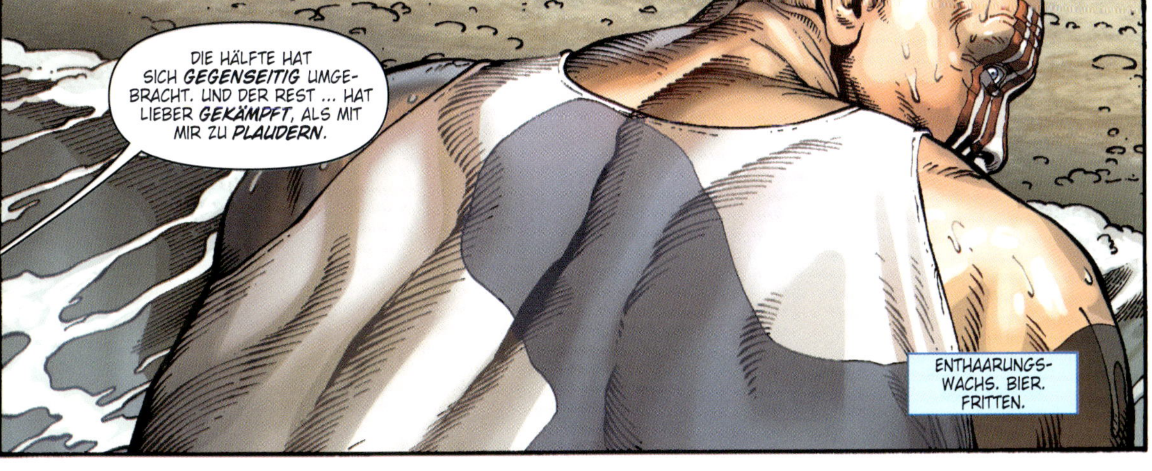
DIE HÄLFTE HAT SICH GEGENSEITIG UMGEBRACHT. UND DER REST ... HAT LIEBER GEKÄMPFT, ALS MIT MIR ZU PLAUDERN.
ENTHAARUNGS-WACHS. BIER. FRITTEN.

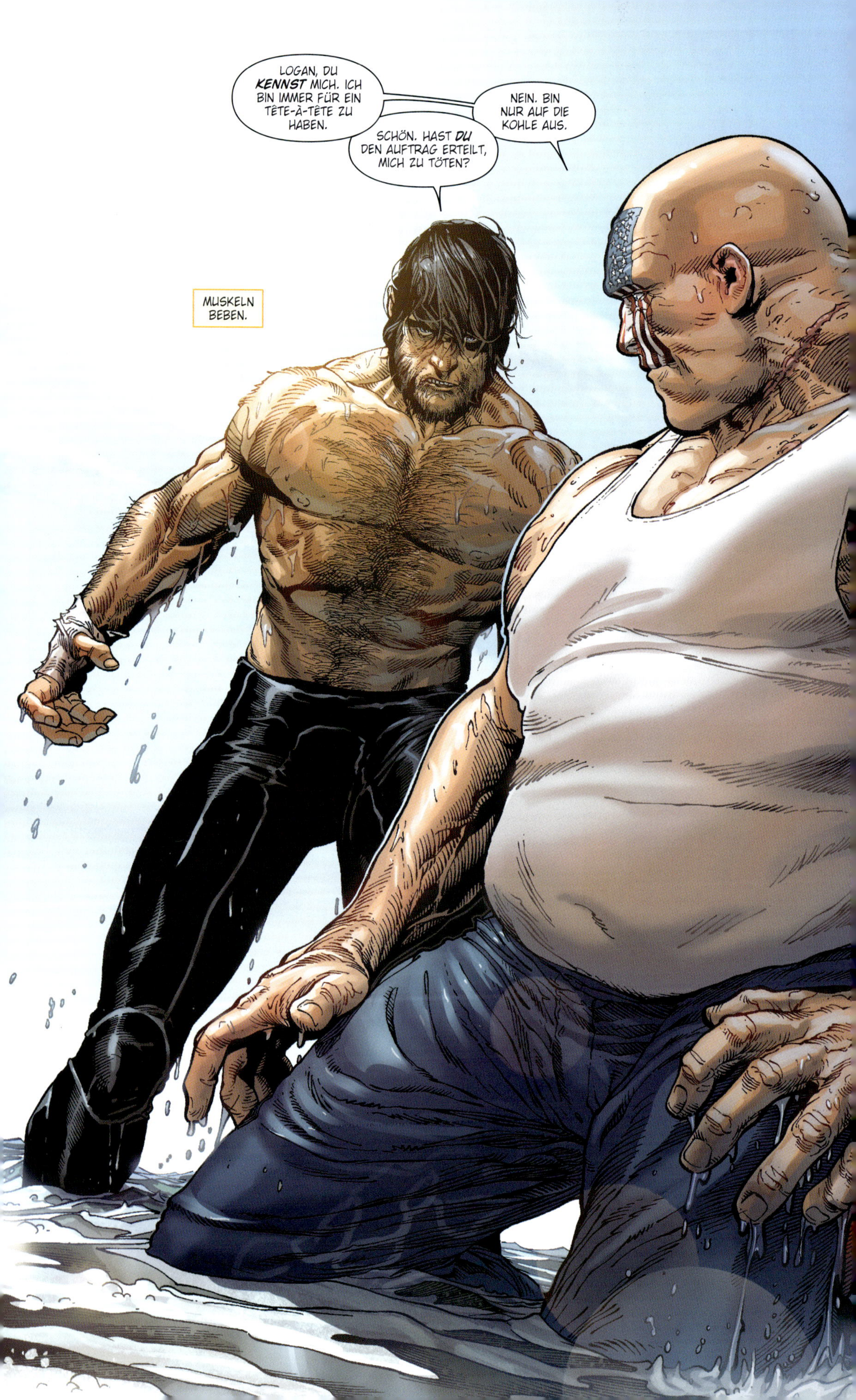
LOGAN, DU **KENNST** MICH. ICH BIN IMMER FÜR EIN TÊTE-À-TÊTE ZU HABEN.
NEIN. BIN NUR AUF DIE KOHLE AUS.
SCHÖN. HAST **DU** DEN AUFTRAG ERTEILT, MICH ZU TÖTEN?
MUSKELN BEBEN.

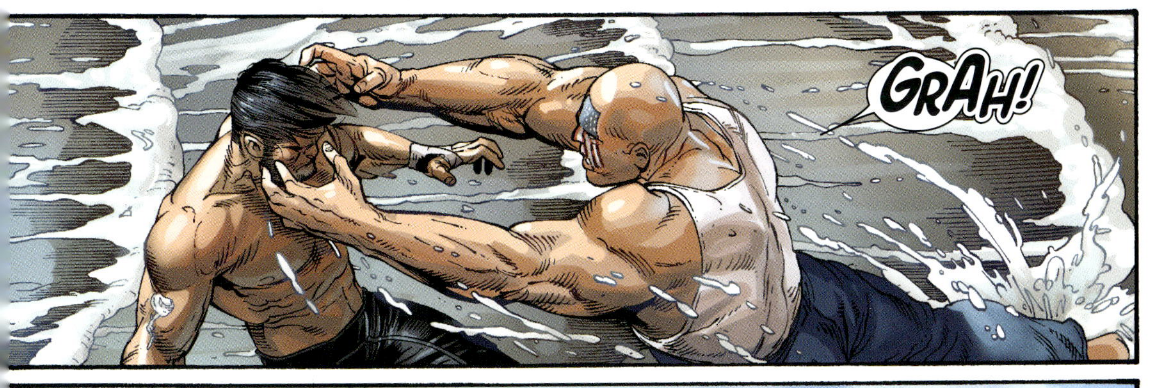
GRAH!

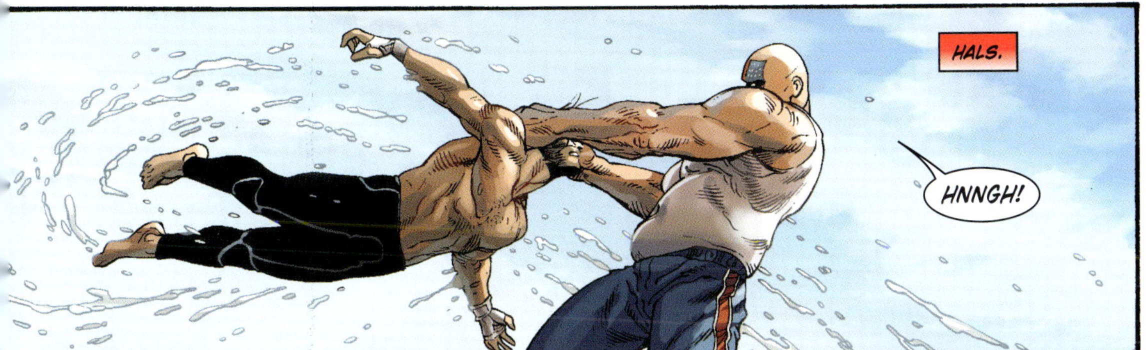
HALS.
HNNGH!

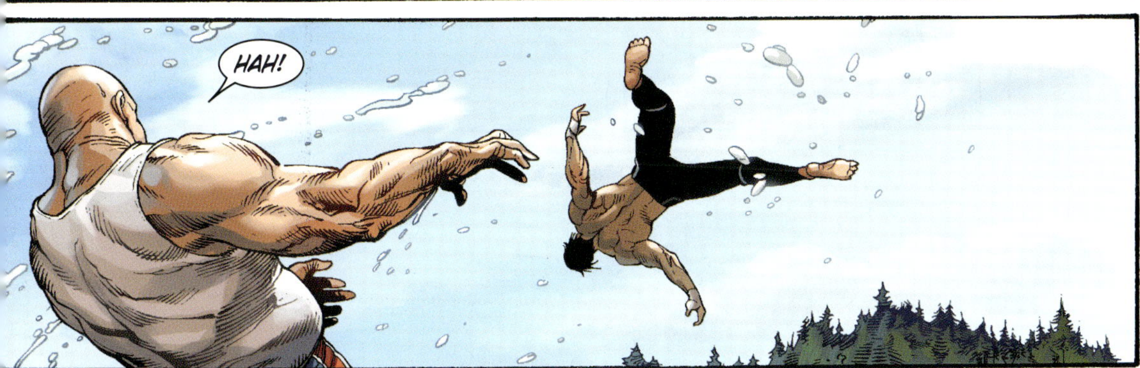
HAH!

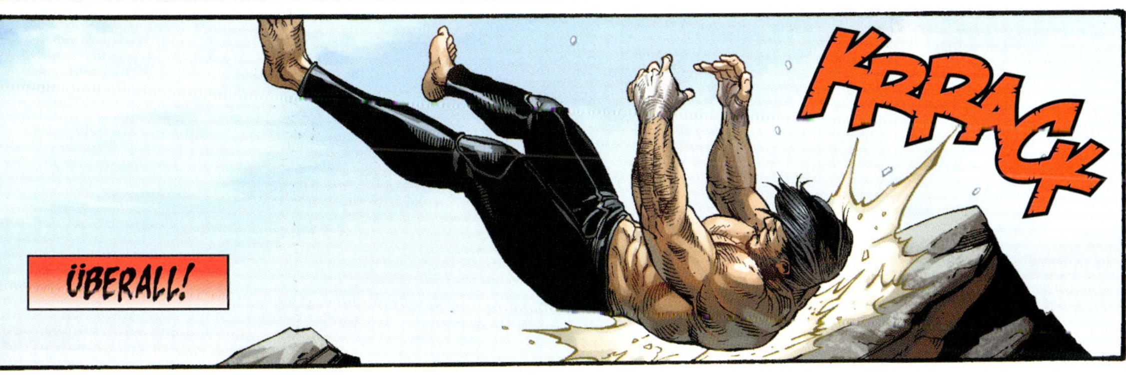
KRRACK
ÜBERALL!

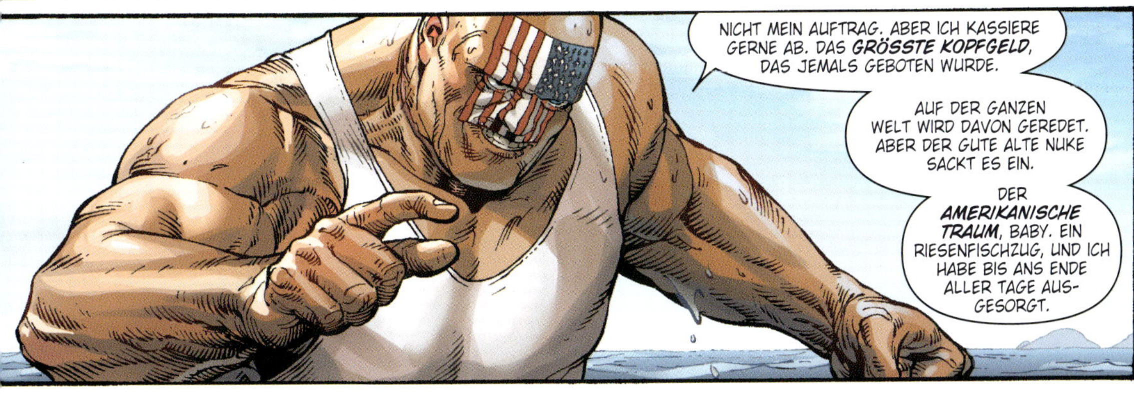
NICHT MEIN AUFTRAG. ABER ICH KASSIERE GERNE AB. DAS **GRÖSSTE KOPFGELD**, DAS JEMALS GEBOTEN WURDE.
AUF DER GANZEN WELT WIRD DAVON GEREDET. ABER DER GUTE ALTE NUKE SACKT ES EIN.
DER **AMERIKANISCHE TRAUM**, BABY. EIN RIESENFISCHZUG, UND ICH HABE BIS ANS ENDE ALLER TAGE AUS-GESORGT.

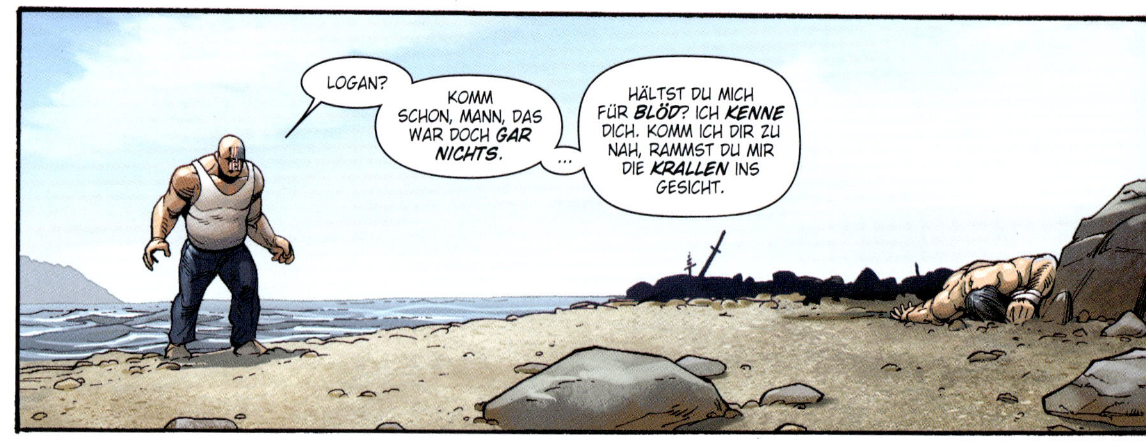

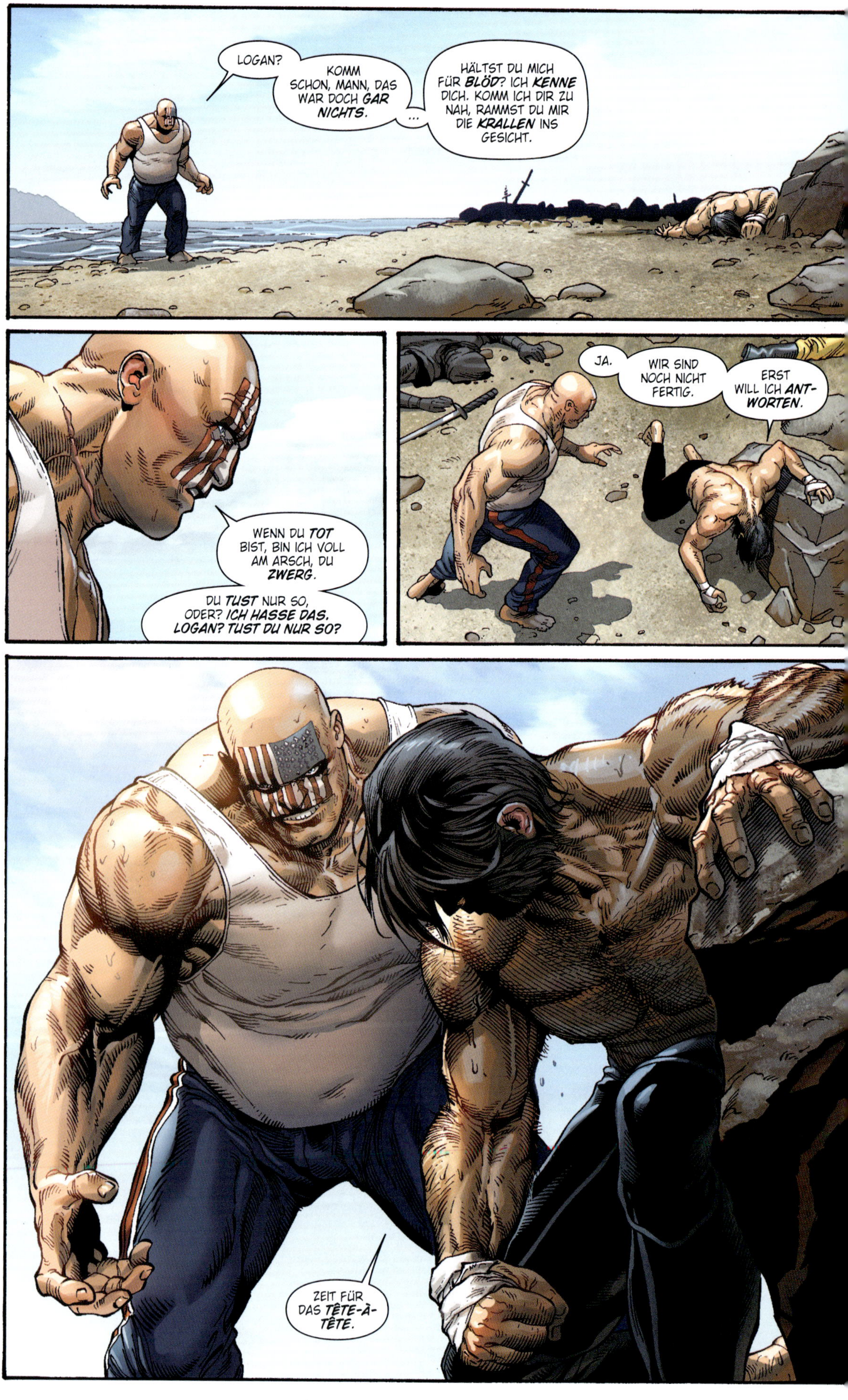

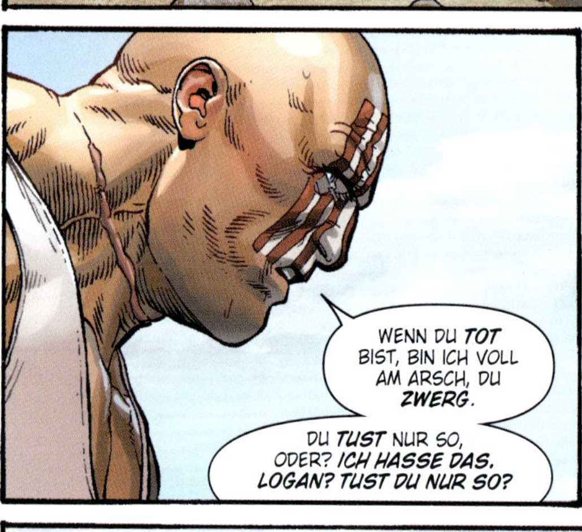

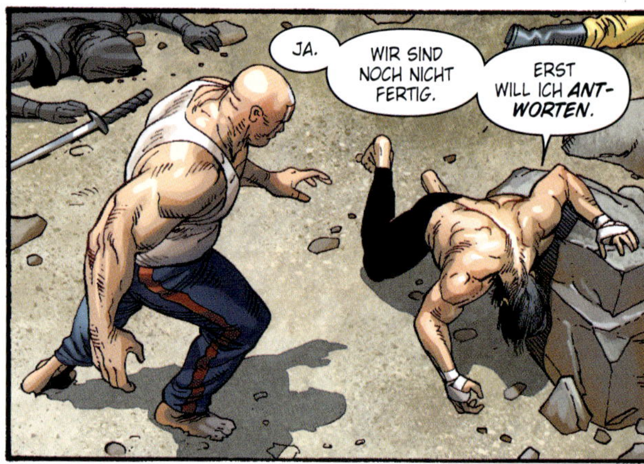

ZEIT FÜR DAS **TÊTE-À-TÊTE**.

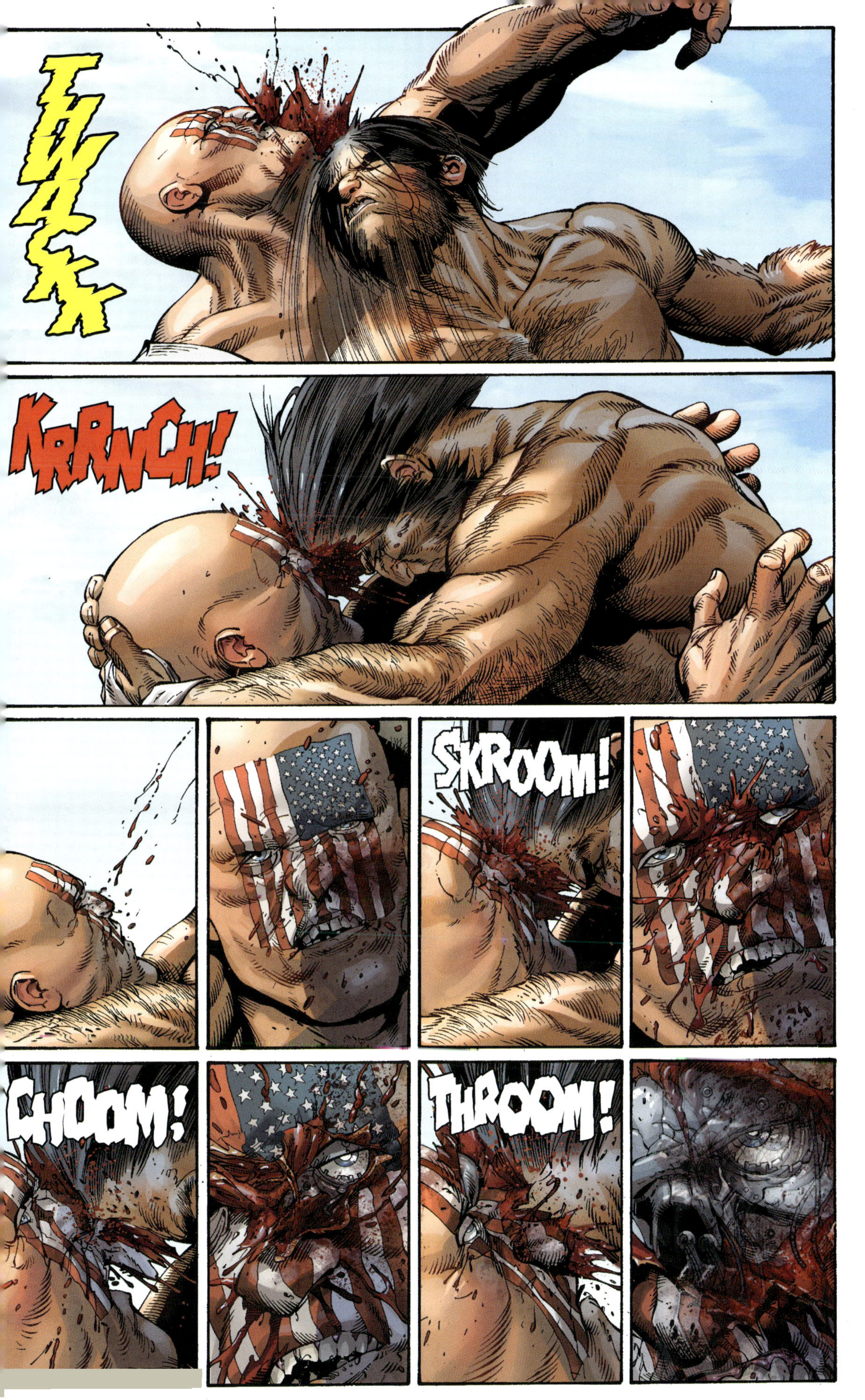

TWACK
KRRNCH!
SKROOM!

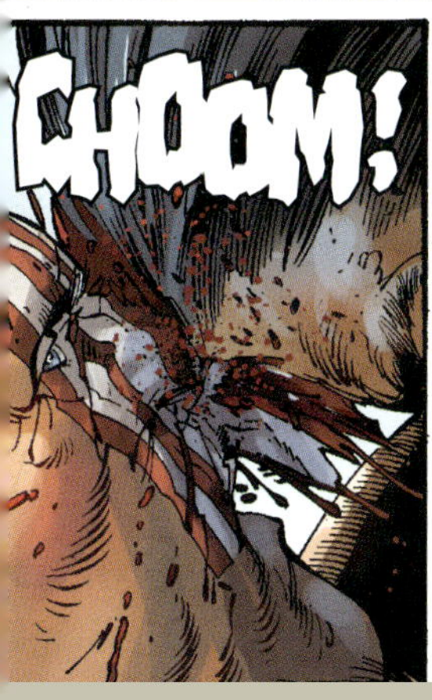
CHOOM!

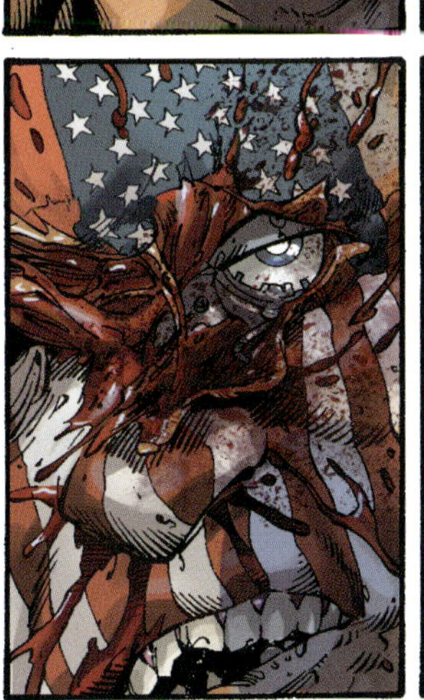

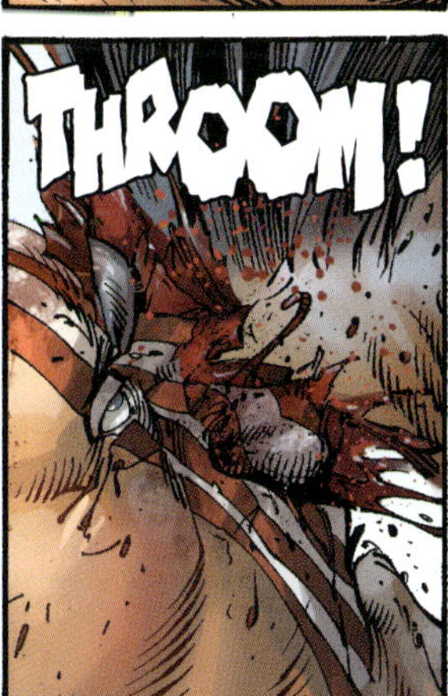
THROOM!

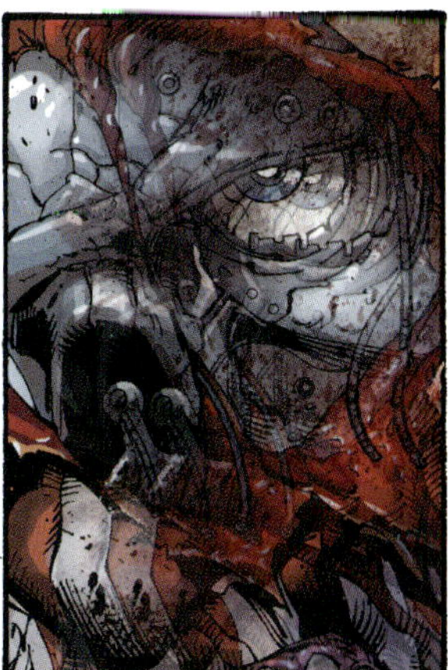

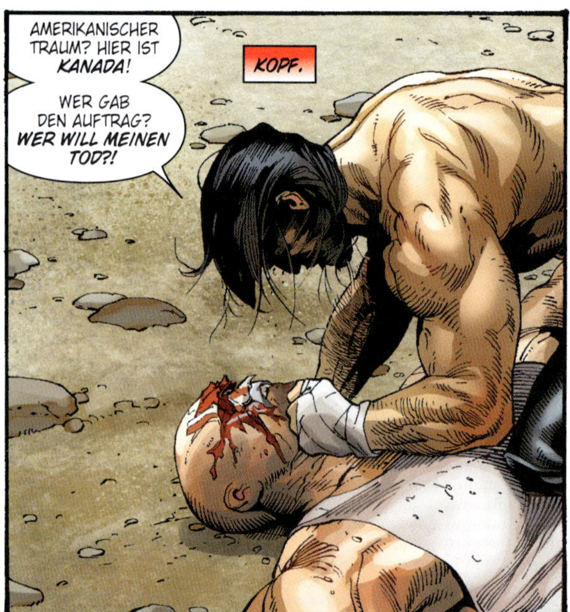
AMERIKANISCHER TRAUM? HIER IST KANADA!
WER GAB DEN AUFTRAG? WER WILL MEINEN TOD?!
KOPF.

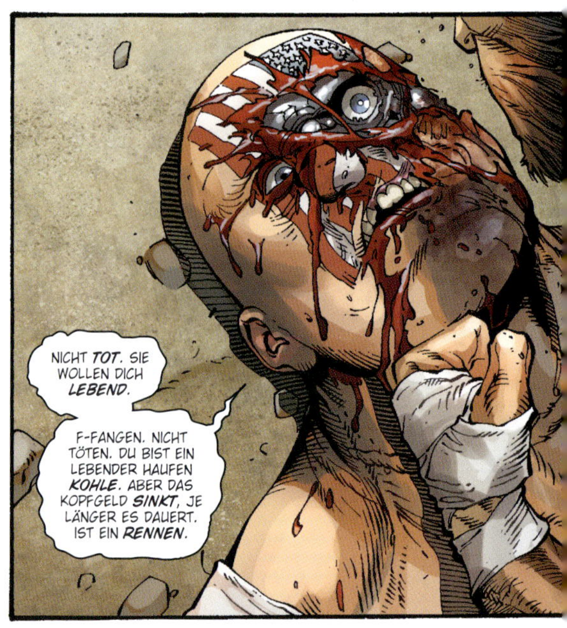
NICHT TOT. SIE WOLLEN DICH LEBEND.
F-FANGEN. NICHT TÖTEN. DU BIST EIN LEBENDER HAUFEN KOHLE. ABER DAS KOPFGELD SINKT, JE LÄNGER ES DAUERT. IST EIN RENNEN.

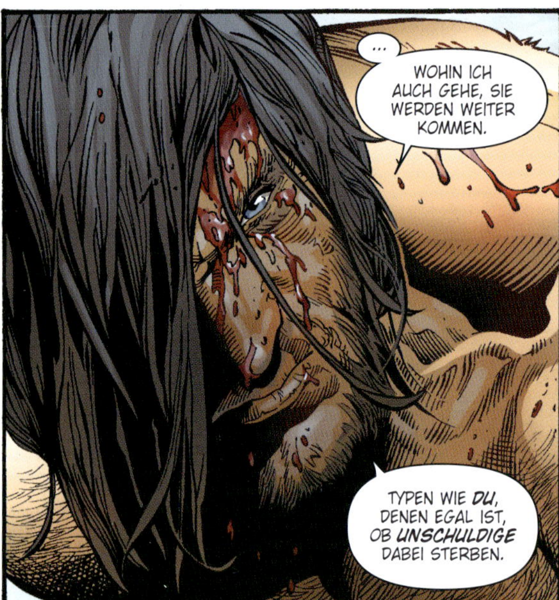
...
WOHIN ICH AUCH GEHE, SIE WERDEN WEITER KOMMEN.
TYPEN WIE DU, DENEN EGAL IST, OB UNSCHULDIGE DABEI STERBEN.

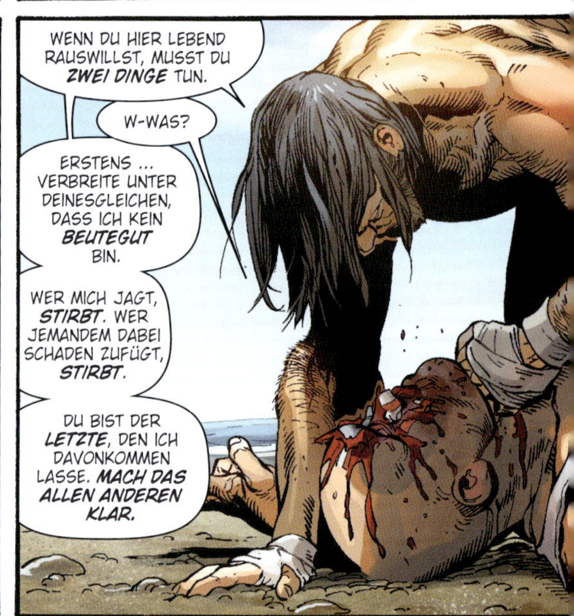
WENN DU HIER LEBEND RAUSWILLST, MUSST DU ZWEI DINGE TUN.
W-WAS?
ERSTENS ... VERBREITE UNTER DEINESGLEICHEN, DASS ICH KEIN BEUTEGUT BIN.
WER MICH JAGT, STIRBT. WER JEMANDEM DABEI SCHADEN ZUFÜGT, STIRBT.
DU BIST DER LETZTE, DEN ICH DAVONKOMMEN LASSE. MACH DAS ALLEN ANDEREN KLAR.

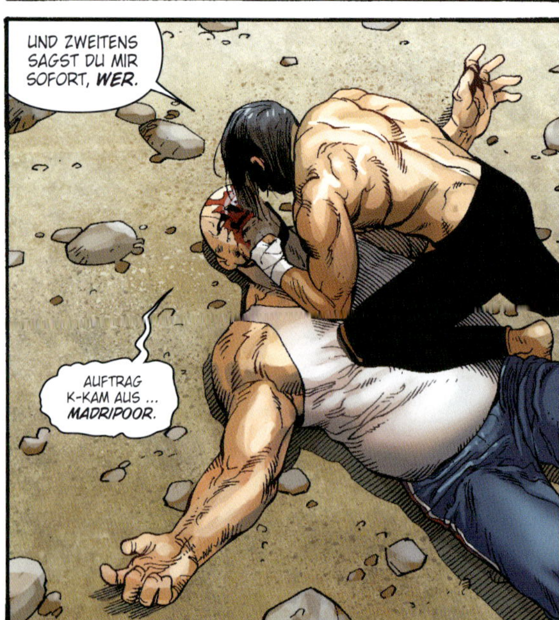
UND ZWEITENS SAGST DU MIR SOFORT, WER.
AUFTRAG K-KAM AUS ... MADRIPOOR.

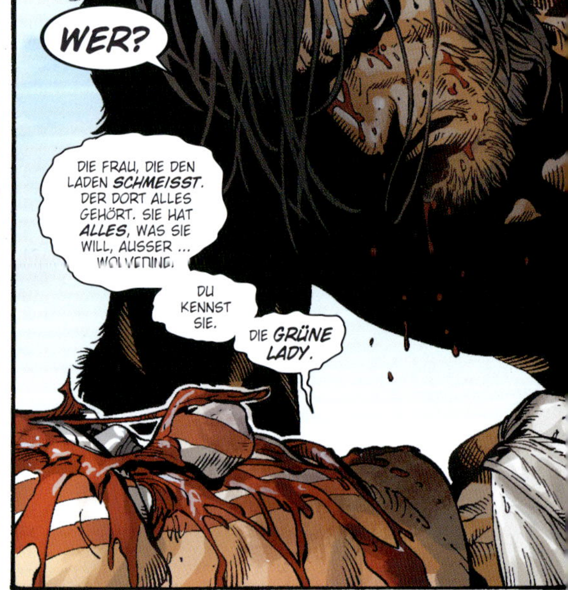
WER?
DIE FRAU, DIE DEN LADEN SCHMEISST. DER DORT ALLES GEHÖRT. SIE HAT ALLES, WAS SIE WILL, AUSSER ... WOLVERINE.
DU KENNST SIE.
DIE GRÜNE LADY.

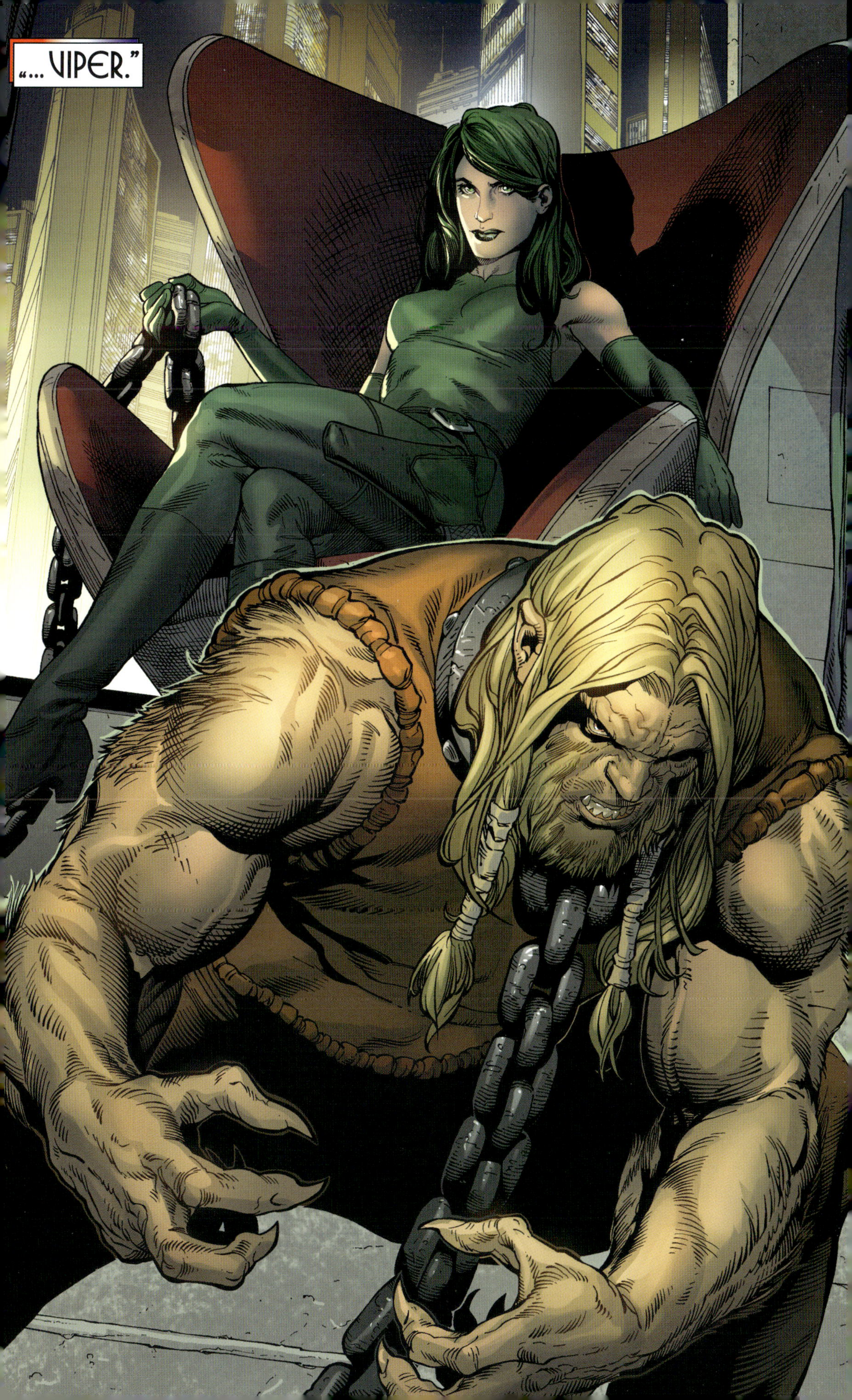
"... VIPER."

DER TOD VON WOLVERINE, TEIL 2: GIFT

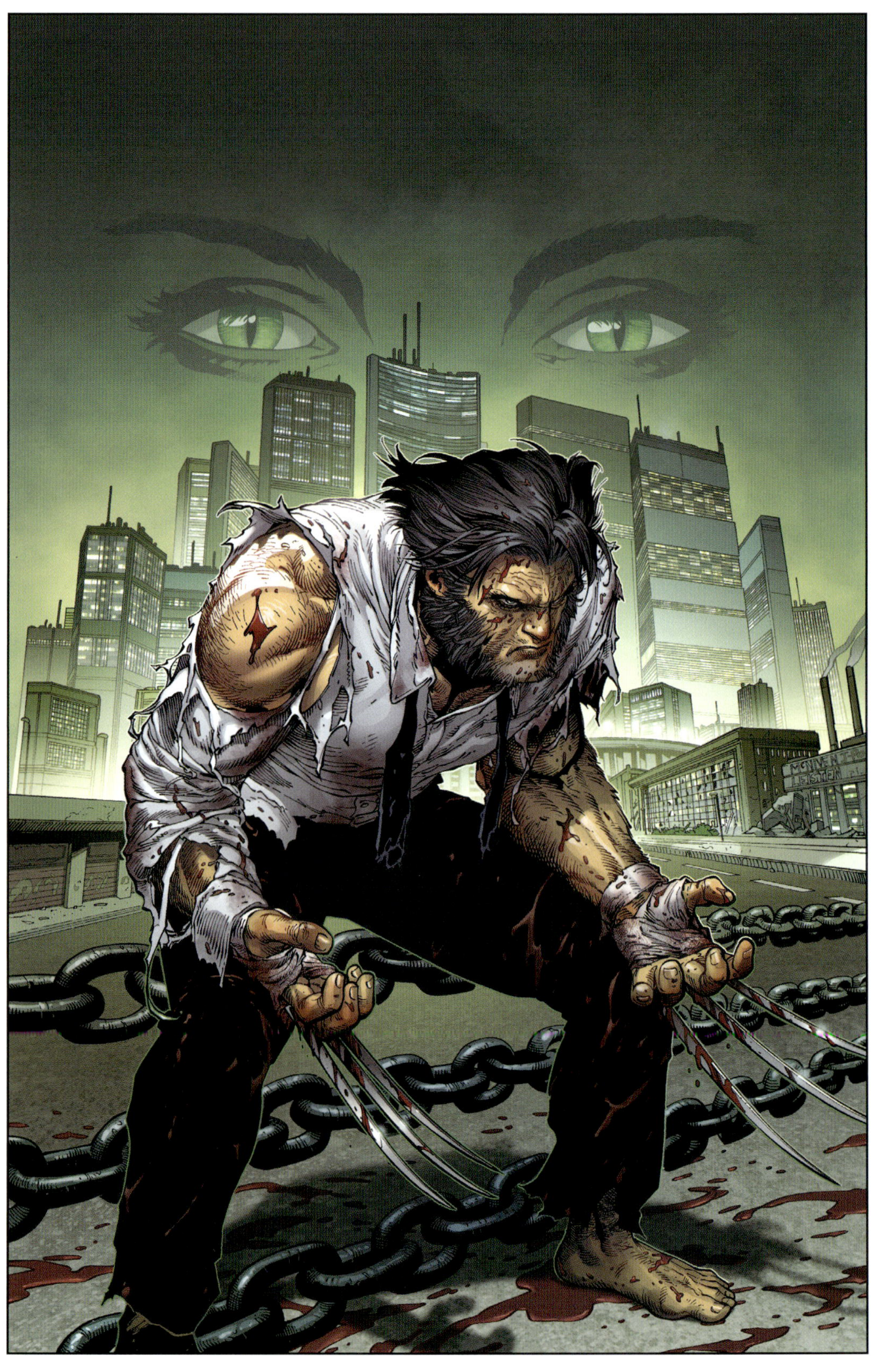

Death of Wolverine (2014) 2
Cover von **STEVE McNIVEN**

GIFT

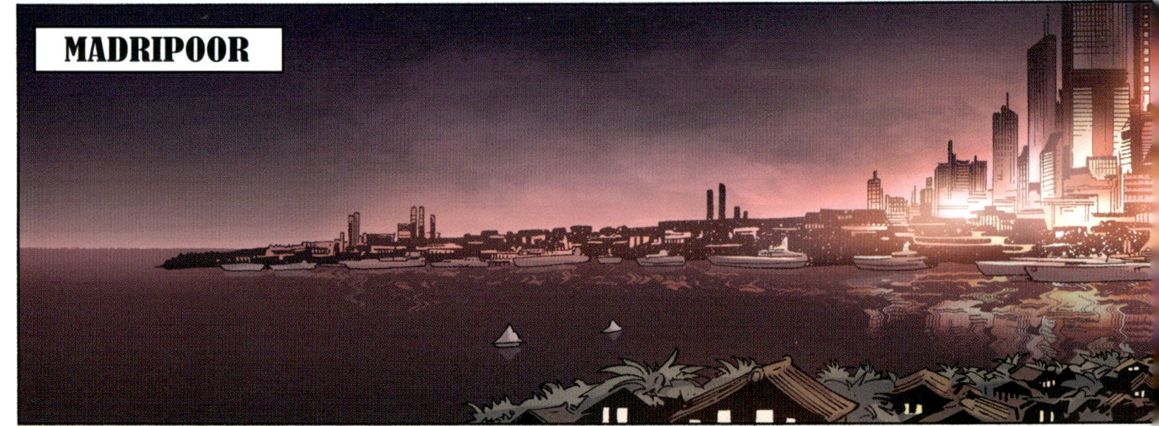
MADRIPOOR

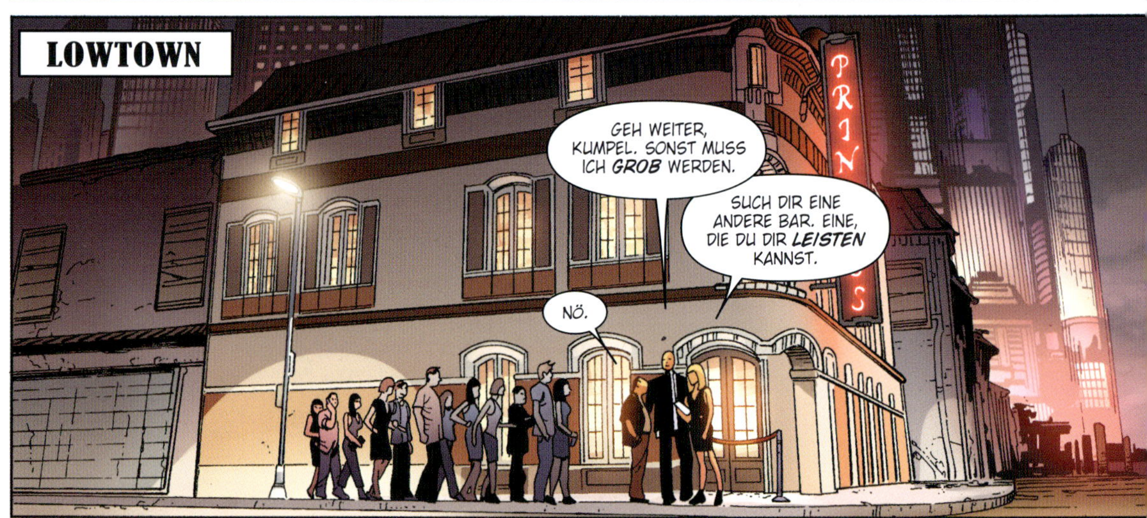
LOWTOWN
GEH WEITER, KUMPEL. SONST MUSS ICH **GROB** WERDEN.
SUCH DIR EINE ANDERE BAR. EINE, DIE DU DIR **LEISTEN** KANNST.
NÖ.

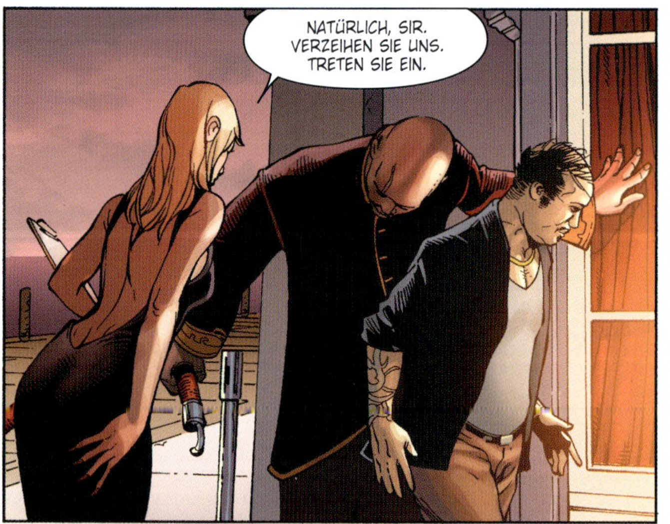
NATÜRLICH, SIR. VERZEIHEN SIE UNS. TRETEN SIE EIN.

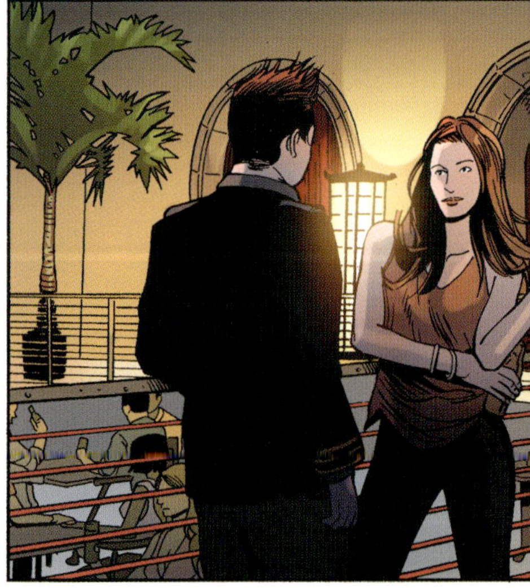

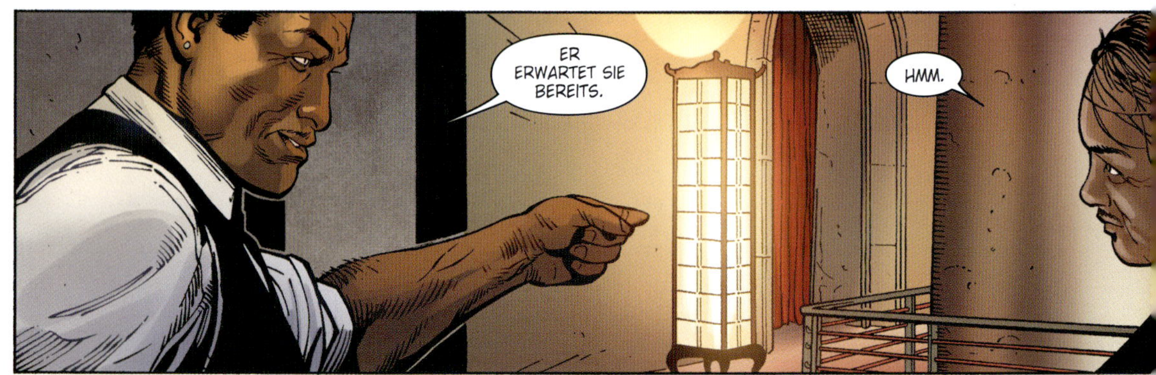
ER ERWARTET SIE BEREITS.
HMM.

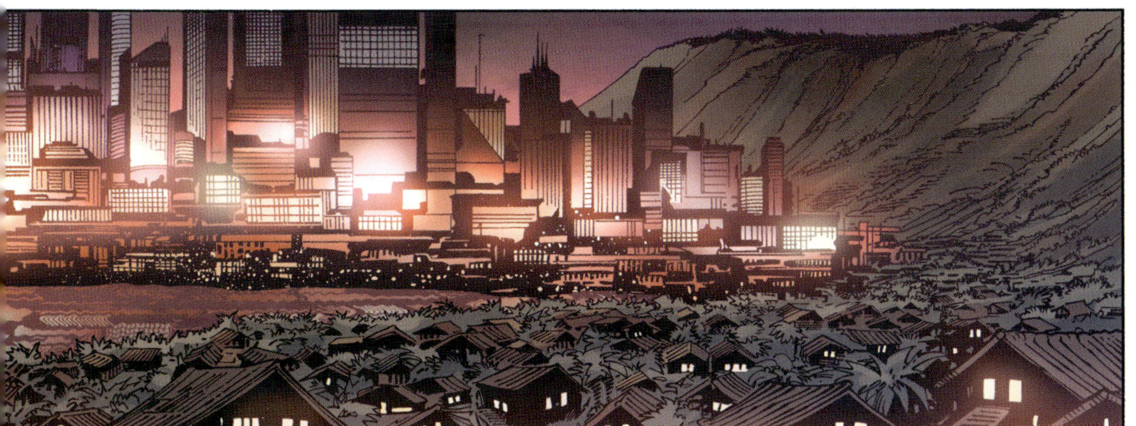

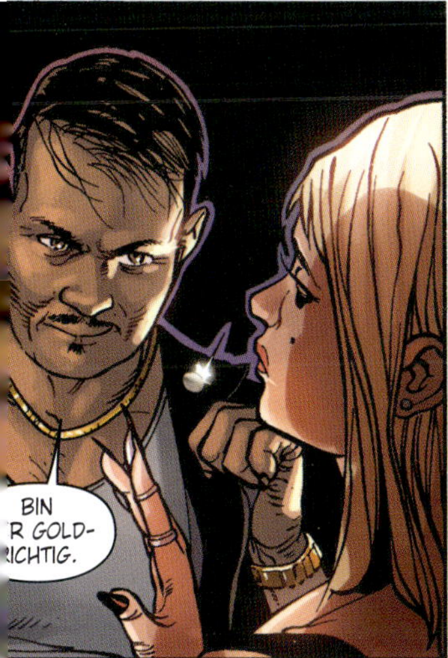

BIN
R GOLD-
RICHTIG.

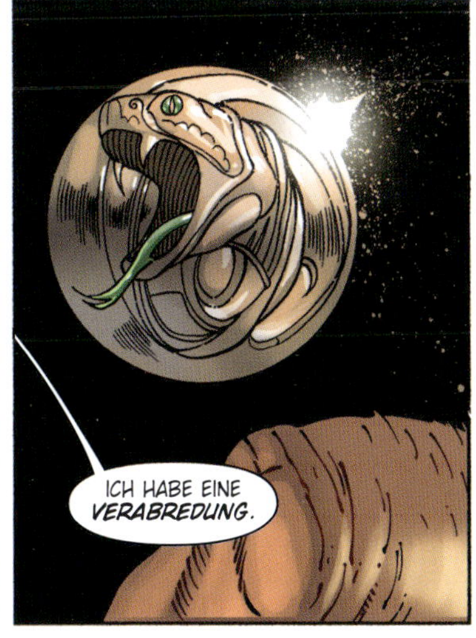

ICH HABE EINE **VERABREDUNG**.

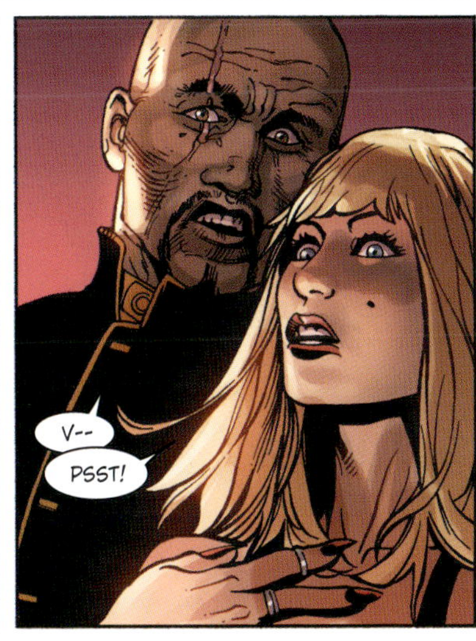

V--
PSST!

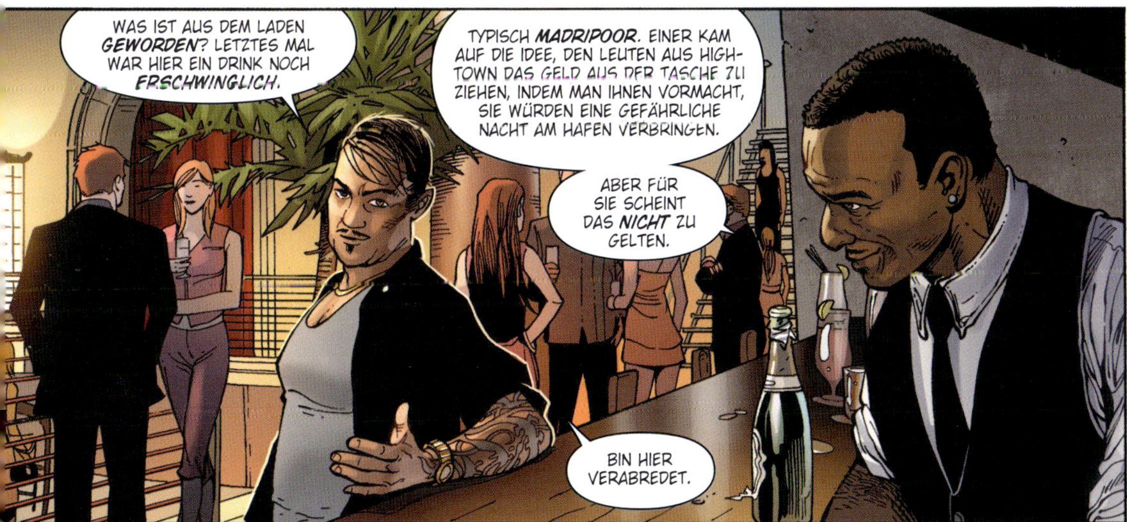

WAS IST AUS DEM LADEN **GEWORDEN**? LETZTES MAL WAR HIER EIN DRINK NOCH **ERSCHWINGLICH**.
TYPISCH **MADRIPOOR**. EINER KAM AUF DIE IDEE, DEN LEUTEN AUS HIGHTOWN DAS GELD AUS DER TASCHE ZU ZIEHEN, INDEM MAN IHNEN VORMACHT, SIE WÜRDEN EINE GEFÄHRLICHE NACHT AM HAFEN VERBRINGEN.
ABER FÜR SIE SCHEINT DAS **NICHT** ZU GELTEN.
BIN HIER VERABREDET.

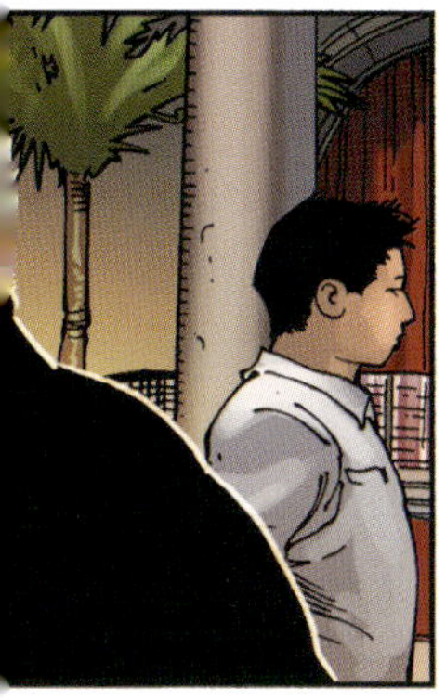

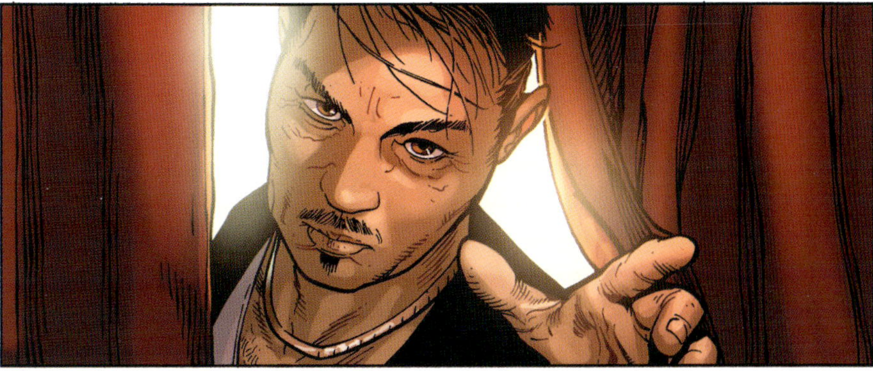

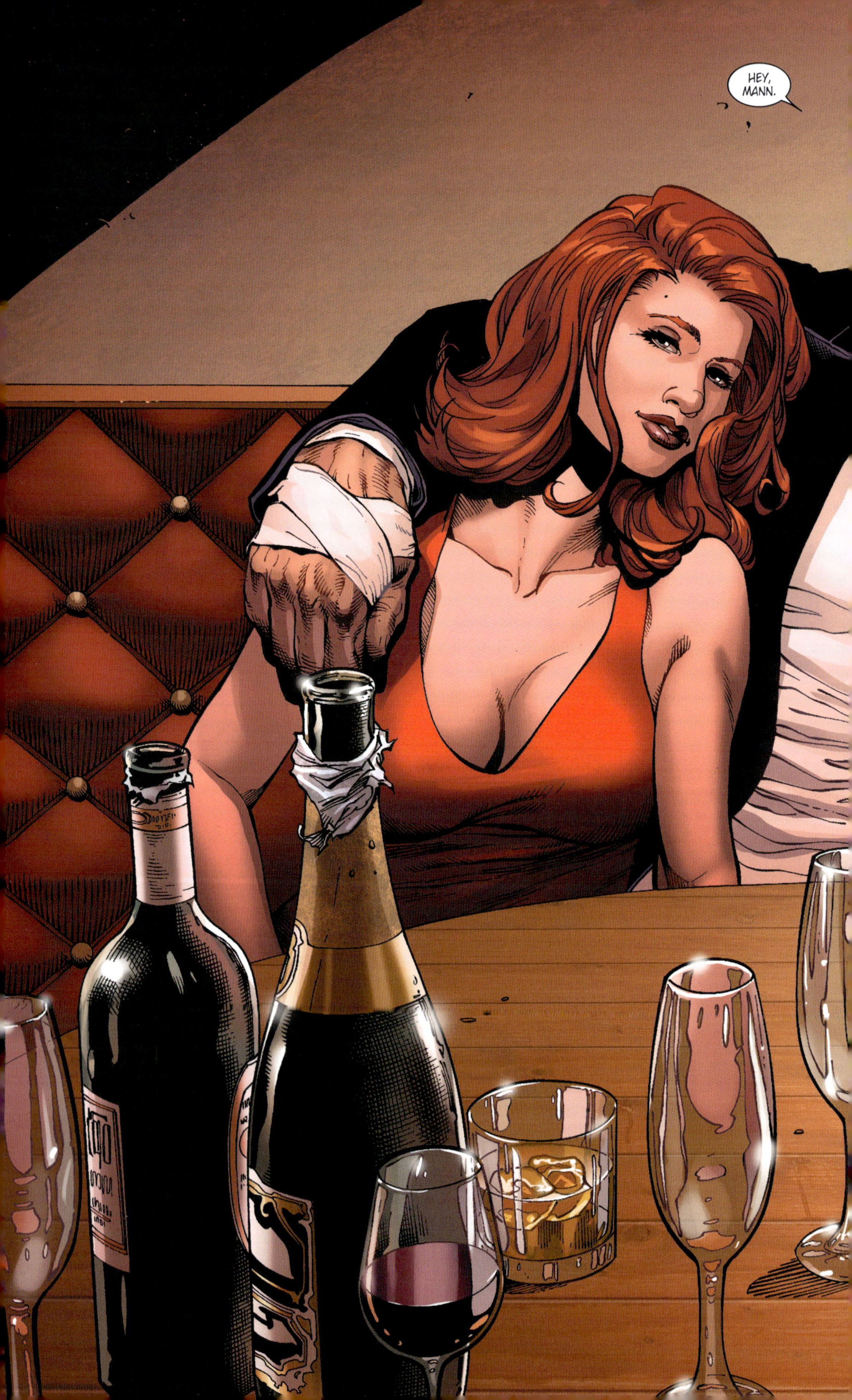
HEY, MANN.

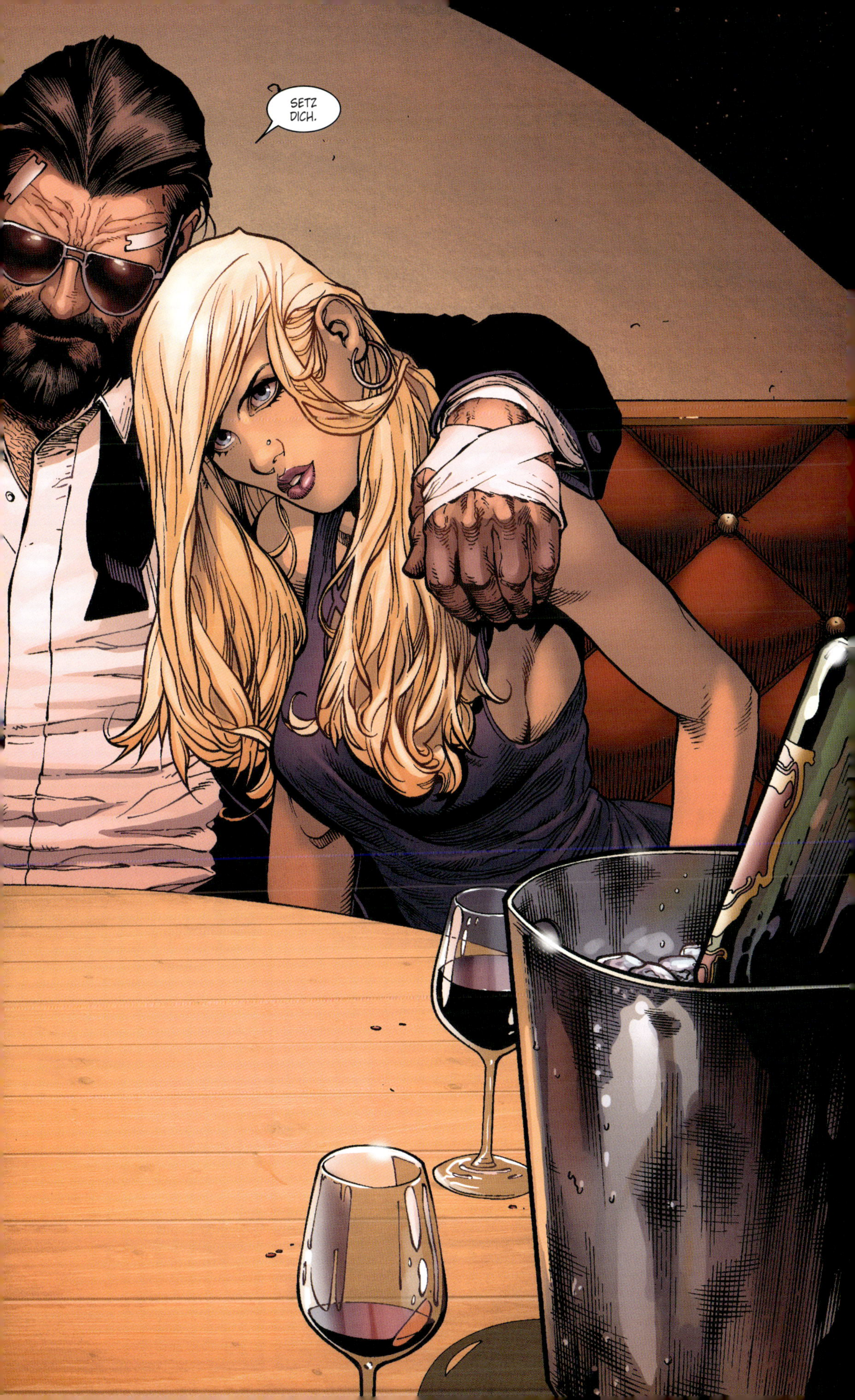
SETZ DICH.

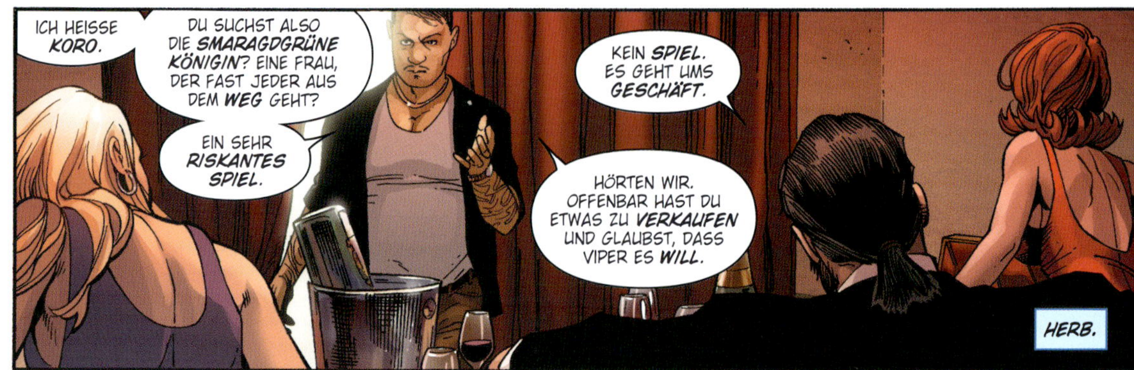
ICH HEISSE KORO.
DU SUCHST ALSO DIE SMARAGDGRÜNE KÖNIGIN? EINE FRAU, DER FAST JEDER AUS DEM WEG GEHT?
EIN SEHR RISKANTES SPIEL.
KEIN SPIEL. ES GEHT UMS GESCHÄFT.
HÖRTEN WIR. OFFENBAR HAST DU ETWAS ZU VERKAUFEN UND GLAUBST, DASS VIPER ES WILL.
HERB.

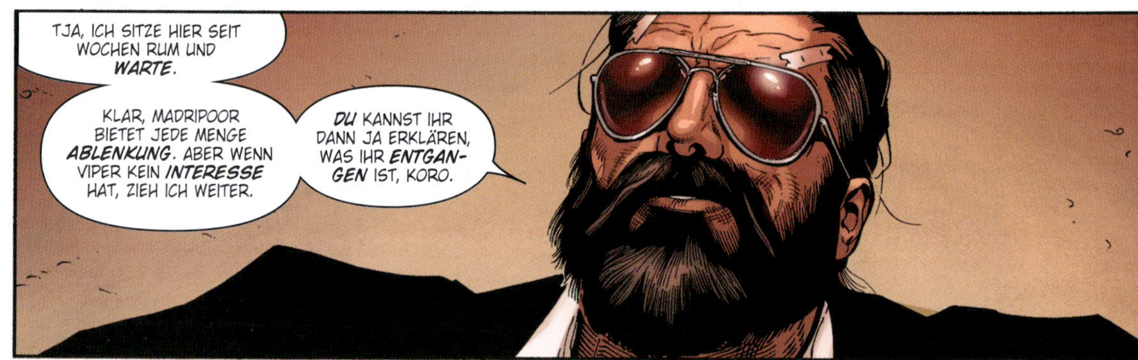
TJA, ICH SITZE HIER SEIT WOCHEN RUM UND WARTE.
KLAR, MADRIPOOR BIETET JEDE MENGE ABLENKUNG. ABER WENN VIPER KEIN INTERESSE HAT, ZIEH ICH WEITER.
DU KANNST IHR DANN JA ERKLÄREN, WAS IHR ENTGANGEN IST, KORO.

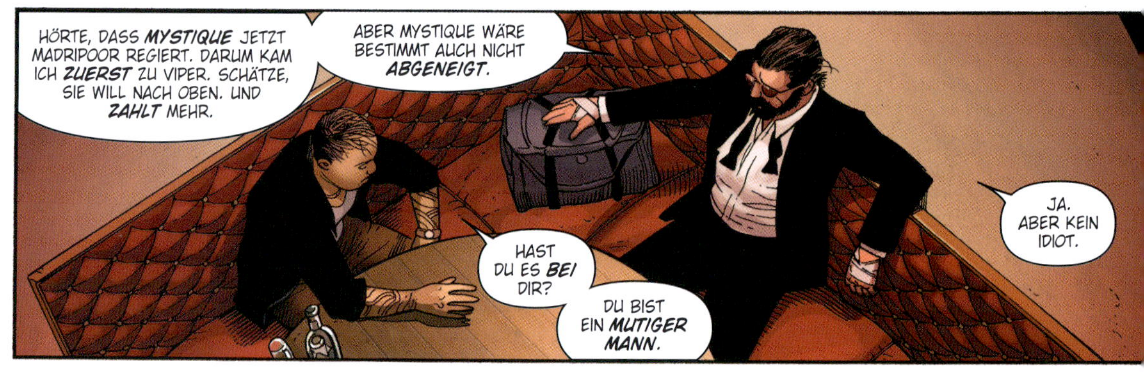
HÖRTE, DASS MYSTIQUE JETZT MADRIPOOR REGIERT. DARUM KAM ICH ZUERST ZU VIPER. SCHÄTZE, SIE WILL NACH OBEN. UND ZAHLT MEHR.
ABER MYSTIQUE WÄRE BESTIMMT AUCH NICHT ABGENEIGT.
HAST DU ES BEI DIR?
DU BIST EIN MUTIGER MANN.
JA. ABER KEIN IDIOT.

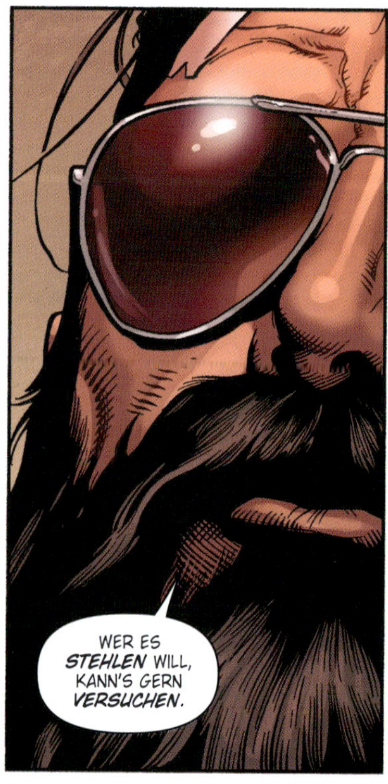
WER ES STEHLEN WILL, KANN'S GERN VERSUCHEN.

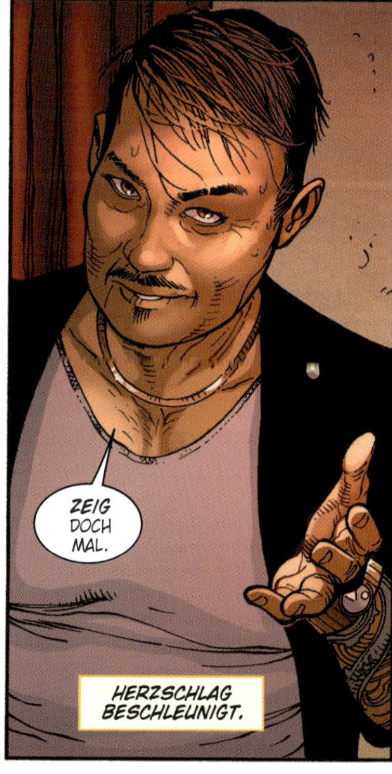
ZEIG DOCH MAL.
HERZSCHLAG BESCHLEUNIGT.

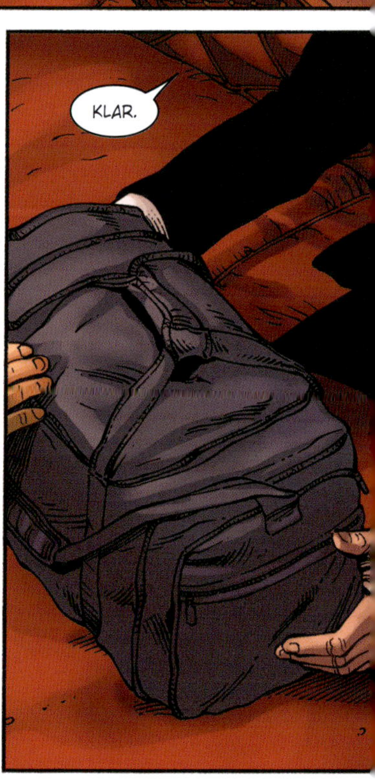
KLAR.

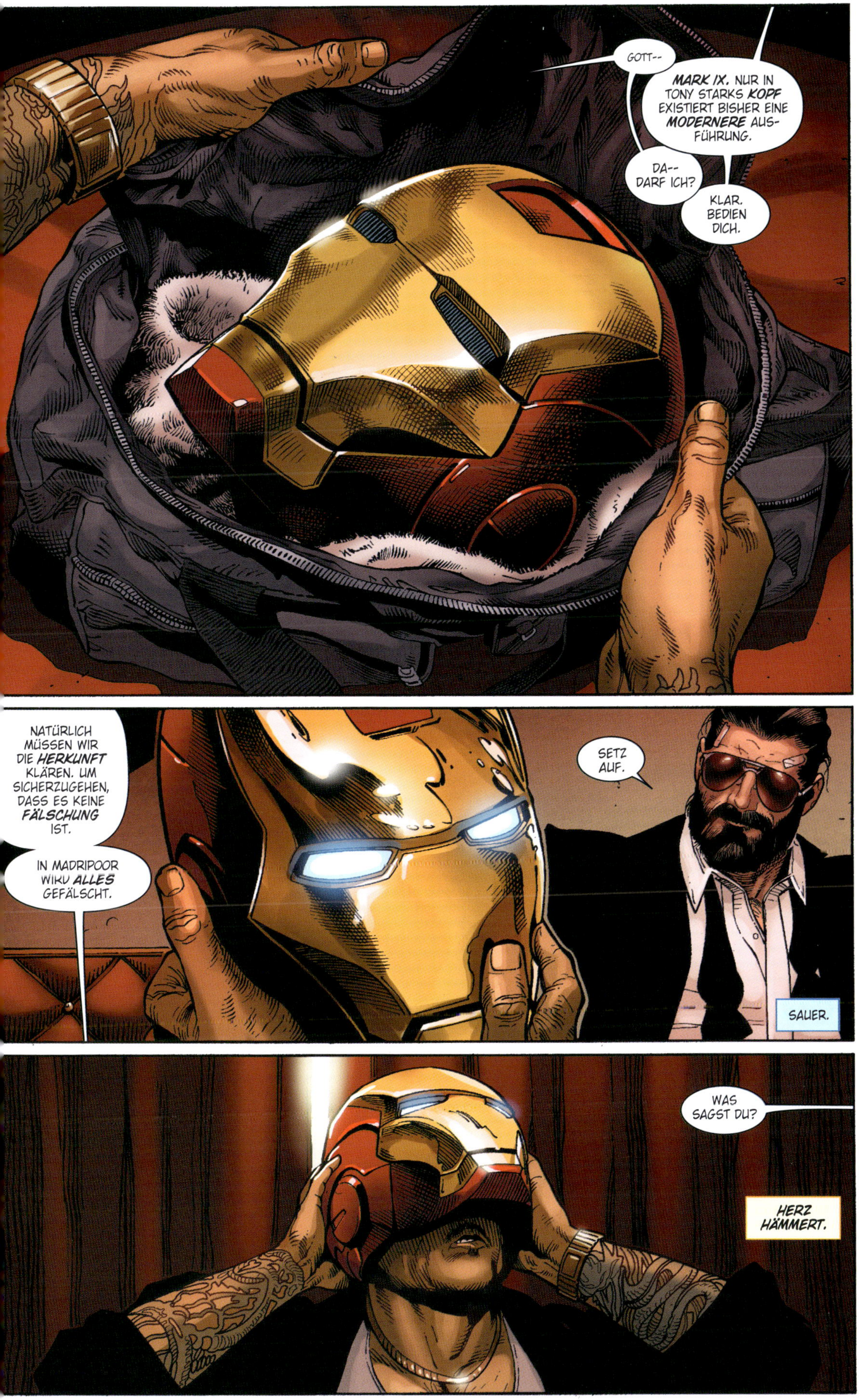

GOTT--
MARK IX. NUR IN TONY STARKS **KOPF** EXISTIERT BISHER EINE **MODERNERE** AUS-FÜHRUNG.
DA-- DARF ICH?
KLAR. BEDIEN DICH.

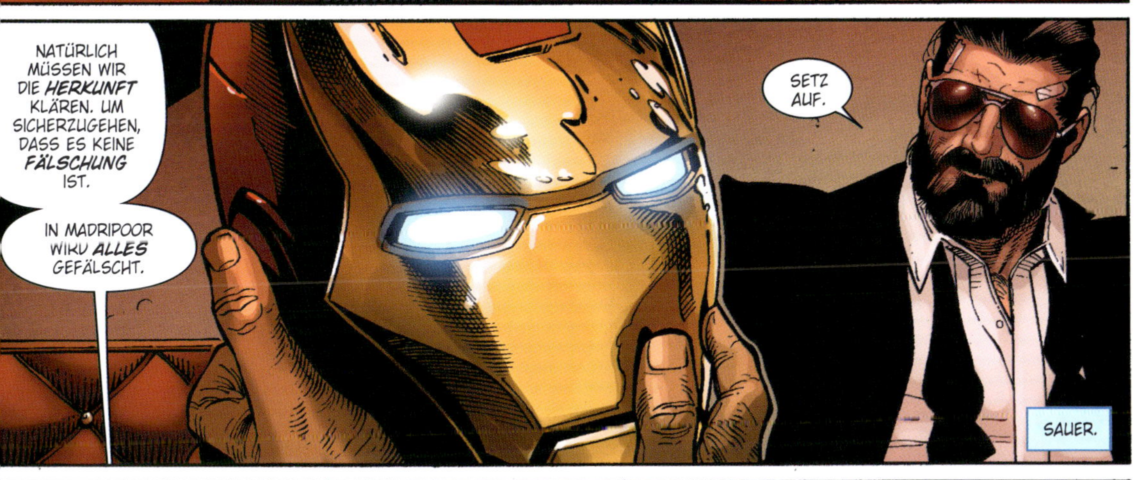

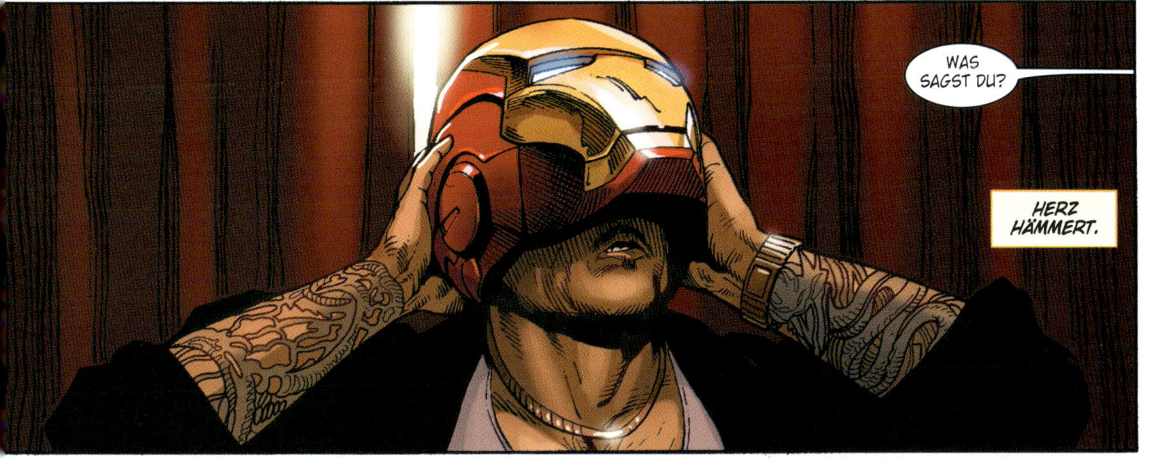

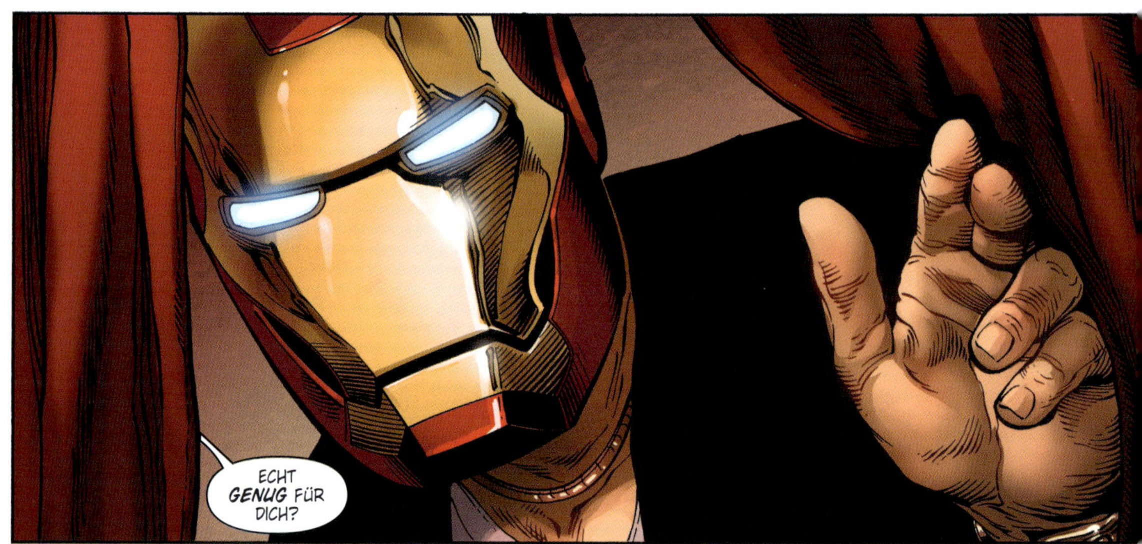

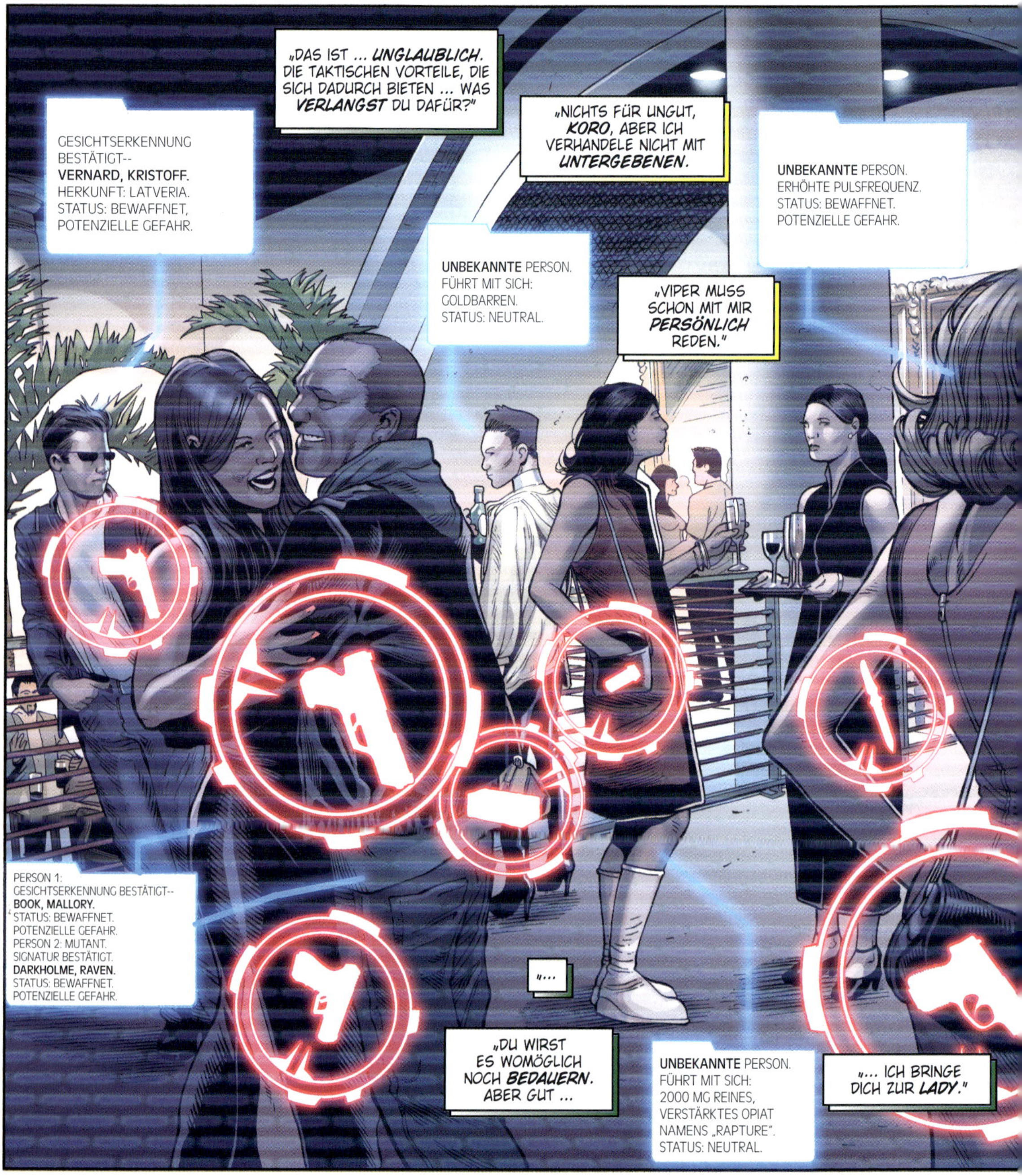

„DAS IST … *UNGLAUBLICH*. DIE TAKTISCHEN VORTEILE, DIE SICH DADURCH BIETEN … WAS *VERLANGST* DU DAFÜR?"

GESICHTSERKENNUNG BESTÄTIGT-- **VERNARD, KRISTOFF.** HERKUNFT: LATVERIA. STATUS: BEWAFFNET, POTENZIELLE GEFAHR.

„NICHTS FÜR UNGUT, *KORO*, ABER ICH VERHANDELE NICHT MIT *UNTERGEBENEN*.

UNBEKANNTE PERSON. ERHÖHTE PULSFREQUENZ. STATUS: BEWAFFNET. POTENZIELLE GEFAHR.

UNBEKANNTE PERSON. FÜHRT MIT SICH: GOLDBARREN. STATUS: NEUTRAL.

„VIPER MUSS SCHON MIT MIR *PERSÖNLICH* REDEN."

PERSON 1: GESICHTSERKENNUNG BESTÄTIGT-- **BOOK, MALLORY.** STATUS: BEWAFFNET. POTENZIELLE GEFAHR. PERSON 2: MUTANT. SIGNATUR BESTÄTIGT. **DARKHOLME, RAVEN.** STATUS: BEWAFFNET. POTENZIELLE GEFAHR.

„…

„DU WIRST ES WOMÖGLICH NOCH *BEDAUERN*. ABER GUT …

UNBEKANNTE PERSON. FÜHRT MIT SICH: 2000 MG REINES, VERSTÄRKTES OPIAT NAMENS „RAPTURE". STATUS: NEUTRAL.

„… ICH BRINGE DICH ZUR *LADY*."

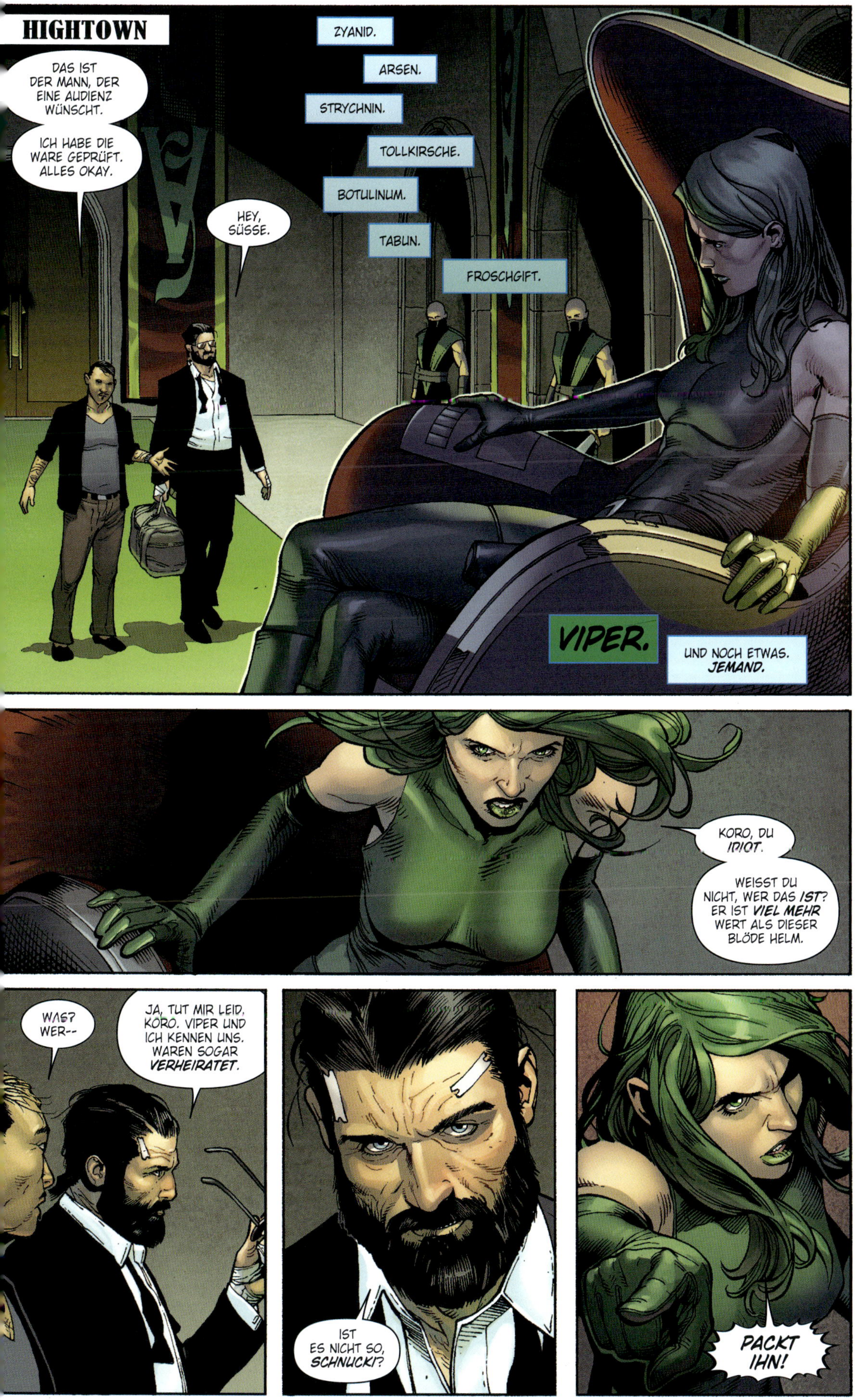

HIGHTOWN

DAS IST DER MANN, DER EINE AUDIENZ WÜNSCHT.
ICH HABE DIE WARE GEPRÜFT. ALLES OKAY.
HEY, SÜSSE.
ZYANID.
ARSEN.
STRYCHNIN.
TOLLKIRSCHE.
BOTULINUM.
TABUN.
FROSCHGIFT.
VIPER.
UND NOCH ETWAS. *JEMAND.*

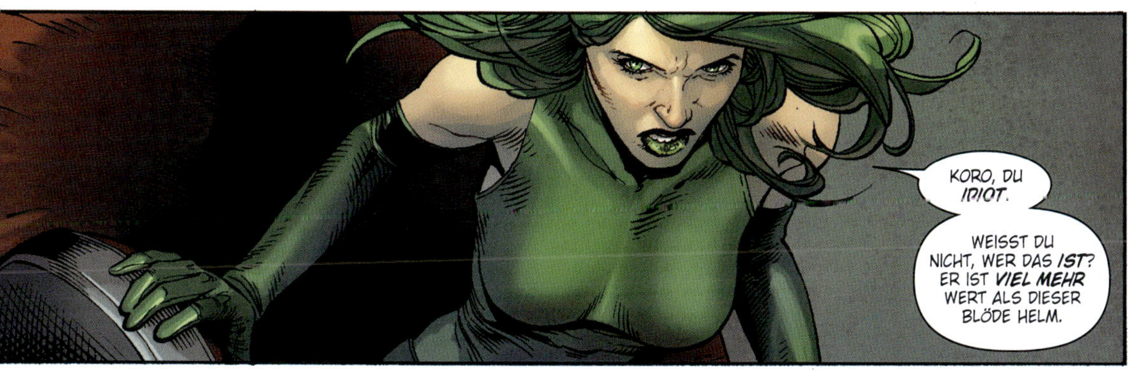

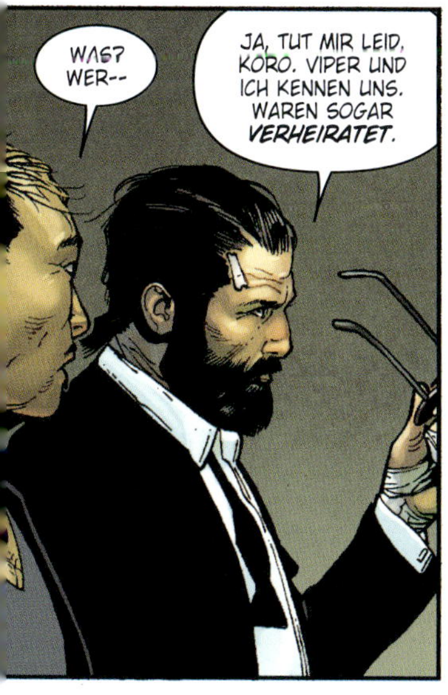

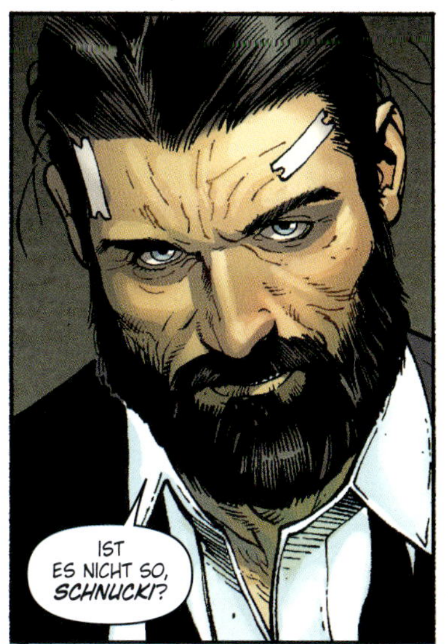

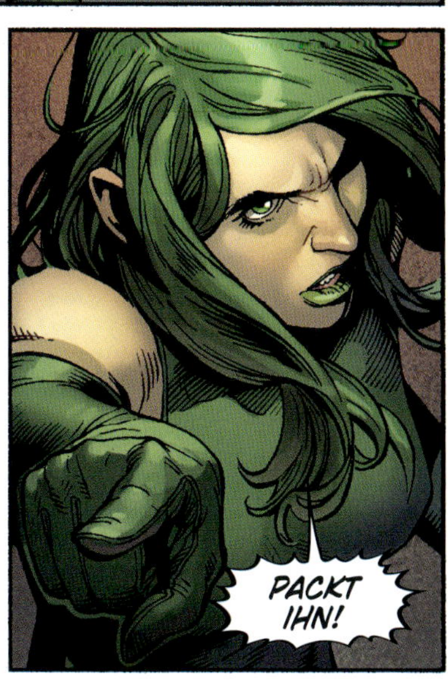

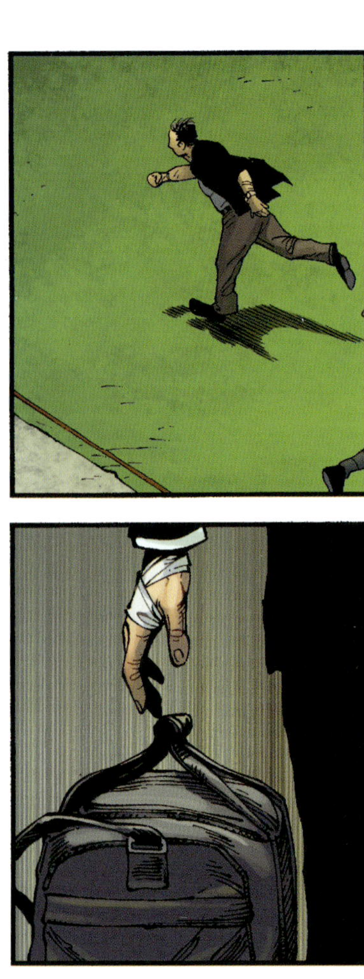
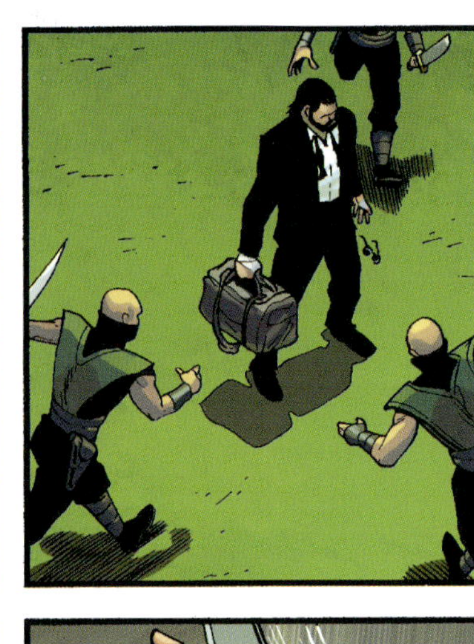
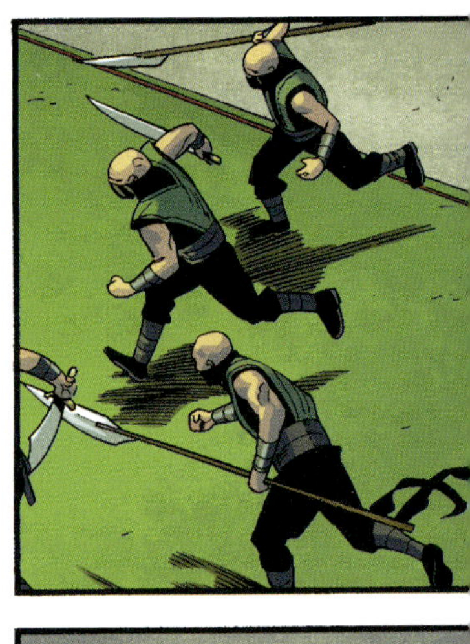
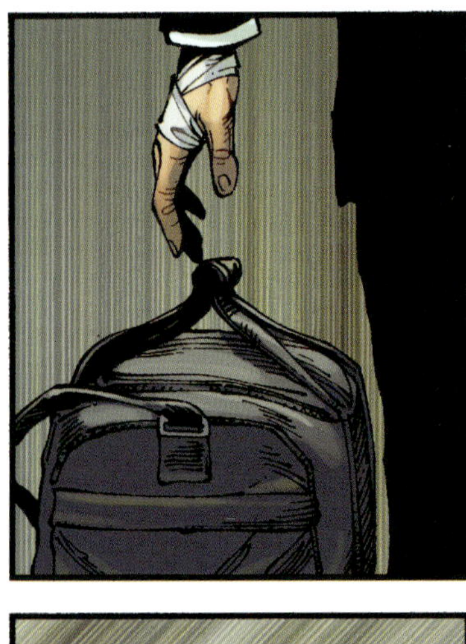
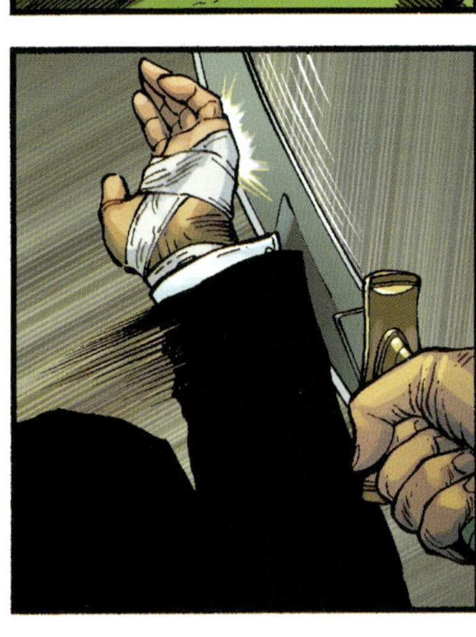
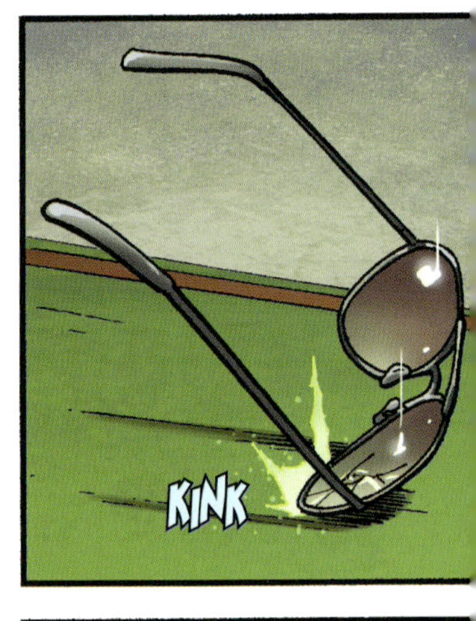
KINK
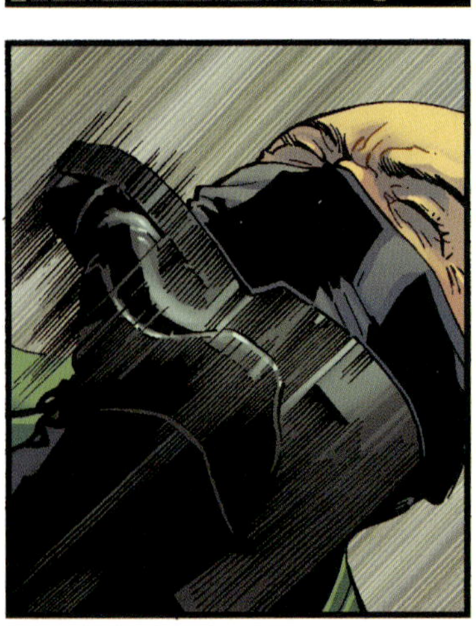
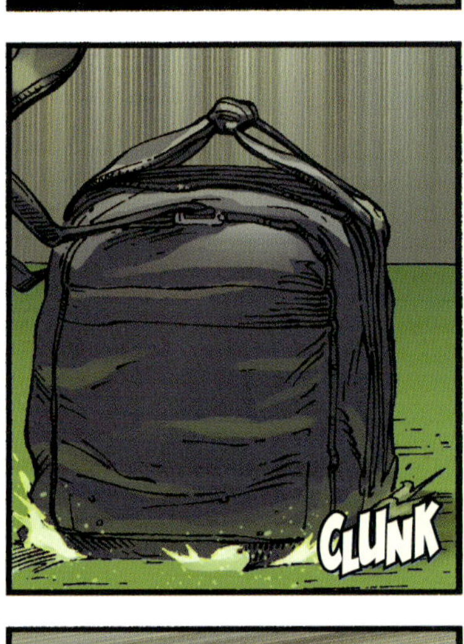
CLUNK
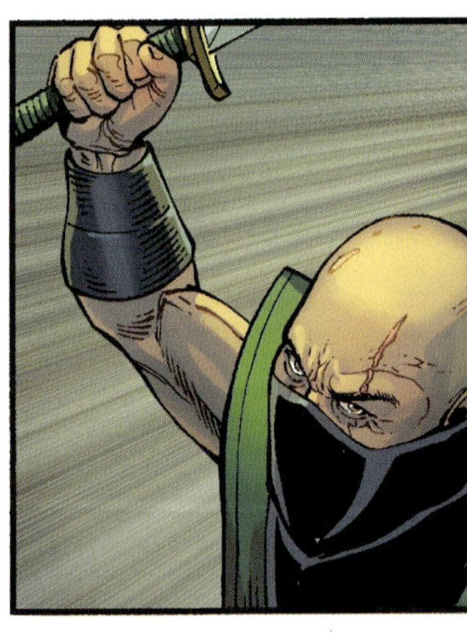
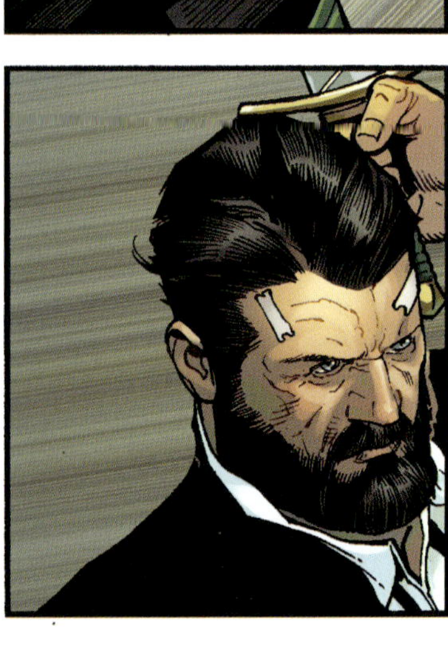
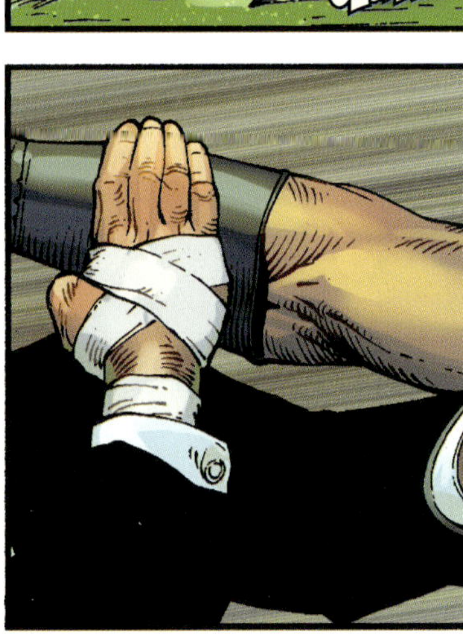
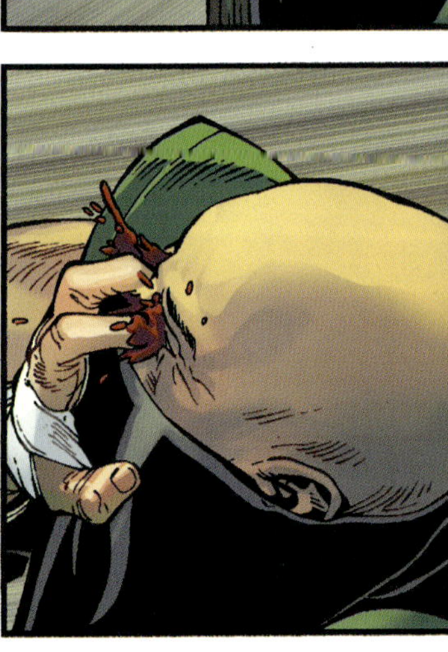

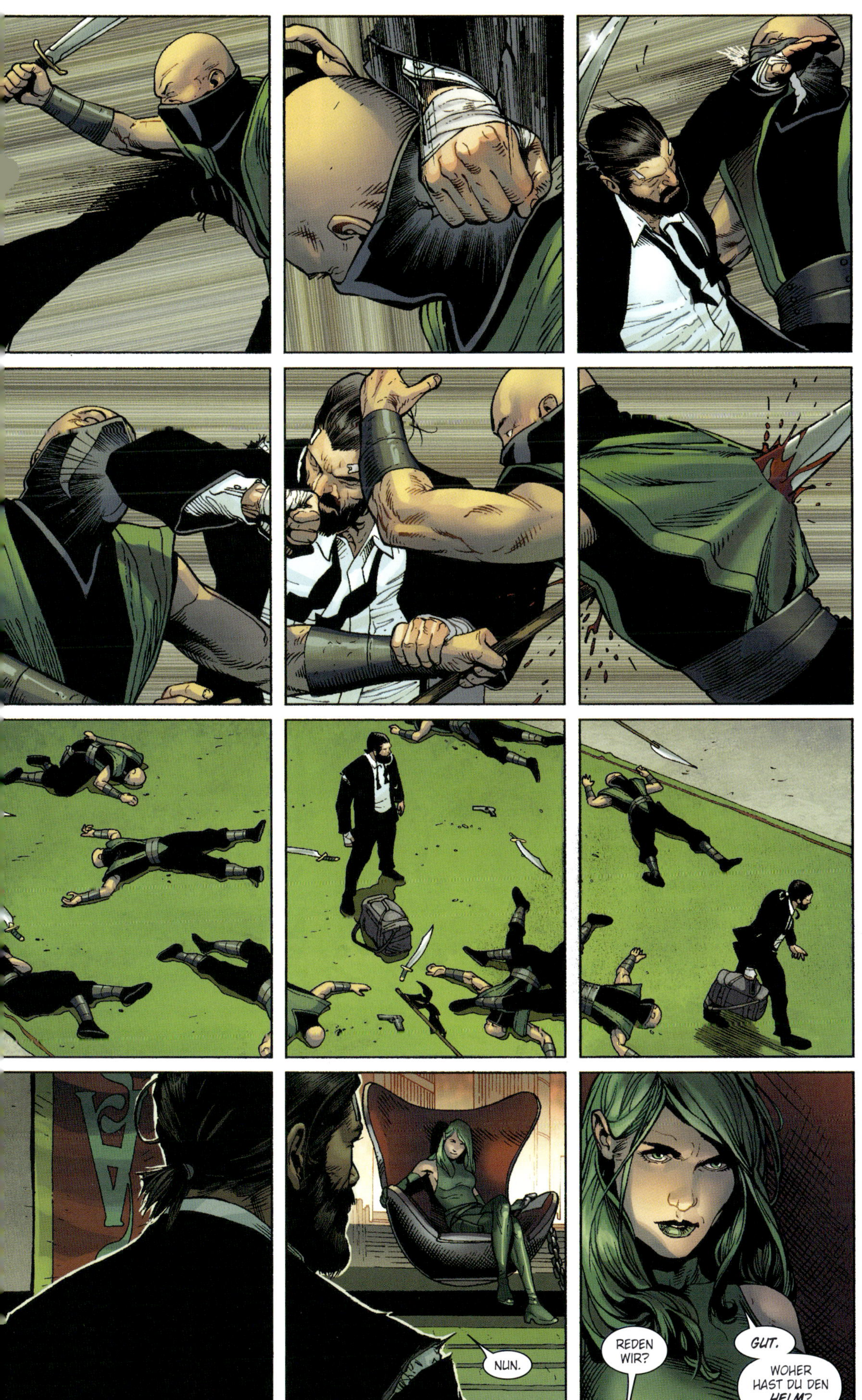
NUN.
REDEN WIR?
GUT.
WOHER HAST DU DEN HELM?

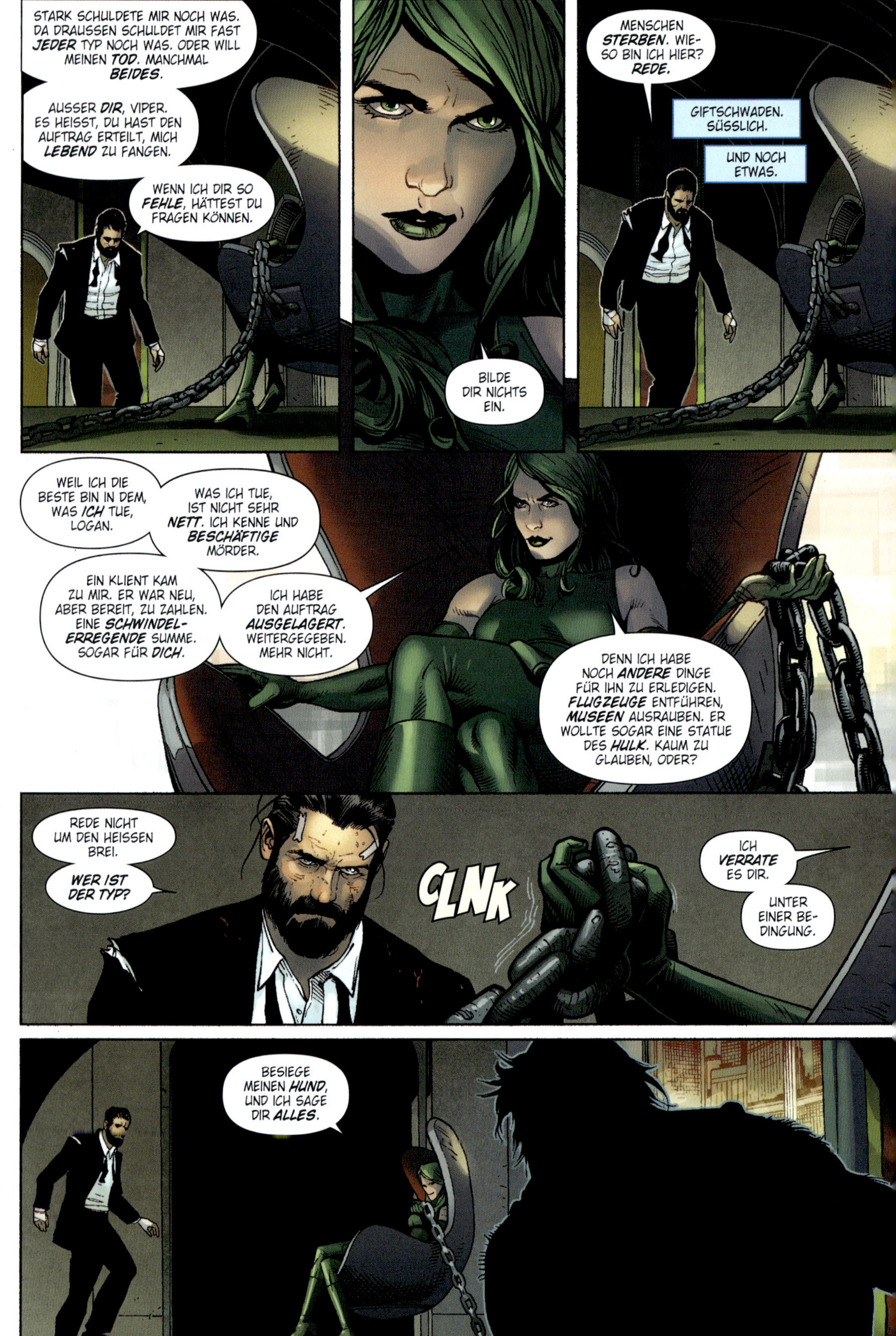
STARK SCHULDETE MIR NOCH WAS. DA DRAUSSEN SCHULDET MIR FAST JEDER TYP NOCH WAS. ODER WILL MEINEN TOD. MANCHMAL BEIDES.
AUSSER DIR, VIPER. ES HEISST, DU HAST DEN AUFTRAG ERTEILT, MICH LEBEND ZU FANGEN.
WENN ICH DIR SO FEHLE, HÄTTEST DU FRAGEN KÖNNEN.
BILDE DIR NICHTS EIN.
MENSCHEN STERBEN. WIESO BIN ICH HIER? REDE.
GIFTSCHWADEN. SÜSSLICH.
UND NOCH ETWAS.
WEIL ICH DIE BESTE BIN IN DEM, WAS ICH TUE, LOGAN.
WAS ICH TUE, IST NICHT SEHR NETT. ICH KENNE UND BESCHÄFTIGE MÖRDER.
EIN KLIENT KAM ZU MIR. ER WAR NEU, ABER BEREIT, ZU ZAHLEN. EINE SCHWINDELERREGENDE SUMME. SOGAR FÜR DICH.
ICH HABE DEN AUFTRAG AUSGELAGERT. WEITERGEGEBEN. MEHR NICHT.
DENN ICH HABE NOCH ANDERE DINGE FÜR IHN ZU ERLEDIGEN. FLUGZEUGE ENTFÜHREN, MUSEEN AUSRAUBEN. ER WOLLTE SOGAR EINE STATUE DES HULK. KAUM ZU GLAUBEN, ODER?
REDE NICHT UM DEN HEISSEN BREI.
WER IST DER TYP?
CLNK
ICH VERRATE ES DIR.
UNTER EINER BEDINGUNG.
BESIEGE MEINEN HUND, UND ICH SAGE DIR ALLES.
CHNK!

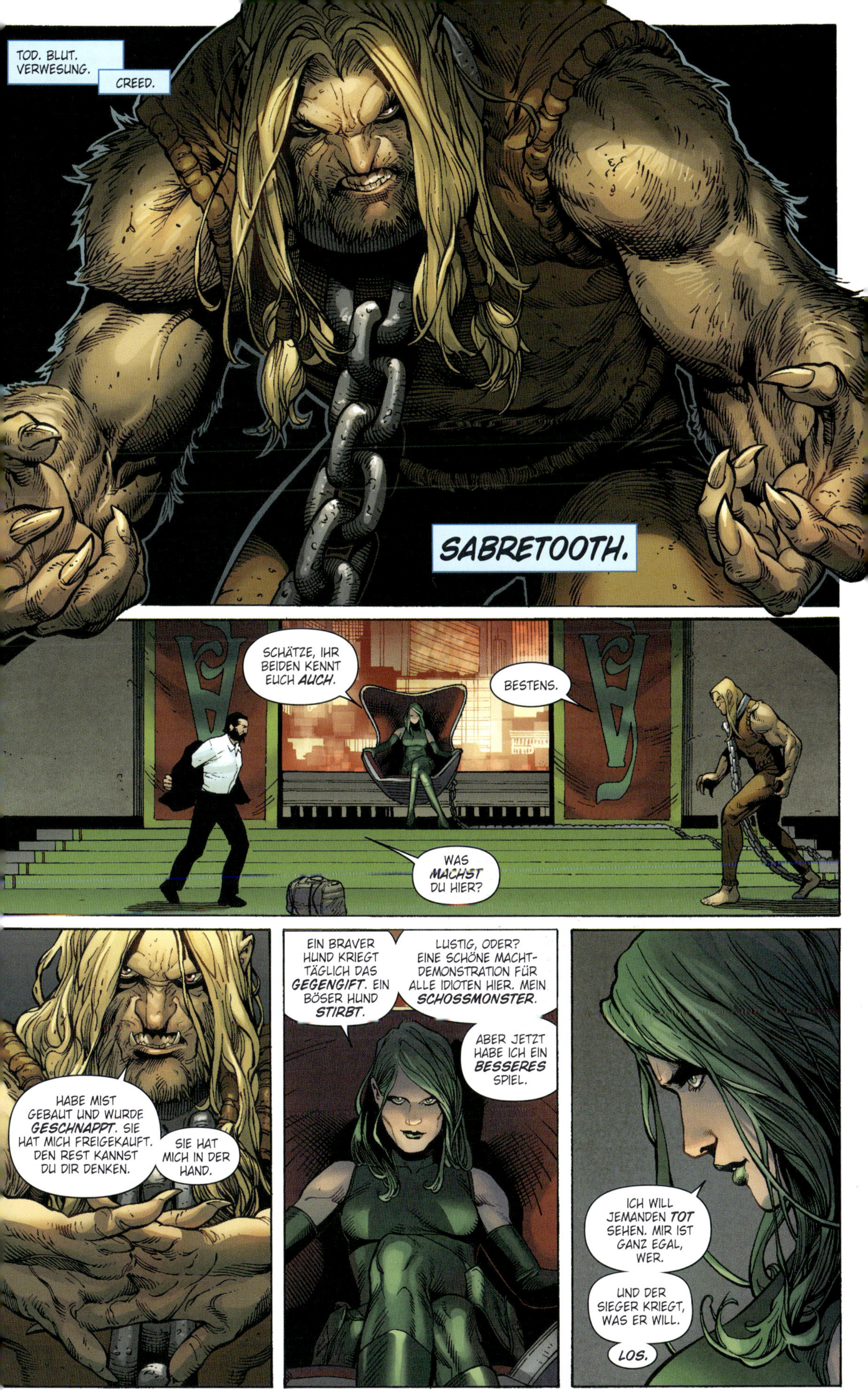

TOD. BLUT. VERWESUNG.
CREED.
SABRETOOTH.

SCHÄTZE, IHR BEIDEN KENNT EUCH **AUCH**.
BESTENS.
WAS **MACHST** DU HIER?

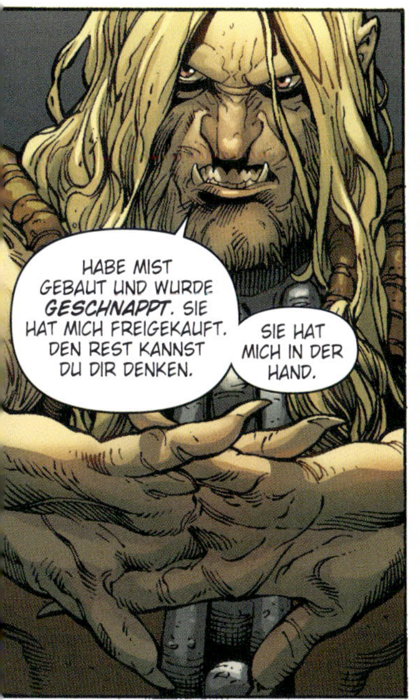

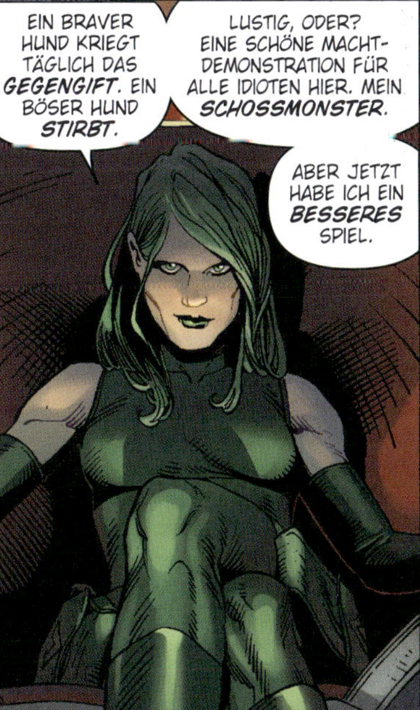

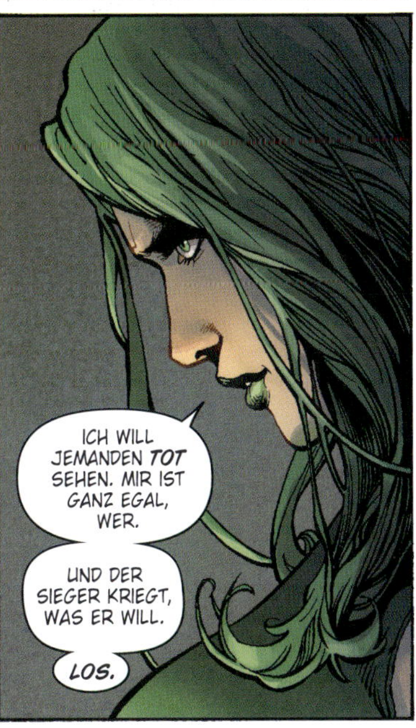

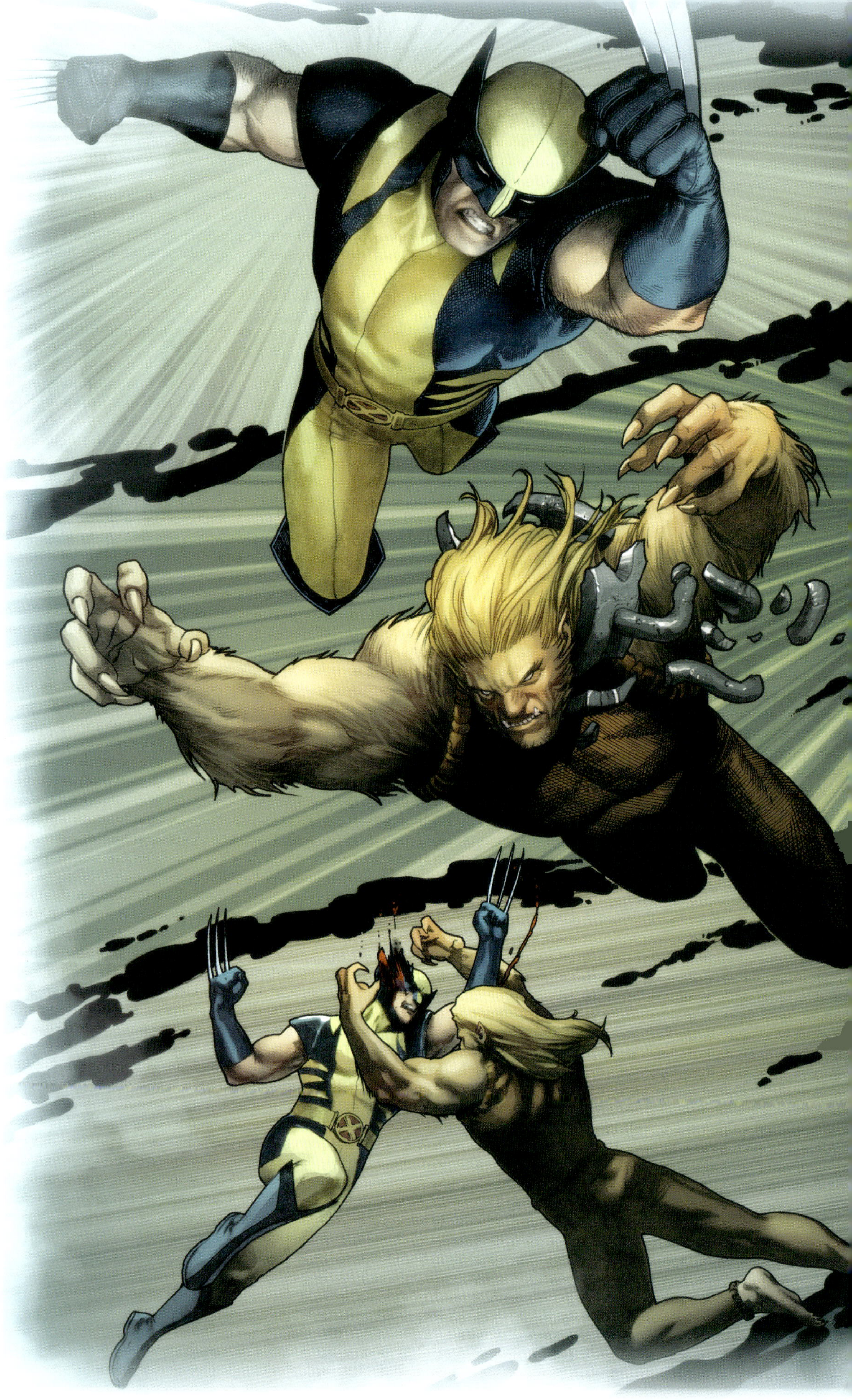

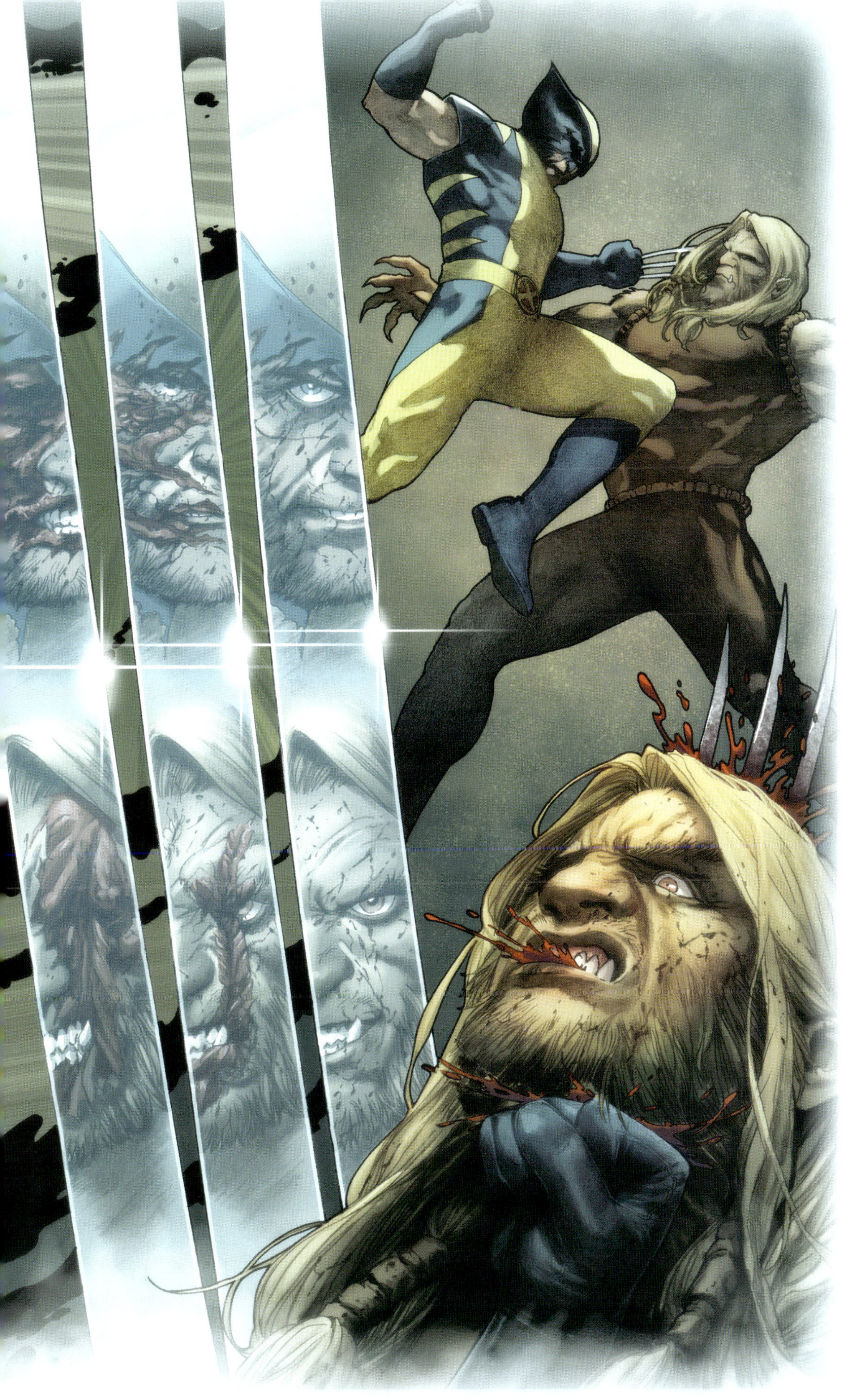

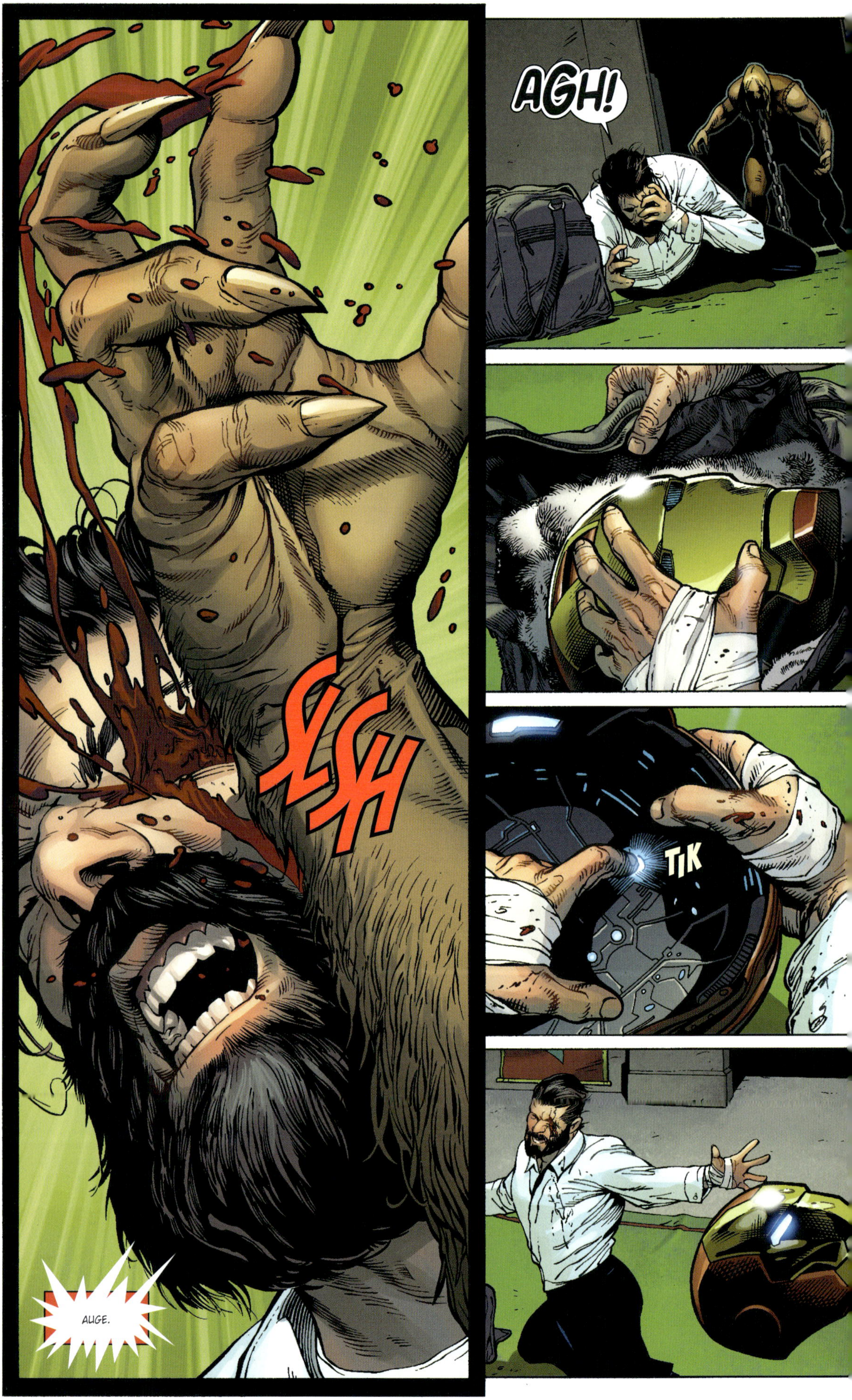

SLSH

AUGE.

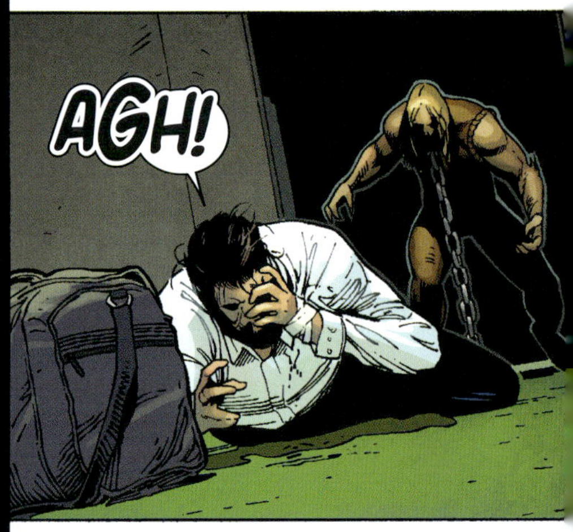

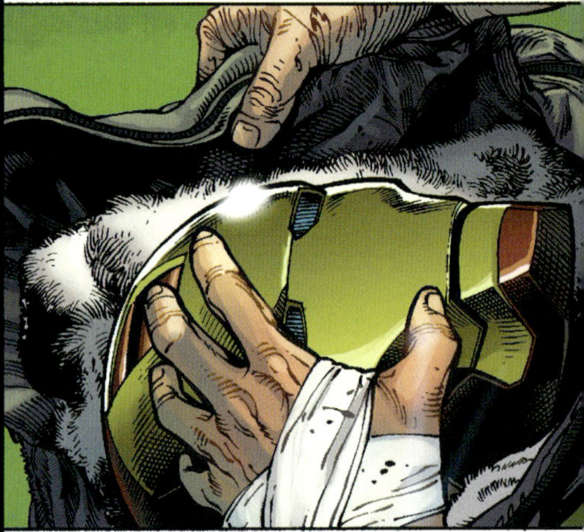

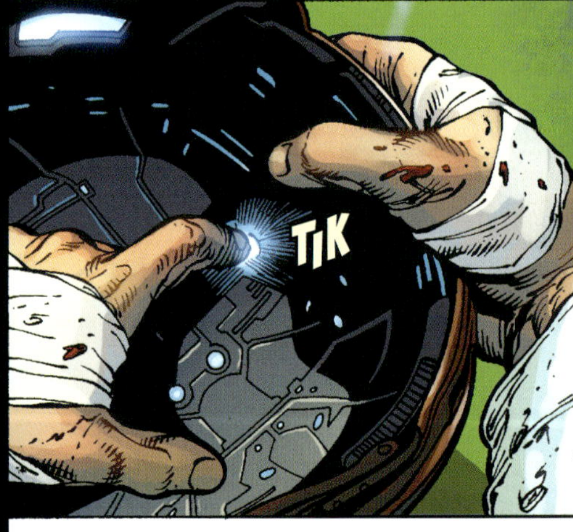

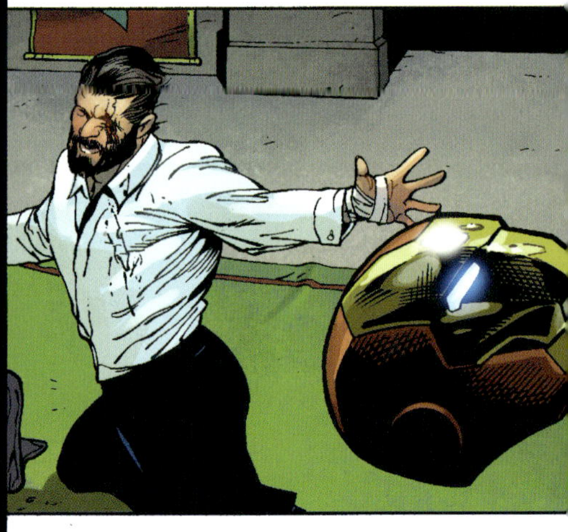

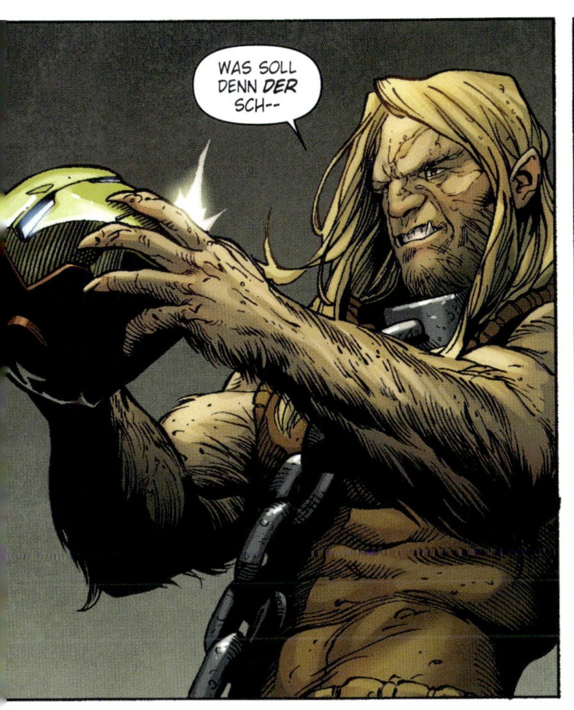
WAS SOLL DENN DER SCH--

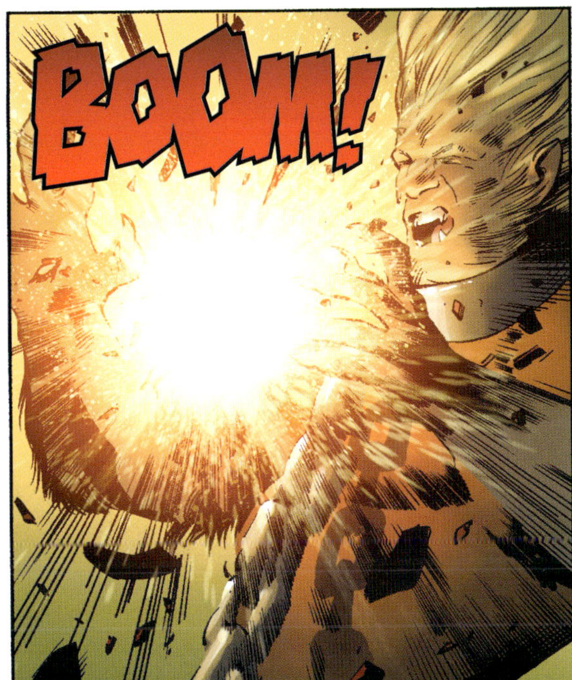
BOOM!

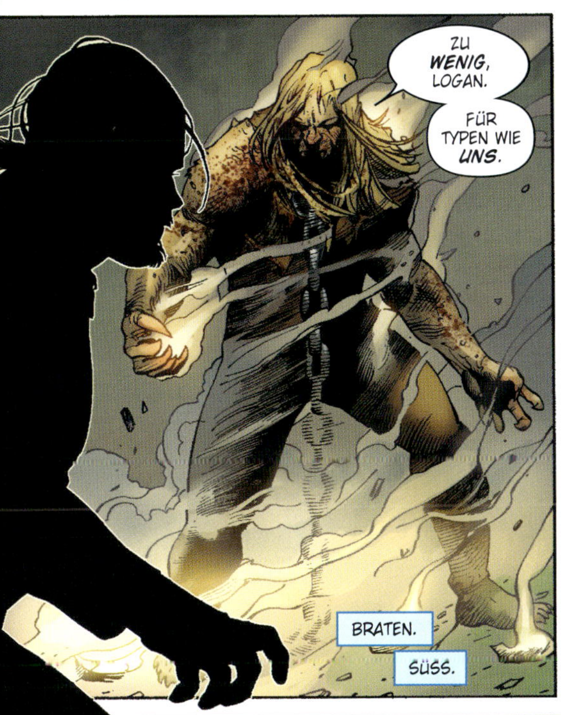
ZU WENIG, LOGAN.
FÜR TYPEN WIE UNS.
BRATEN.
SÜSS.

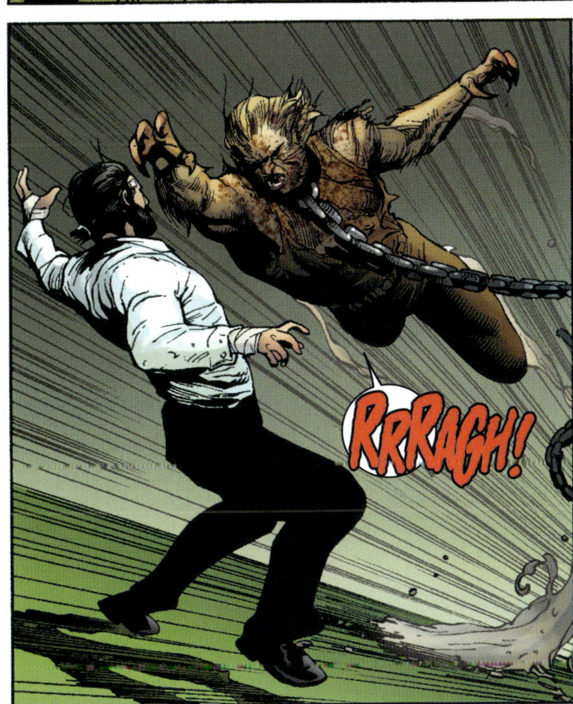
RRRAGH!

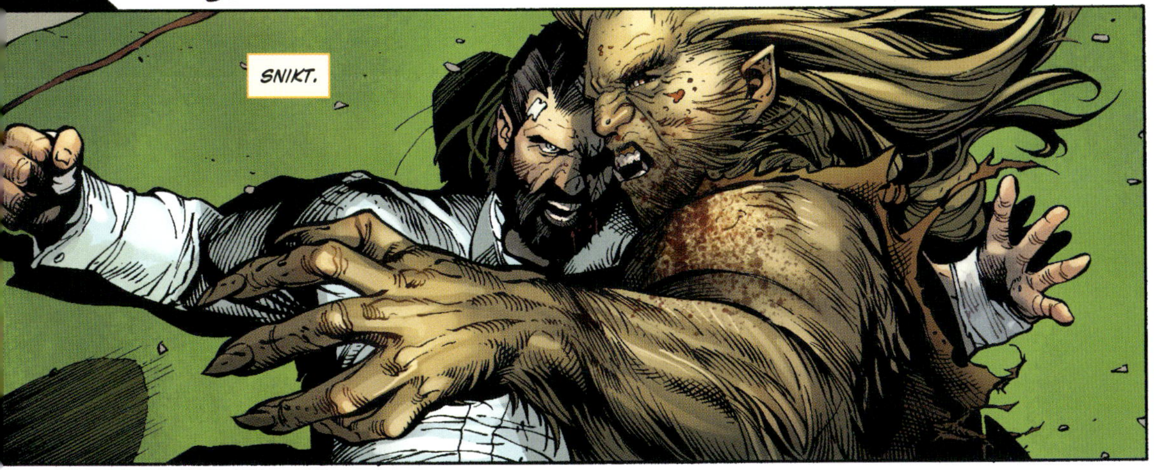
SNIKT.

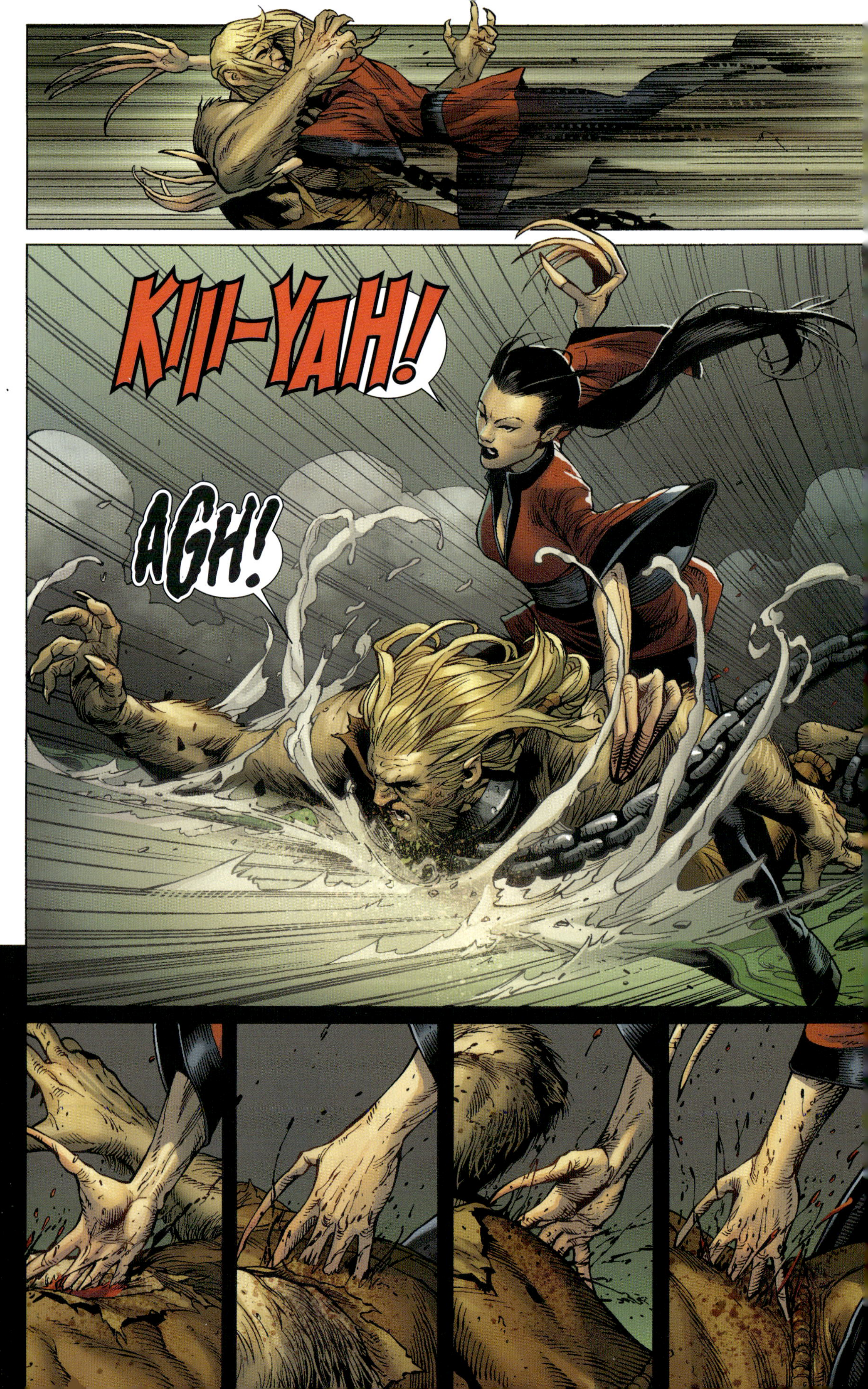
KIII-YAH!
AGH!

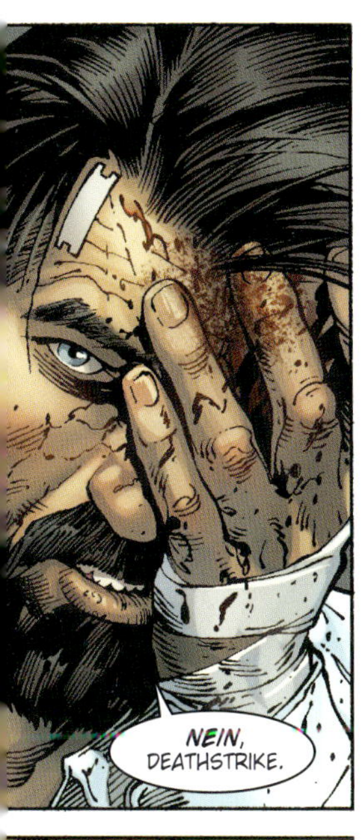
NEIN, DEATHSTRIKE.
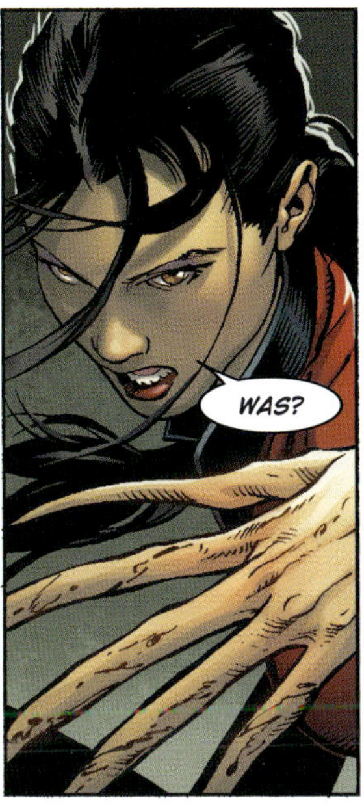
WAS?
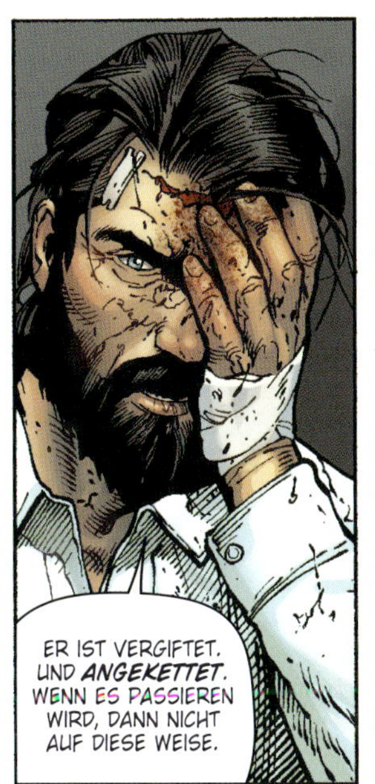
ER IST VERGIFTET. UND ANGEKETTET. WENN ES PASSIEREN WIRD, DANN NICHT AUF DIESE WEISE.
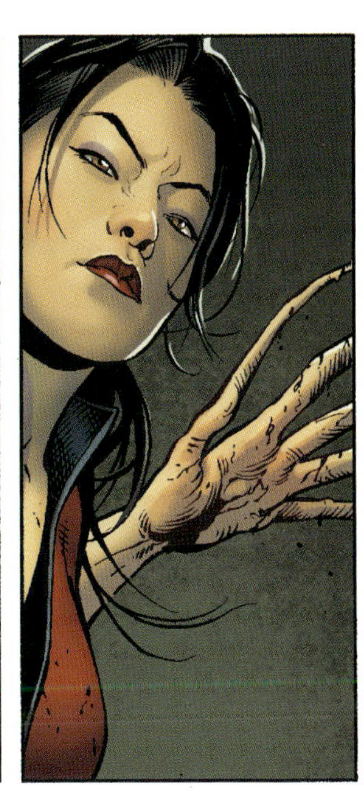
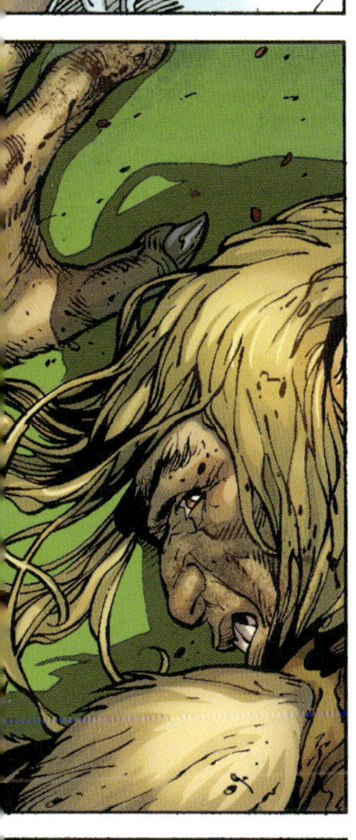
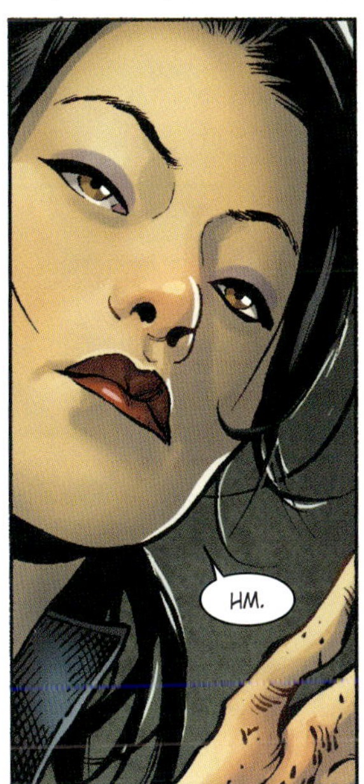
HM.
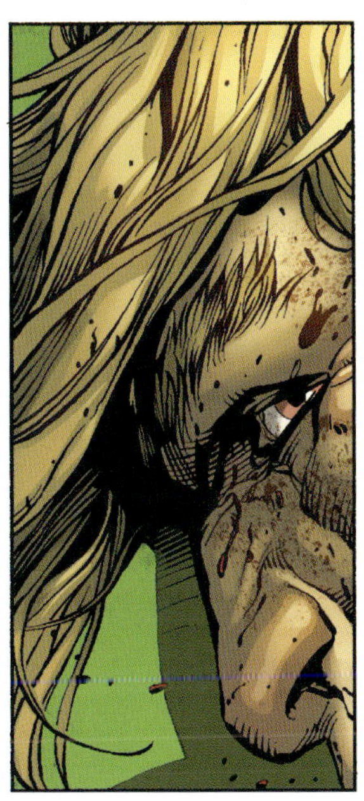
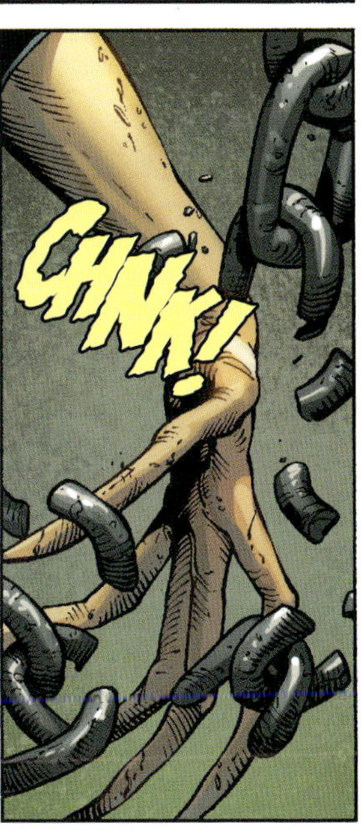
CHNK!
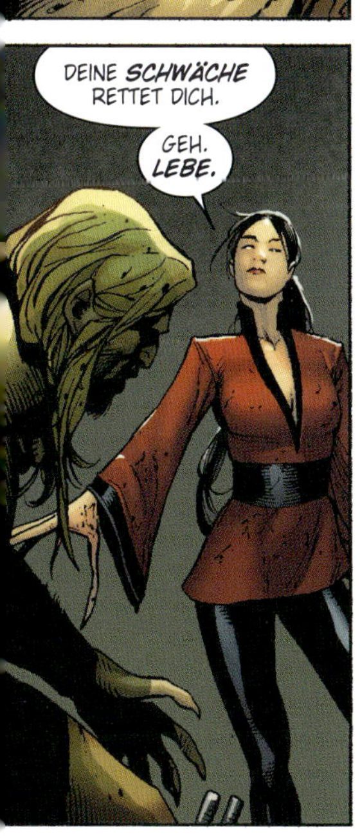
DEINE SCHWÄCHE RETTET DICH.
GEH. LEBE.
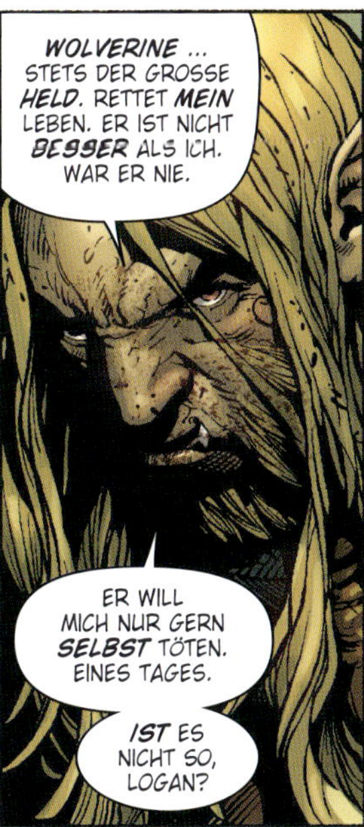
WOLVERINE ... STETS DER GROSSE HELD. RETTET MEIN LEBEN. ER IST NICHT BESSER ALS ICH. WAR ER NIE.
ER WILL MICH NUR GERN SELBST TÖTEN. EINES TAGES.
IST ES NICHT SO, LOGAN?
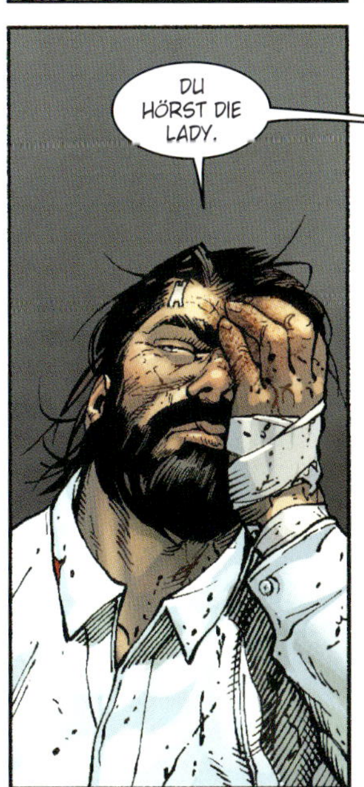
DU HÖRST DIE LADY.
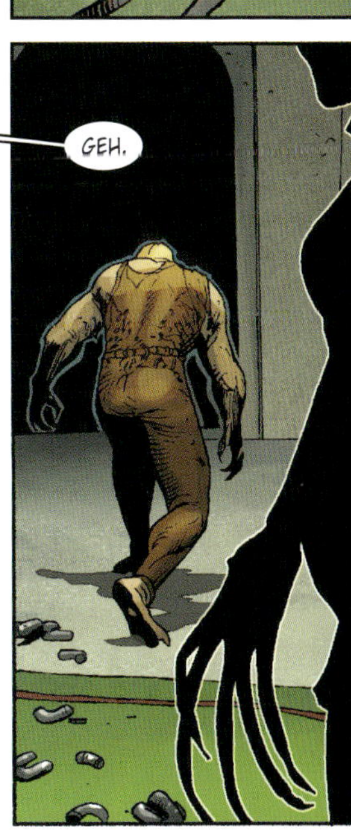
GEH.

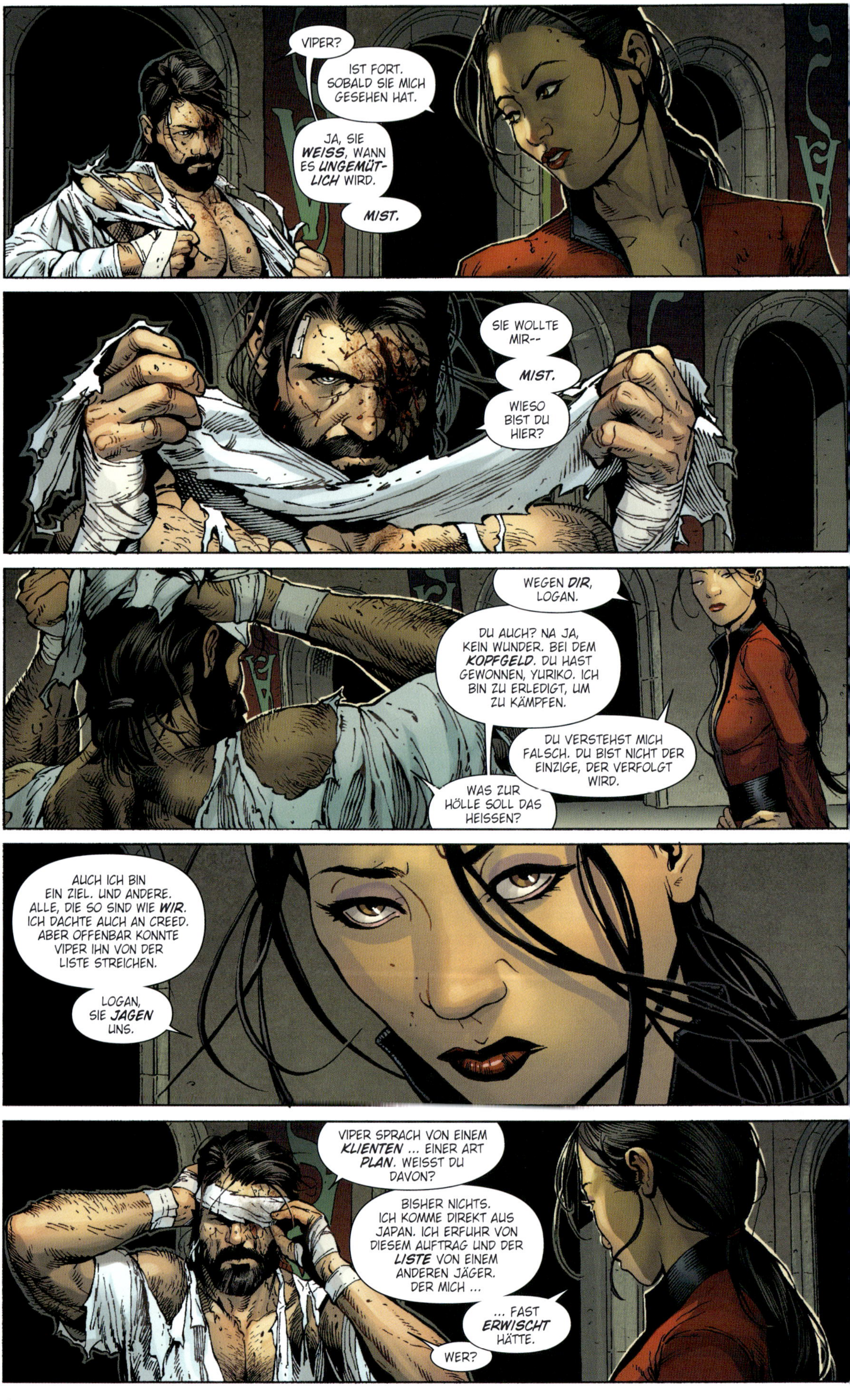

VIPER?
IST FORT. SOBALD SIE MICH GESEHEN HAT.
JA, SIE **WEISS**, WANN ES **UNGEMÜTLICH** WIRD.
MIST.

SIE WOLLTE MIR--
MIST.
WIESO BIST DU HIER?

WEGEN **DIR**, LOGAN.
DU AUCH? NA JA, KEIN WUNDER. BEI DEM **KOPFGELD**. DU HAST GEWONNEN, YURIKO. ICH BIN ZU ERLEDIGT, UM ZU KÄMPFEN.
DU VERSTEHST MICH FALSCH. DU BIST NICHT DER EINZIGE, DER VERFOLGT WIRD.
WAS ZUR HÖLLE SOLL DAS HEISSEN?

AUCH ICH BIN EIN ZIEL. UND ANDERE. ALLE, DIE SO SIND WIE **WIR**. ICH DACHTE AUCH AN CREED. ABER OFFENBAR KONNTE VIPER IHN VON DER LISTE STREICHEN.
LOGAN, SIE **JAGEN** UNS.

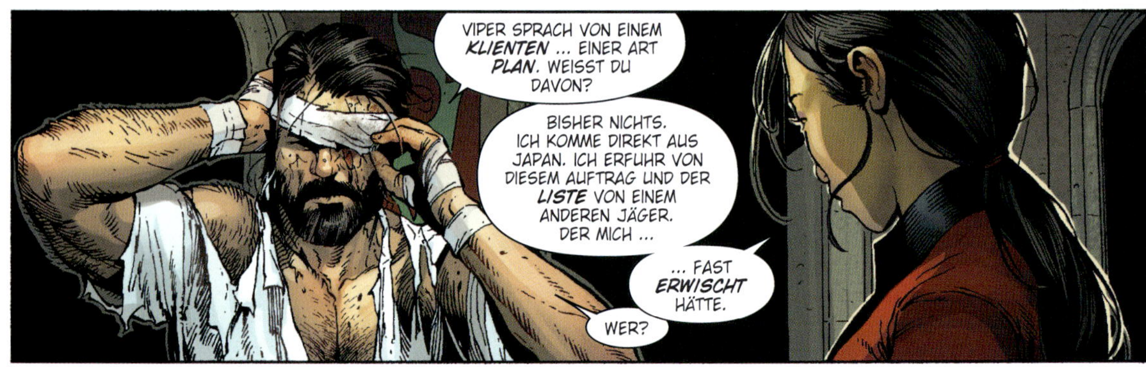

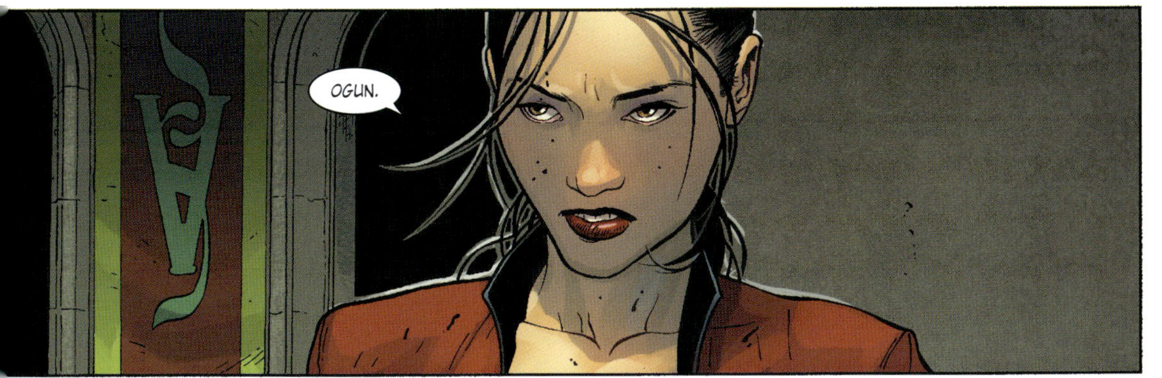
OGUN.

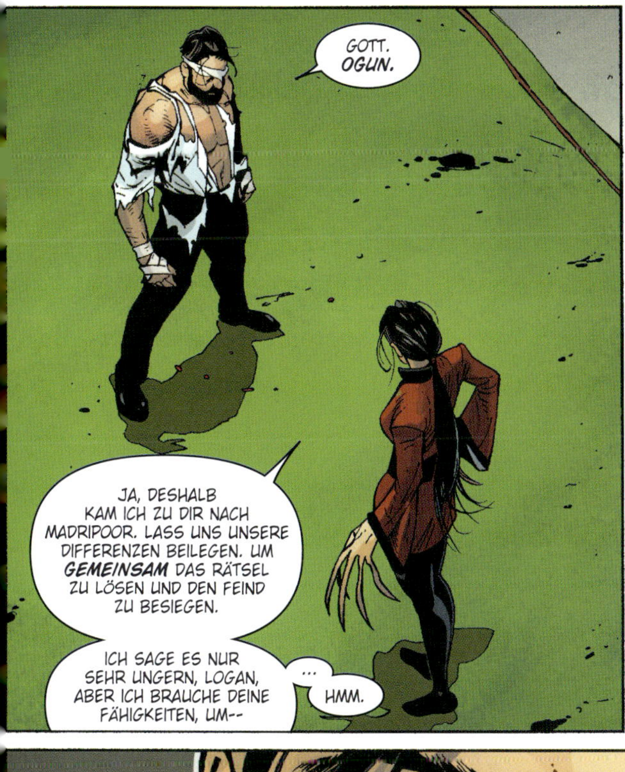
GOTT. **OGUN.**
JA, DESHALB KAM ICH ZU DIR NACH MADRIPOOR. LASS UNS UNSERE DIFFERENZEN BEILEGEN. UM **GEMEINSAM** DAS RÄTSEL ZU LÖSEN UND DEN FEIND ZU BESIEGEN.
ICH SAGE ES NUR SEHR UNGERN, LOGAN, ABER ICH BRAUCHE DEINE FÄHIGKEITEN, UM--
... HMM.

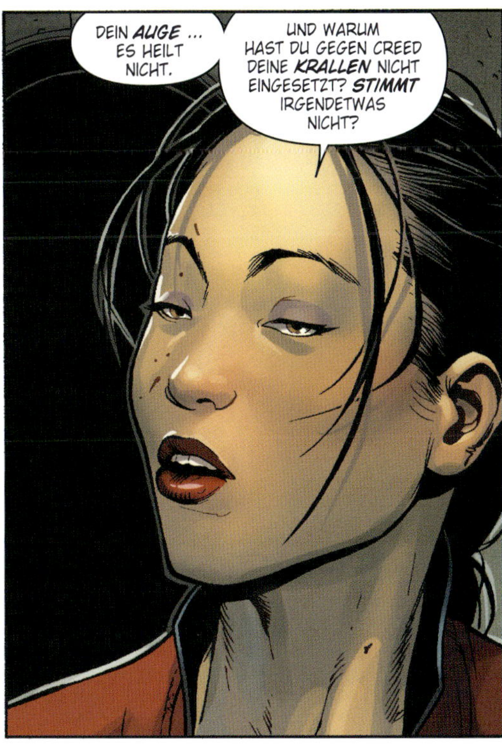
DEIN **AUGE** ... ES HEILT NICHT.
UND WARUM HAST DU GEGEN CREED DEINE **KRALLEN** NICHT EINGESETZT? **STIMMT** IRGENDETWAS NICHT?

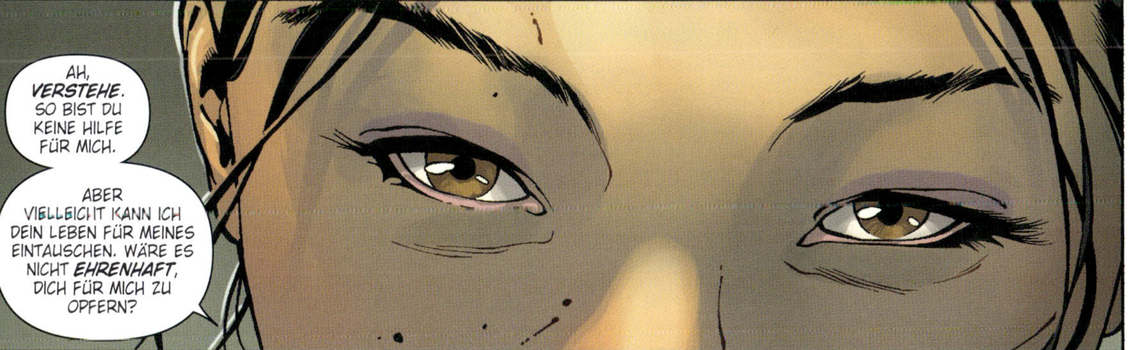
AH, **VERSTEHE**. SO BIST DU KEINE HILFE FÜR MICH.
ABER VIELLEICHT KANN ICH DEIN LEBEN FÜR MEINES EINTAUSCHEN. WÄRE ES NICHT **EHRENHAFT**, DICH FÜR MICH ZU OPFERN?

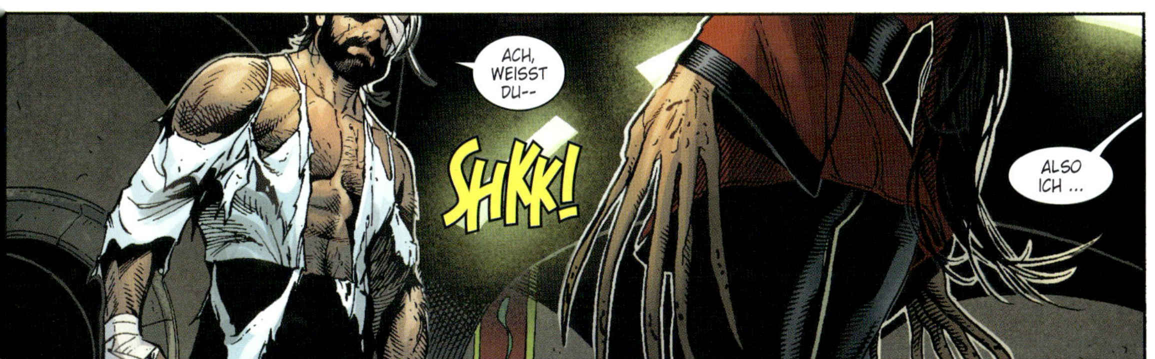
ACH, WEISST DU--
SHKK!
ALSO ICH ...

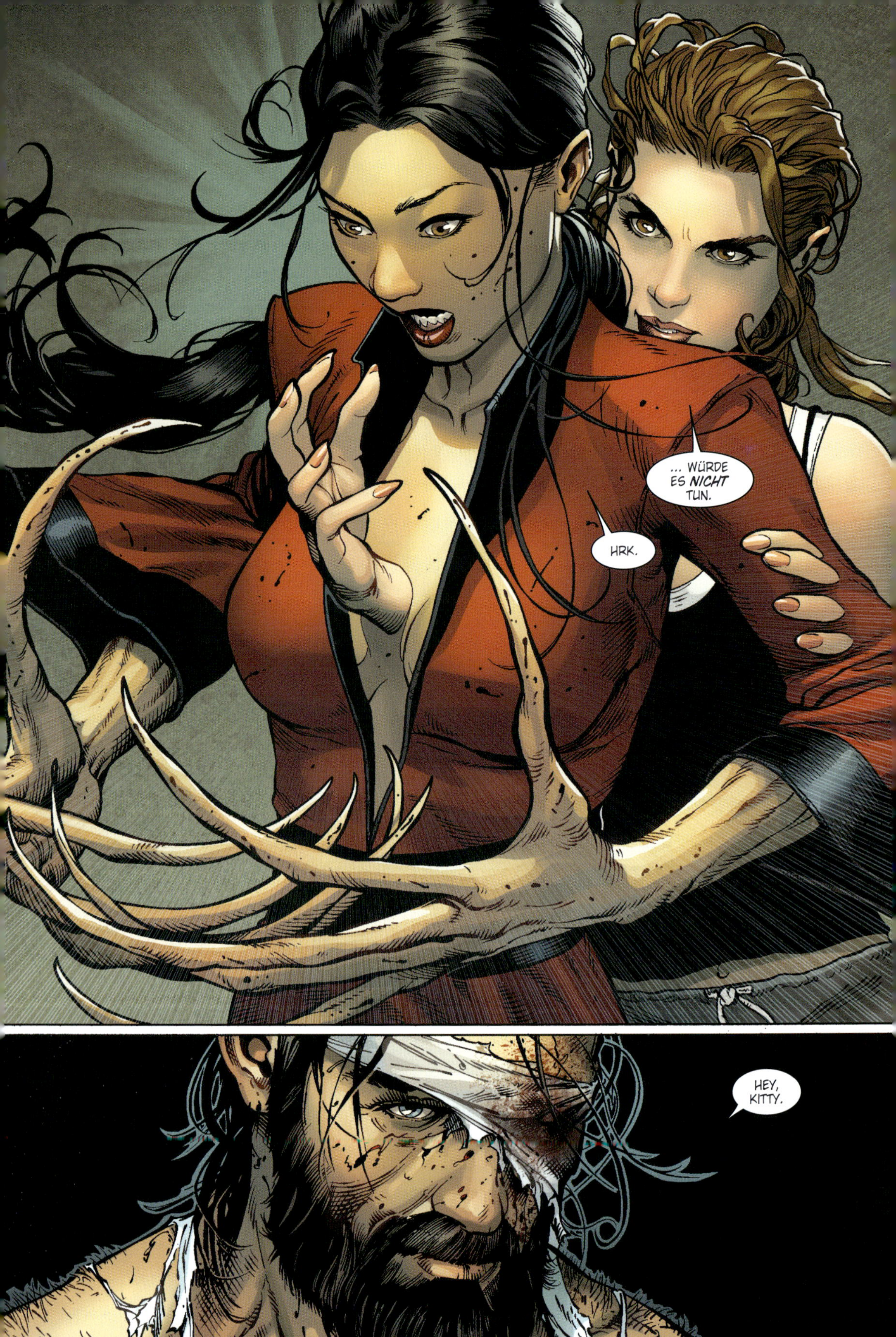

... WÜRDE ES NICHT TUN.
HRK.
HEY, KITTY.

DER TOD VON WOLVERINE, TEIL 3: SEPPUKU

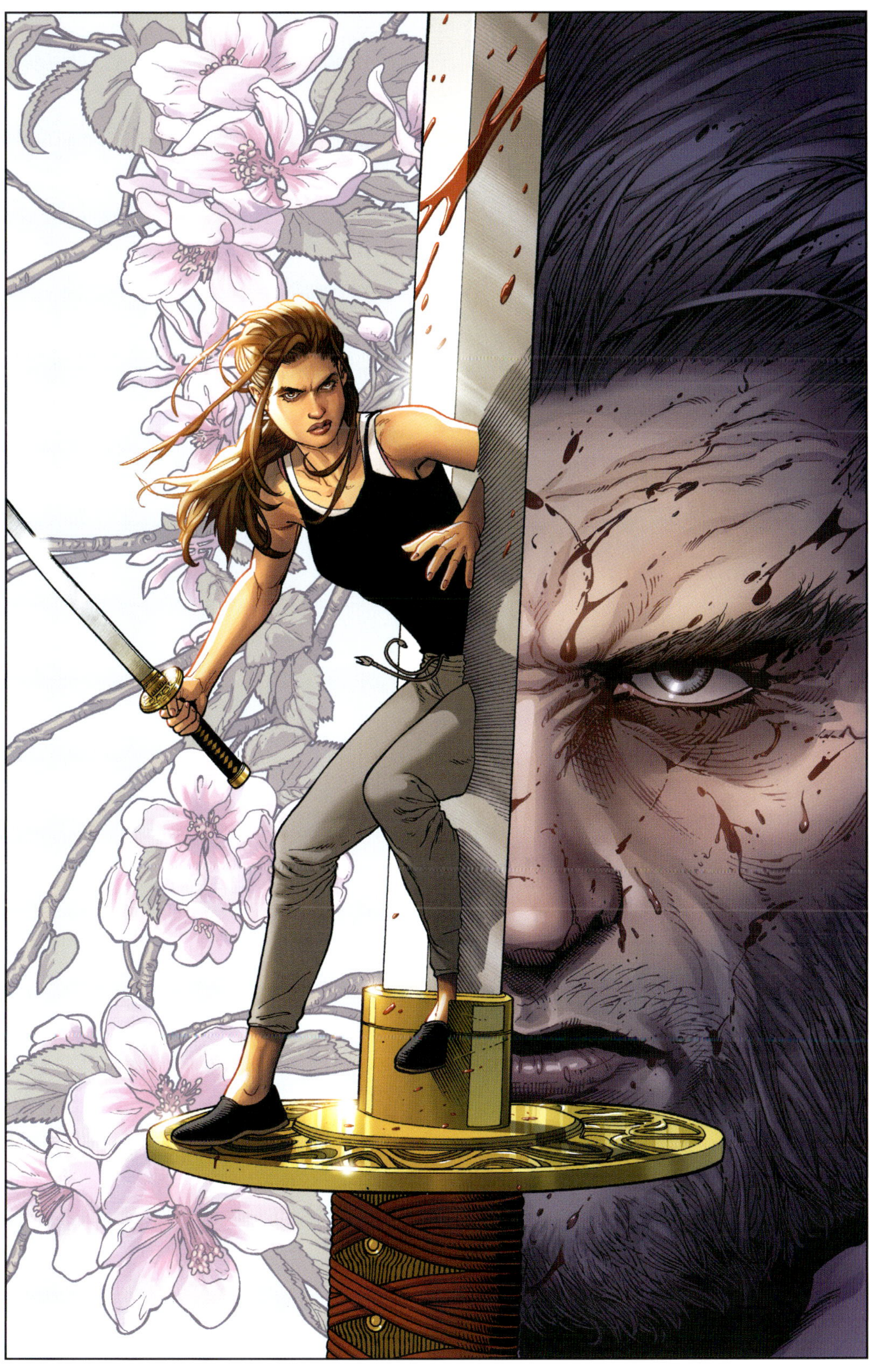

Death of Wolverine (2014) 3
Cover von **STEVE McNIVEN**

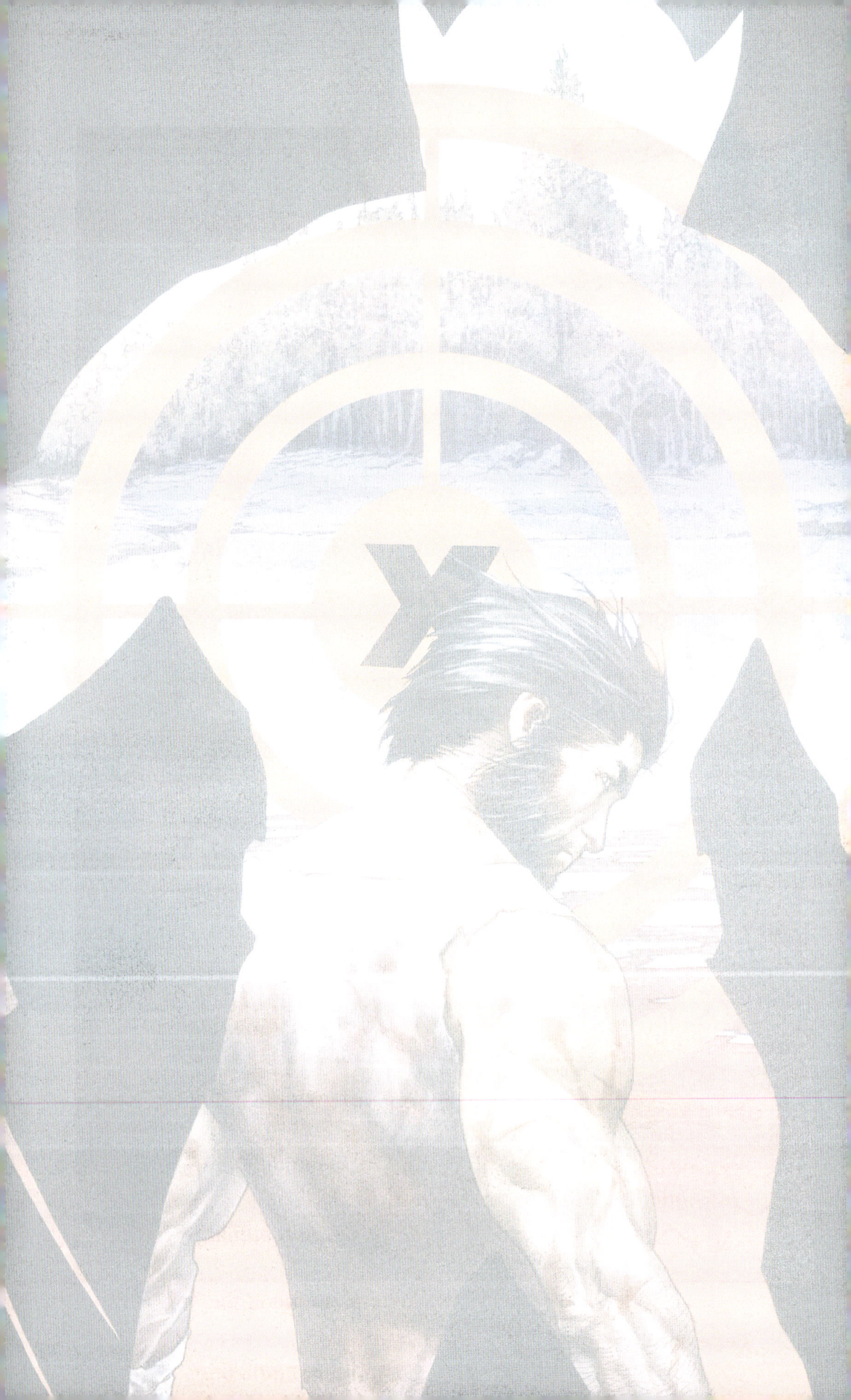

SEPPUKU

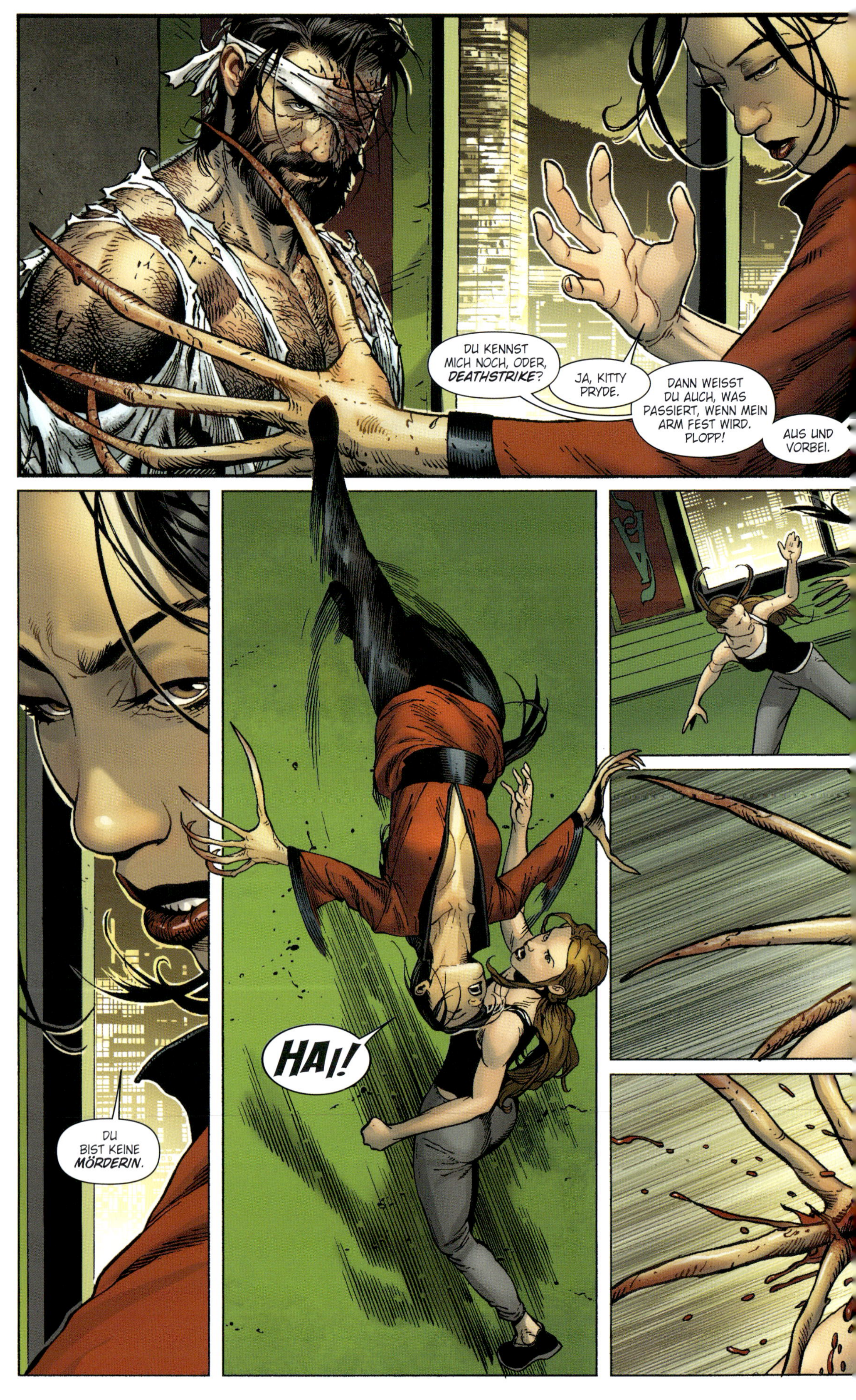
DU KENNST MICH NOCH, ODER, DEATHSTRIKE?
JA, KITTY PRYDE.
DANN WEISST DU AUCH, WAS PASSIERT, WENN MEIN ARM FEST WIRD. PLOPP!
AUS UND VORBEI.
DU BIST KEINE MÖRDERIN.
HAI!

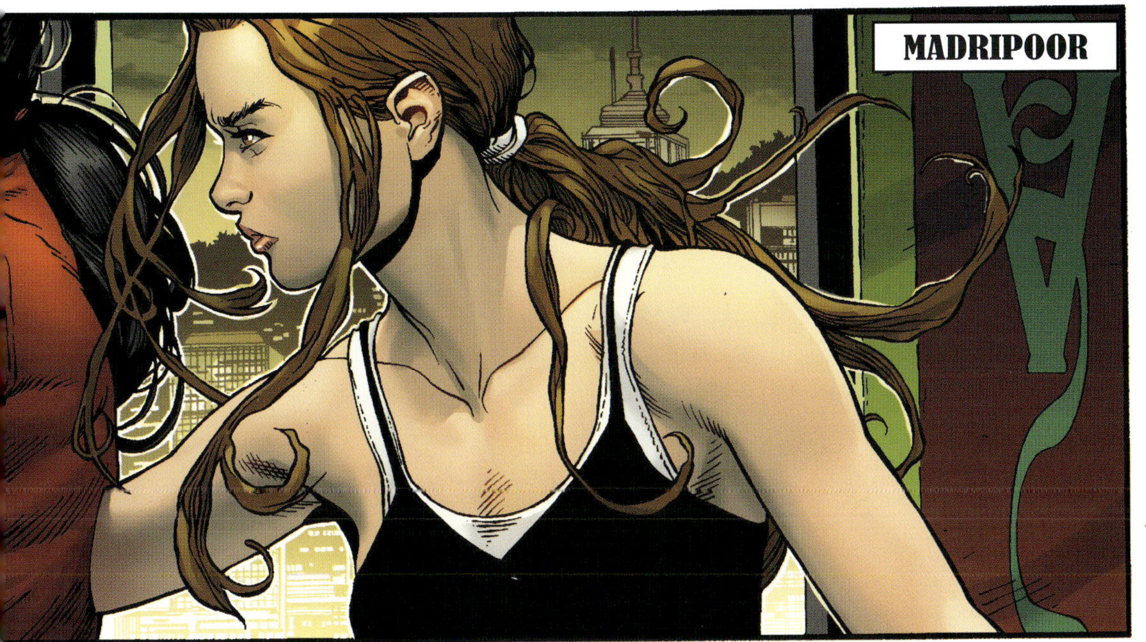
MADRIPOOR

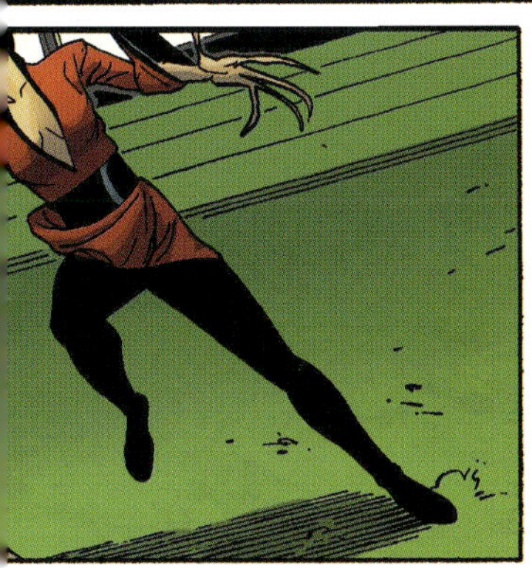

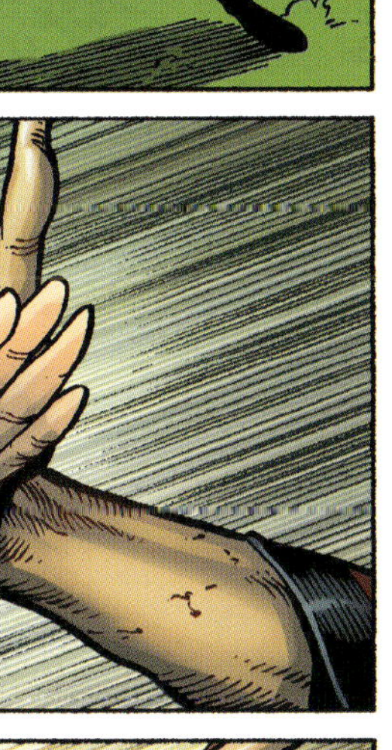

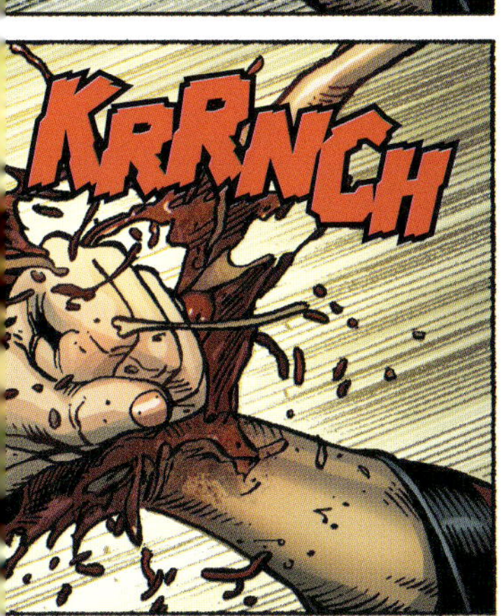
KRRNCH

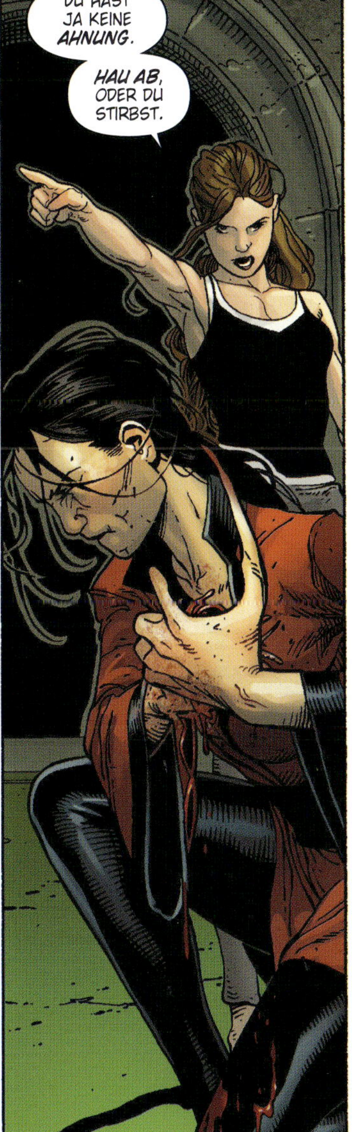
DU HAST JA KEINE AHNUNG.
HAU AB, ODER DU STIRBST.

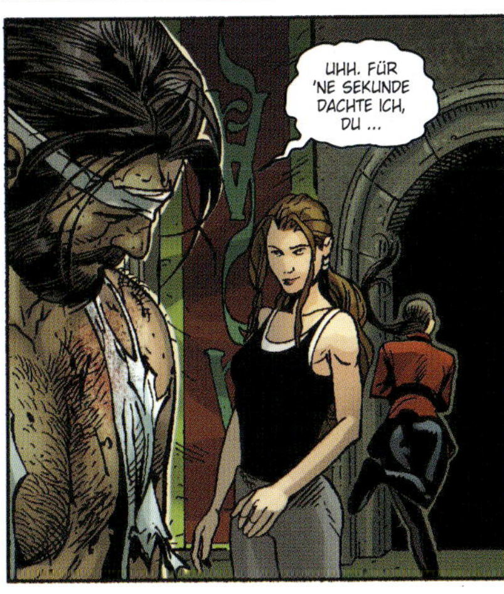
UHH. FÜR 'NE SEKUNDE DACHTE ICH, DU ...

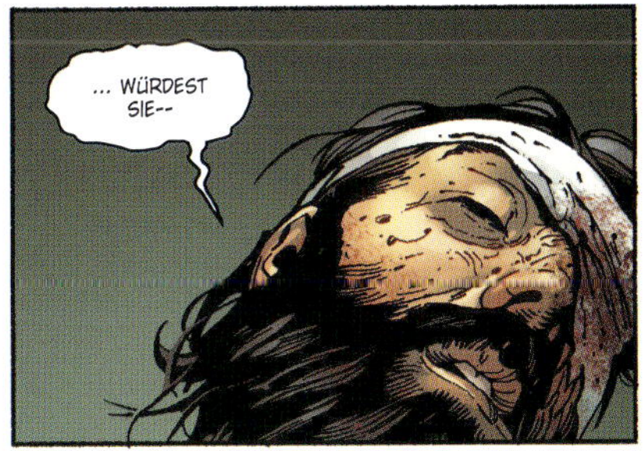
... WÜRDEST SIE--

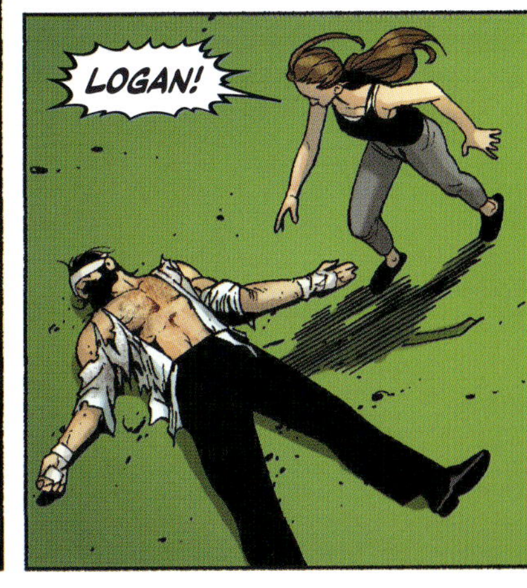
LOGAN!

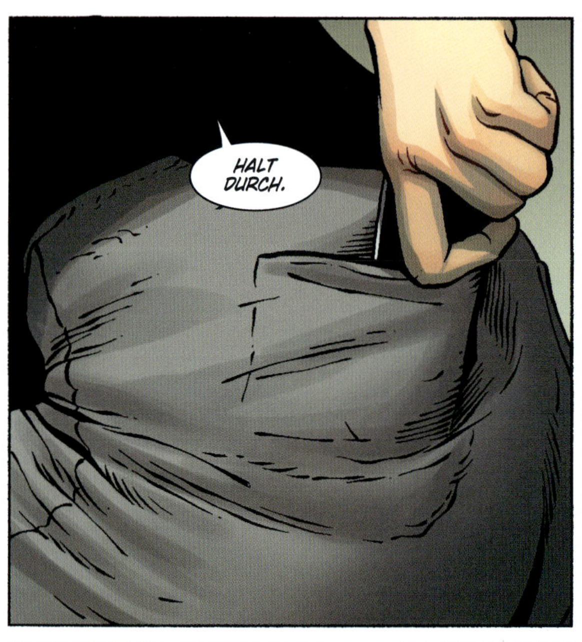
HALT DURCH.
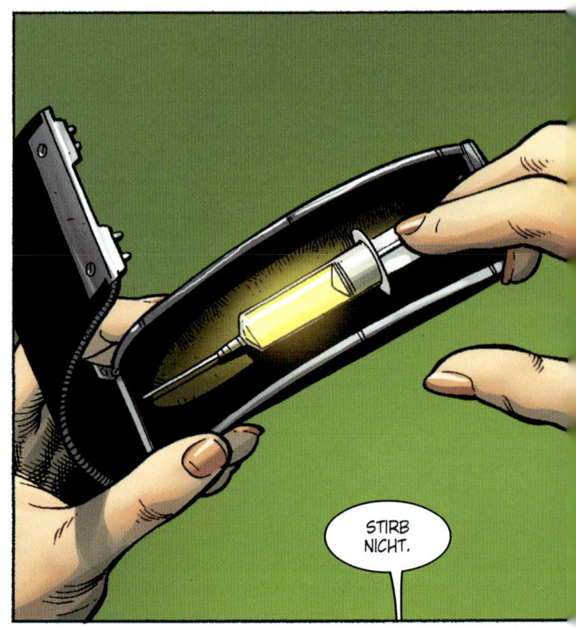
STIRB NICHT.
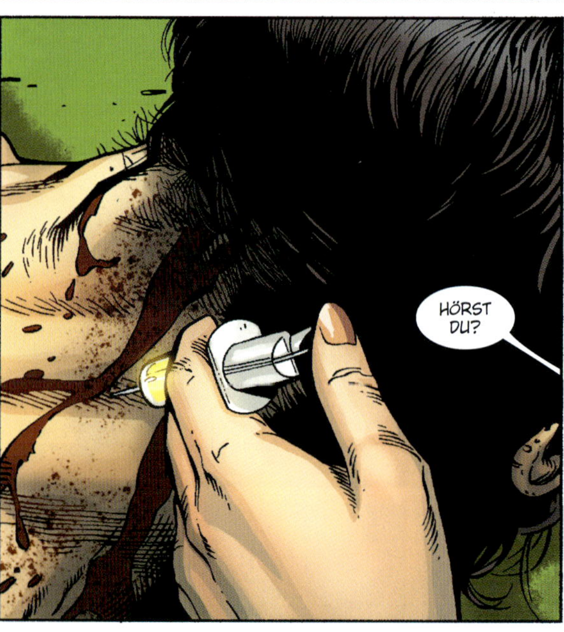
HÖRST DU?
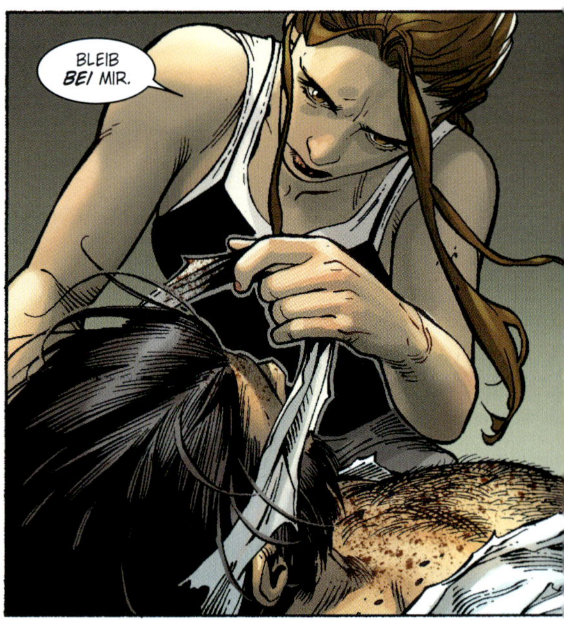
BLEIB BEI MIR.
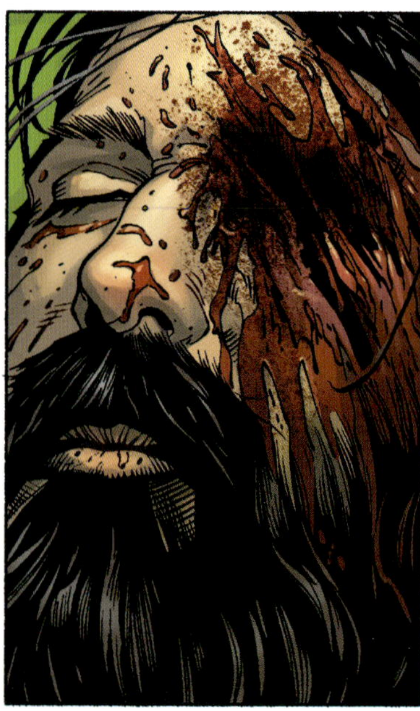
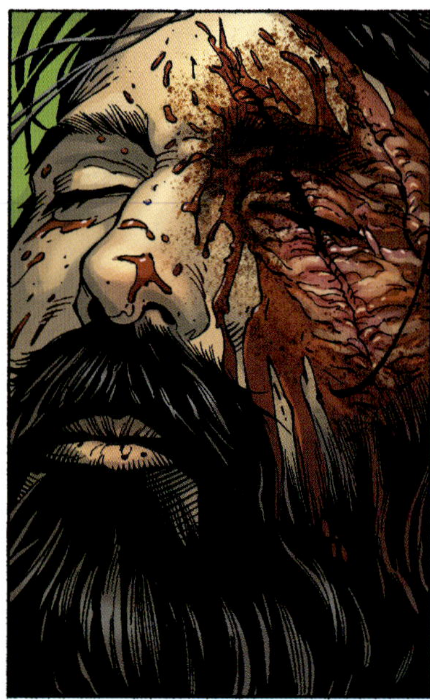
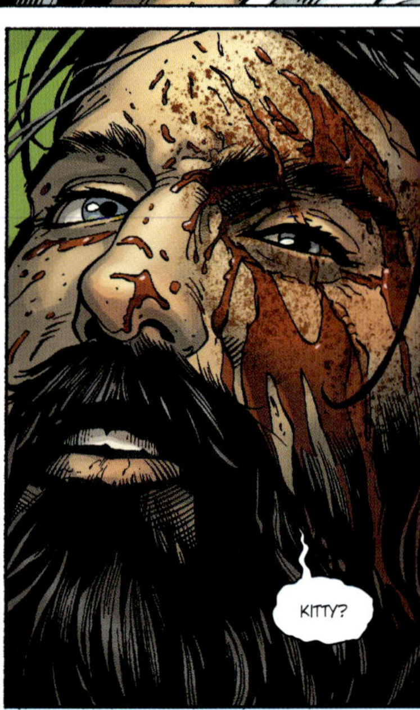
KITTY?

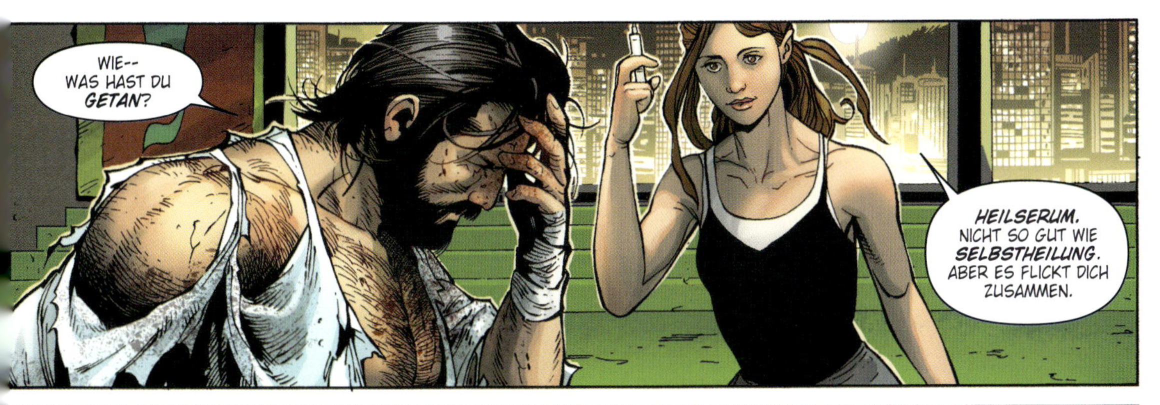
WIE--
WAS HAST DU
GETAN?
HEILSERUM.
NICHT SO GUT WIE
SELBSTHEILUNG.
ABER ES FLICKT DICH
ZUSAMMEN.

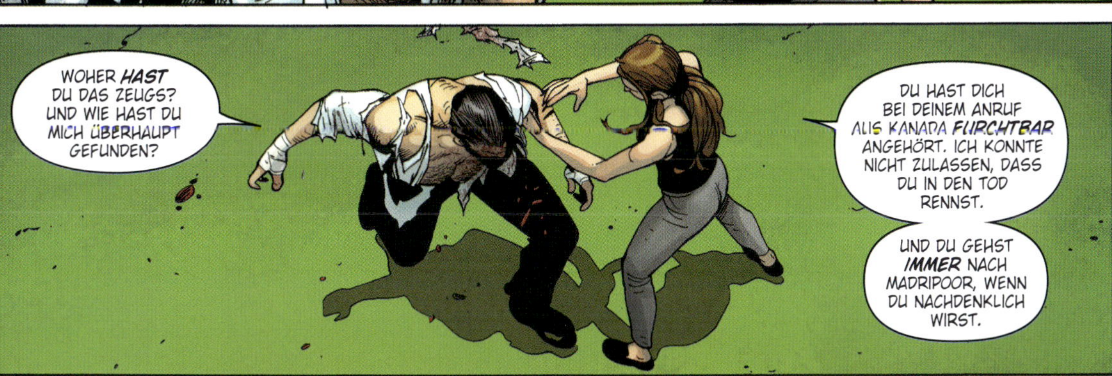
WOHER HAST
DU DAS ZEUGS?
UND WIE HAST DU
MICH ÜBERHAUPT
GEFUNDEN?
DU HAST DICH
BEI DEINEM ANRUF
AUS KANADA FURCHTBAR
ANGEHÖRT. ICH KONNTE
NICHT ZULASSEN, DASS
DU IN DEN TOD
RENNST.
UND DU GEHST
IMMER NACH
MADRIPOOR, WENN
DU NACHDENKLICH
WIRST.

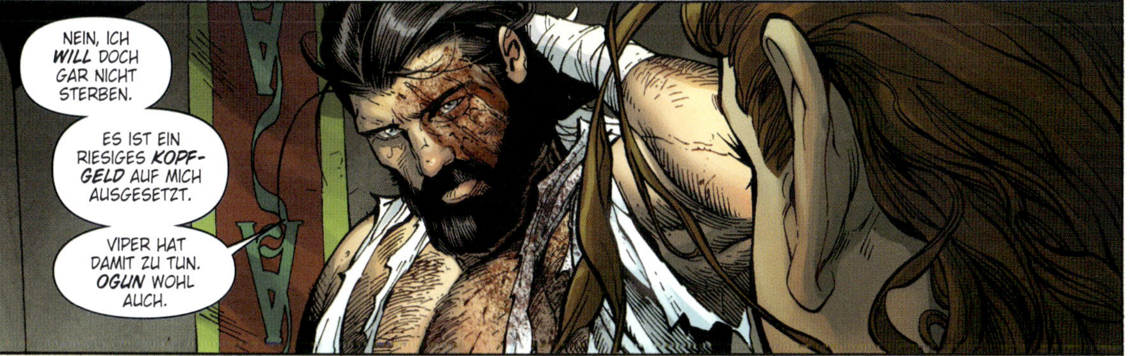
NEIN, ICH
WILL DOCH
GAR NICHT
STERBEN.
ES IST EIN
RIESIGES KOPF-
GELD AUF MICH
AUSGESETZT.
VIPER HAT
DAMIT ZU TUN.
OGUN WOHL
AUCH.

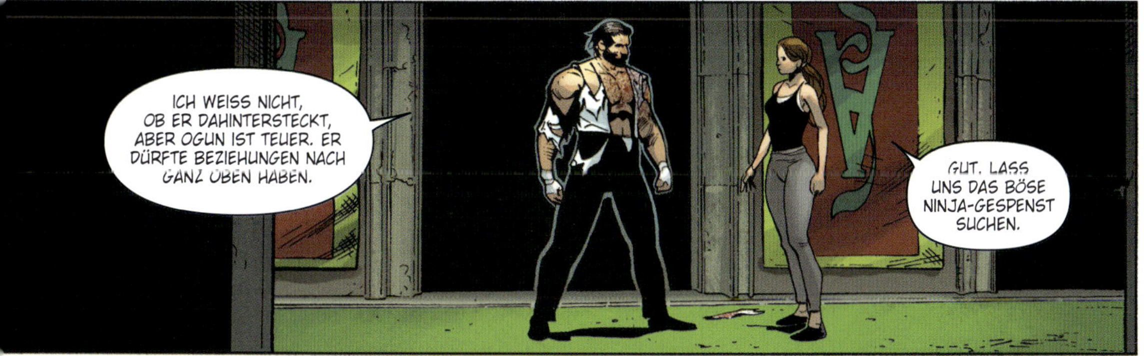
ICH WEISS NICHT,
OB ER DAHINTERSTECKT,
ABER OGUN IST TEUER. ER
DÜRFTE BEZIEHUNGEN NACH
GANZ OBEN HABEN.
GUT. LASS
UNS DAS BÖSE
NINJA-GESPENST
SUCHEN.

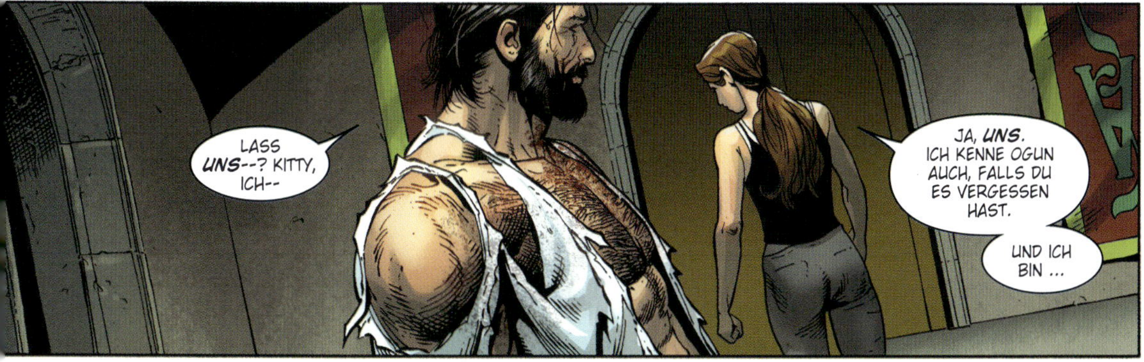
LASS
UNS--? KITTY,
ICH--
JA, UNS.
ICH KENNE OGUN
AUCH, FALLS DU
ES VERGESSEN
HAST.
UND ICH
BIN ...

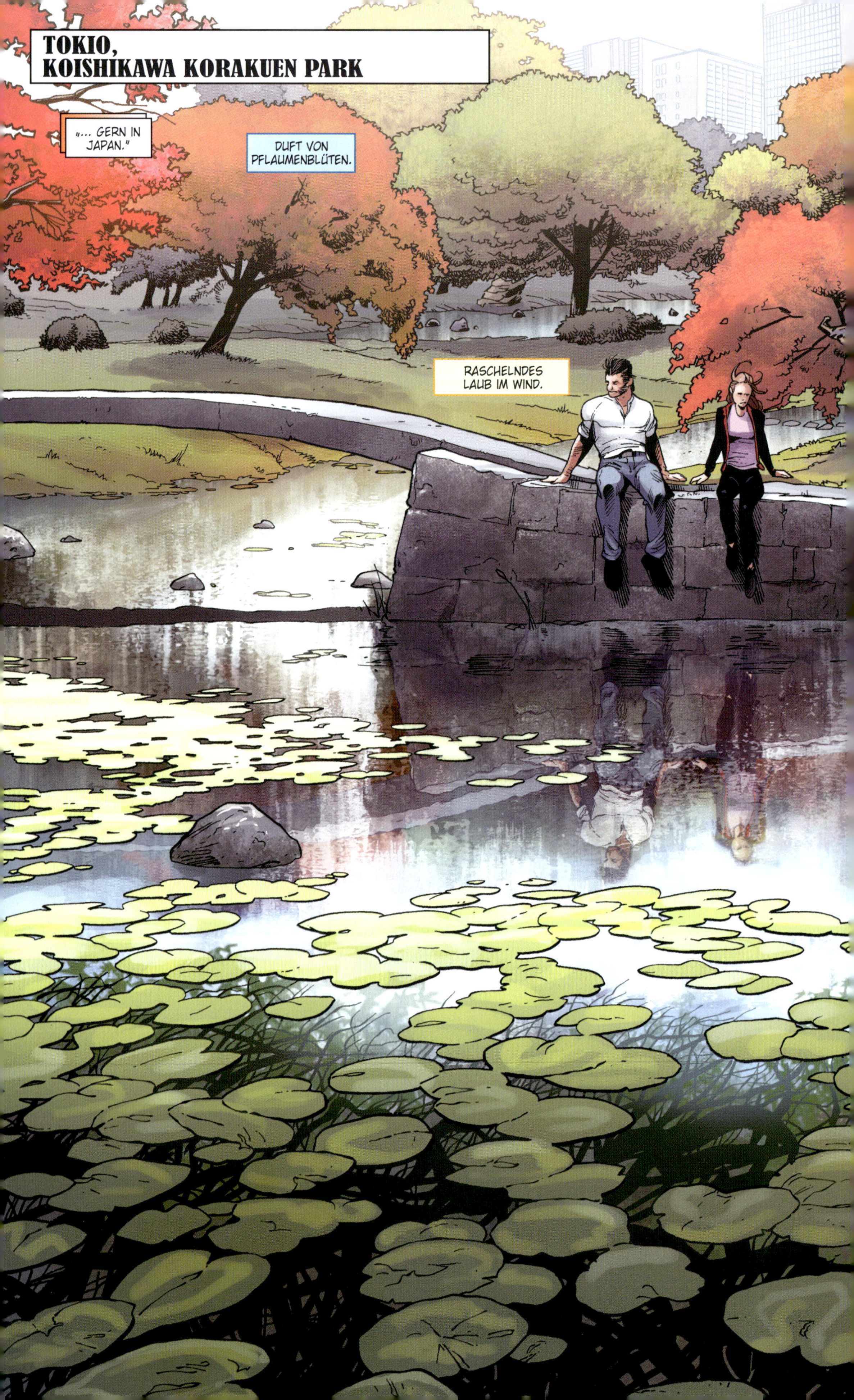
TOKIO,
KOISHIKAWA KORAKUEN PARK
"... GERN IN JAPAN."
DUFT VON PFLAUMENBLÜTEN.
RASCHELNDES LAUB IM WIND.

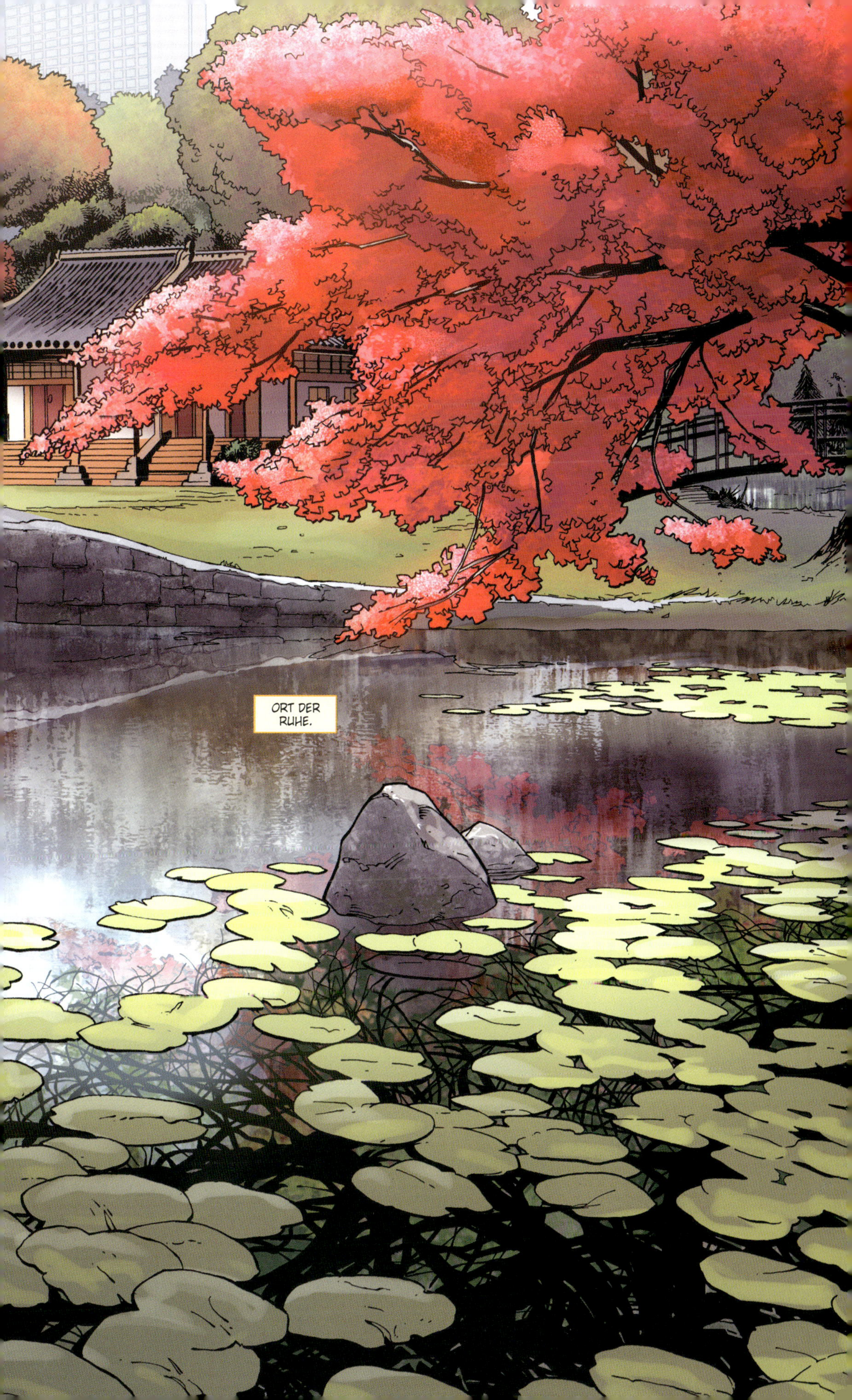
ORT DER
RUHE.

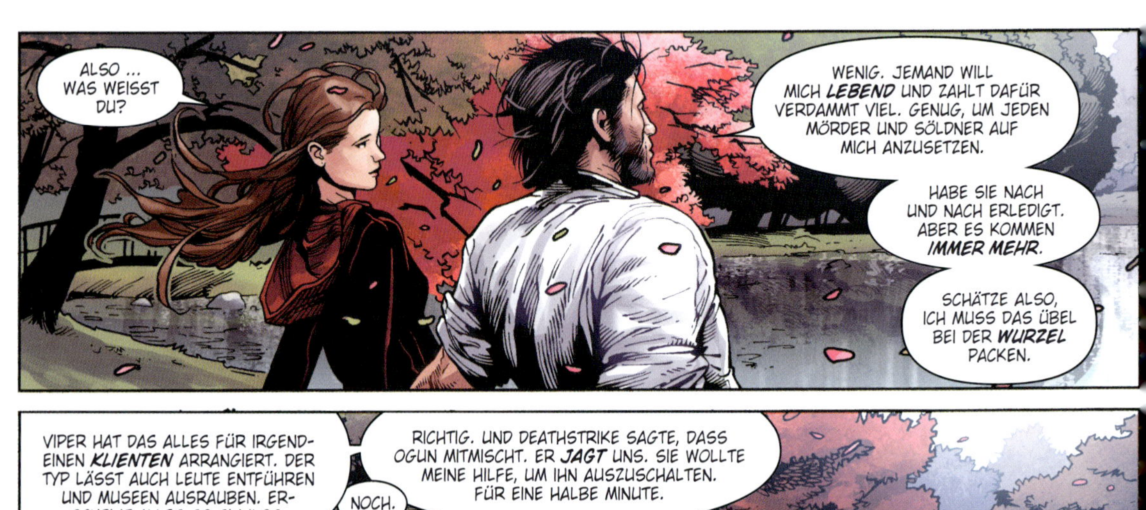
ALSO ... WAS WEISST DU?
WENIG. JEMAND WILL MICH **LEBEND** UND ZAHLT DAFÜR VERDAMMT VIEL. GENUG, UM JEDEN MÖRDER UND SÖLDNER AUF MICH ANZUSETZEN.
HABE SIE NACH UND NACH ERLEDIGT. ABER ES KOMMEN **IMMER MEHR**.
SCHÄTZE ALSO, ICH MUSS DAS ÜBEL BEI DER **WURZEL** PACKEN.

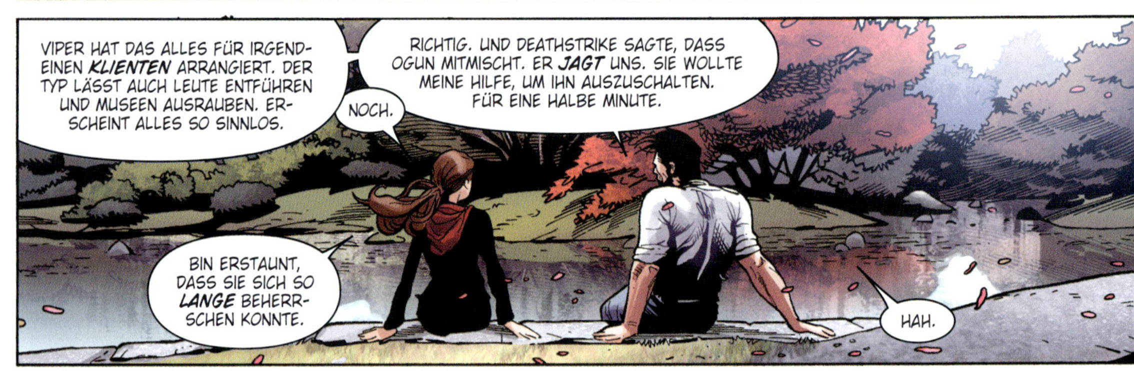
VIPER HAT DAS ALLES FÜR IRGEND-EINEN **KLIENTEN** ARRANGIERT. DER TYP LÄSST AUCH LEUTE ENTFÜHREN UND MUSEEN AUSRAUBEN. ER-SCHEINT ALLES SO SINNLOS.
RICHTIG. UND DEATHSTRIKE SAGTE, DASS OGUN MITMISCHT. ER **JAGT** UNS. SIE WOLLTE MEINE HILFE, UM IHN AUSZUSCHALTEN. FÜR EINE HALBE MINUTE.
NOCH.
BIN ERSTAUNT, DASS SIE SICH SO **LANGE** BEHERR-SCHEN KONNTE.
HAH.

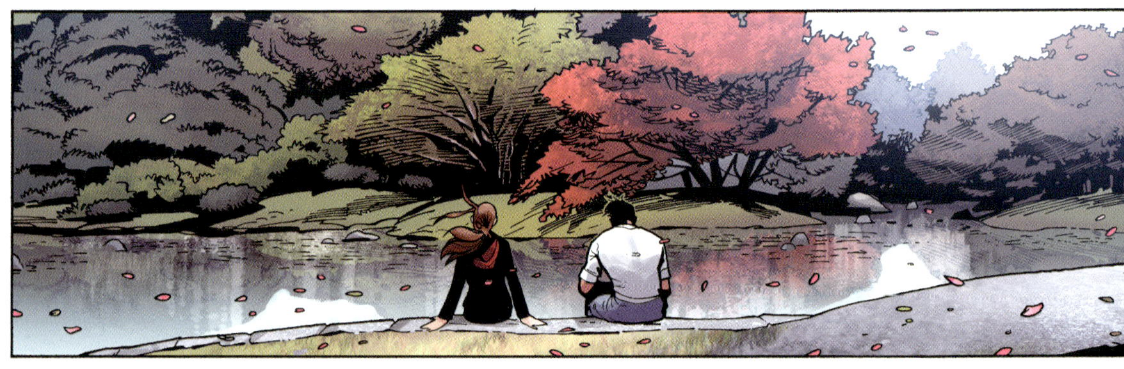

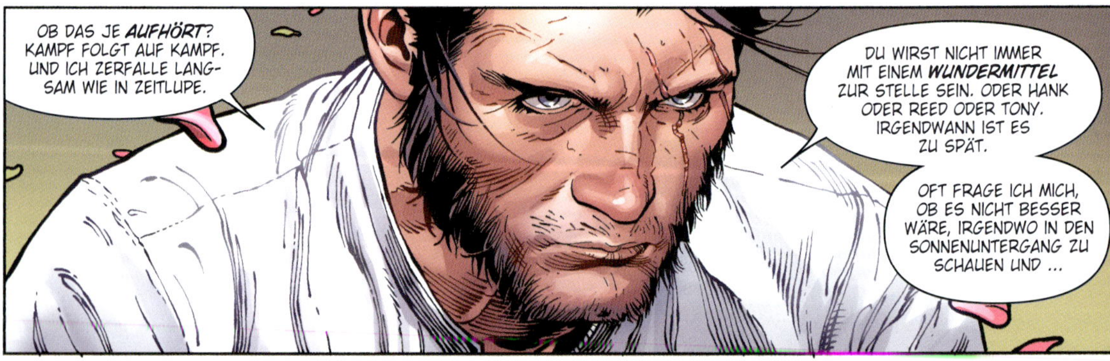
OB DAS JE **AUFHÖRT**? KAMPF FOLGT AUF KAMPF. UND ICH ZERFALLE LANG-SAM WIE IN ZEITLUPE.
DU WIRST NICHT IMMER MIT EINEM **WUNDERMITTEL** ZUR STELLE SEIN. ODER HANK ODER REED ODER TONY. IRGENDWANN IST ES ZU SPÄT.
OFT FRAGE ICH MICH, OB ES NICHT BESSER WÄRE, IRGENDWO IN DEN SONNENUNTERGANG ZU SCHAUEN UND ...

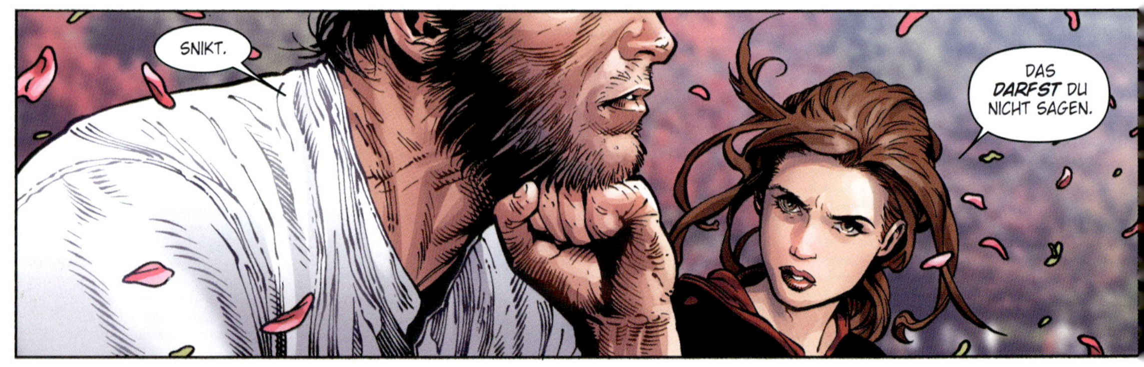
SNIKT.
DAS **DARFST** DU NICHT SAGEN.

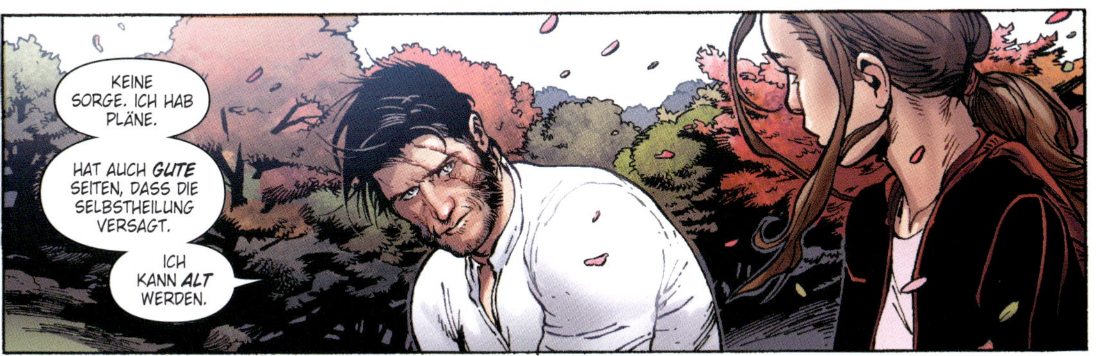
KEINE SORGE. ICH HAB PLÄNE.
HAT AUCH GUTE SEITEN, DASS DIE SELBSTHEILUNG VERSAGT.
ICH KANN ALT WERDEN.

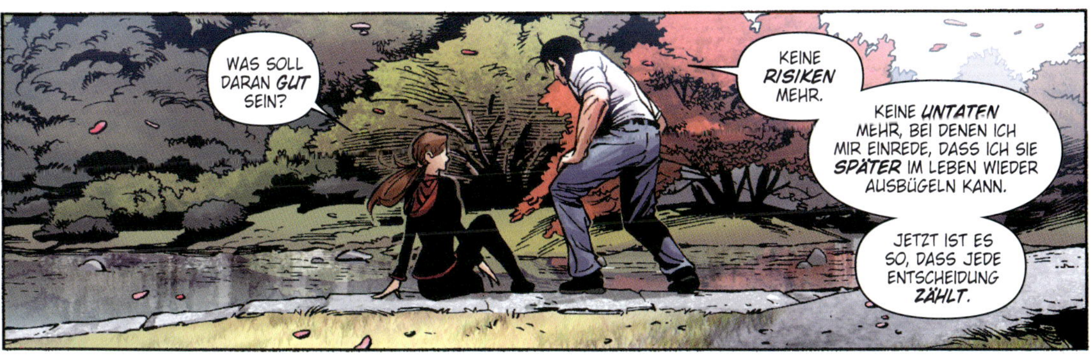
WAS SOLL DARAN GUT SEIN?
KEINE RISIKEN MEHR.
KEINE UNTATEN MEHR, BEI DENEN ICH MIR EINREDE, DASS ICH SIE SPÄTER IM LEBEN WIEDER AUSBÜGELN KANN.
JETZT IST ES SO, DASS JEDE ENTSCHEIDUNG ZÄHLT.

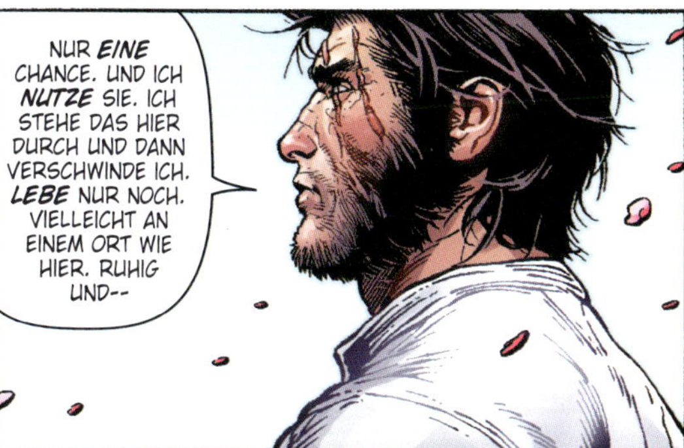
NUR EINE CHANCE. UND ICH NUTZE SIE. ICH STEHE DAS HIER DURCH UND DANN VERSCHWINDE ICH. LEBE NUR NOCH. VIELLEICHT AN EINEM ORT WIE HIER. RUHIG UND--

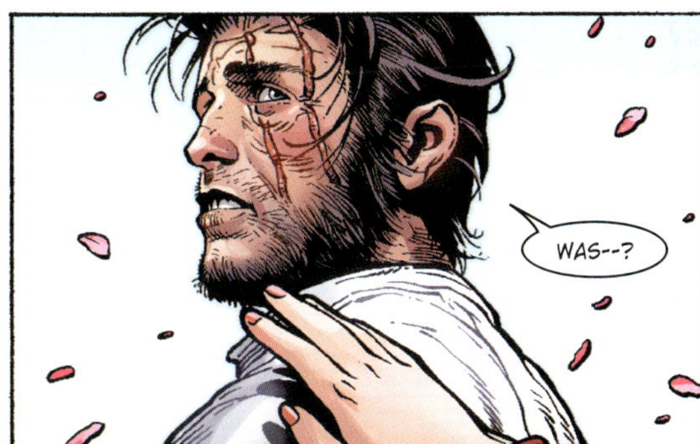
WAS--?

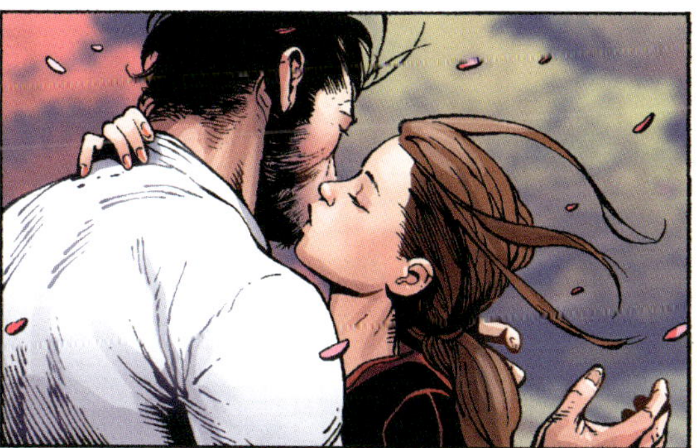

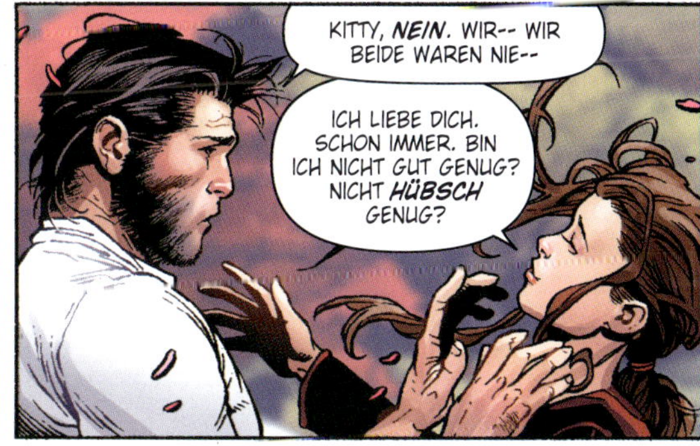
KITTY, NEIN. WIR-- WIR BEIDE WAREN NIE--
ICH LIEBE DICH. SCHON IMMER. BIN ICH NICHT GUT GENUG? NICHT HÜBSCH GENUG?

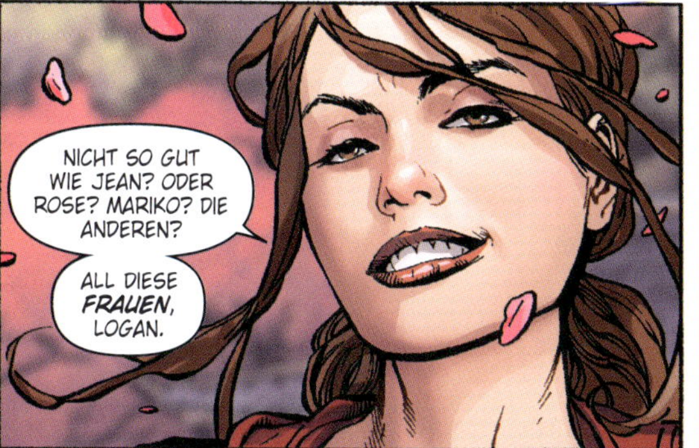
NICHT SO GUT WIE JEAN? ODER ROSE? MARIKO? DIE ANDEREN?
ALL DIESE FRAUEN, LOGAN.

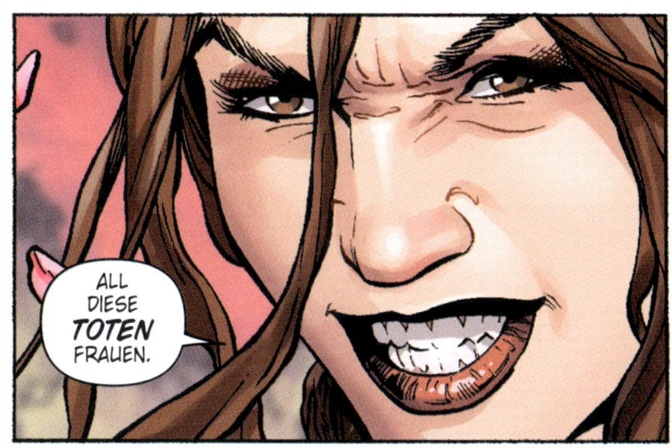
ALL DIESE TOTEN FRAUEN.

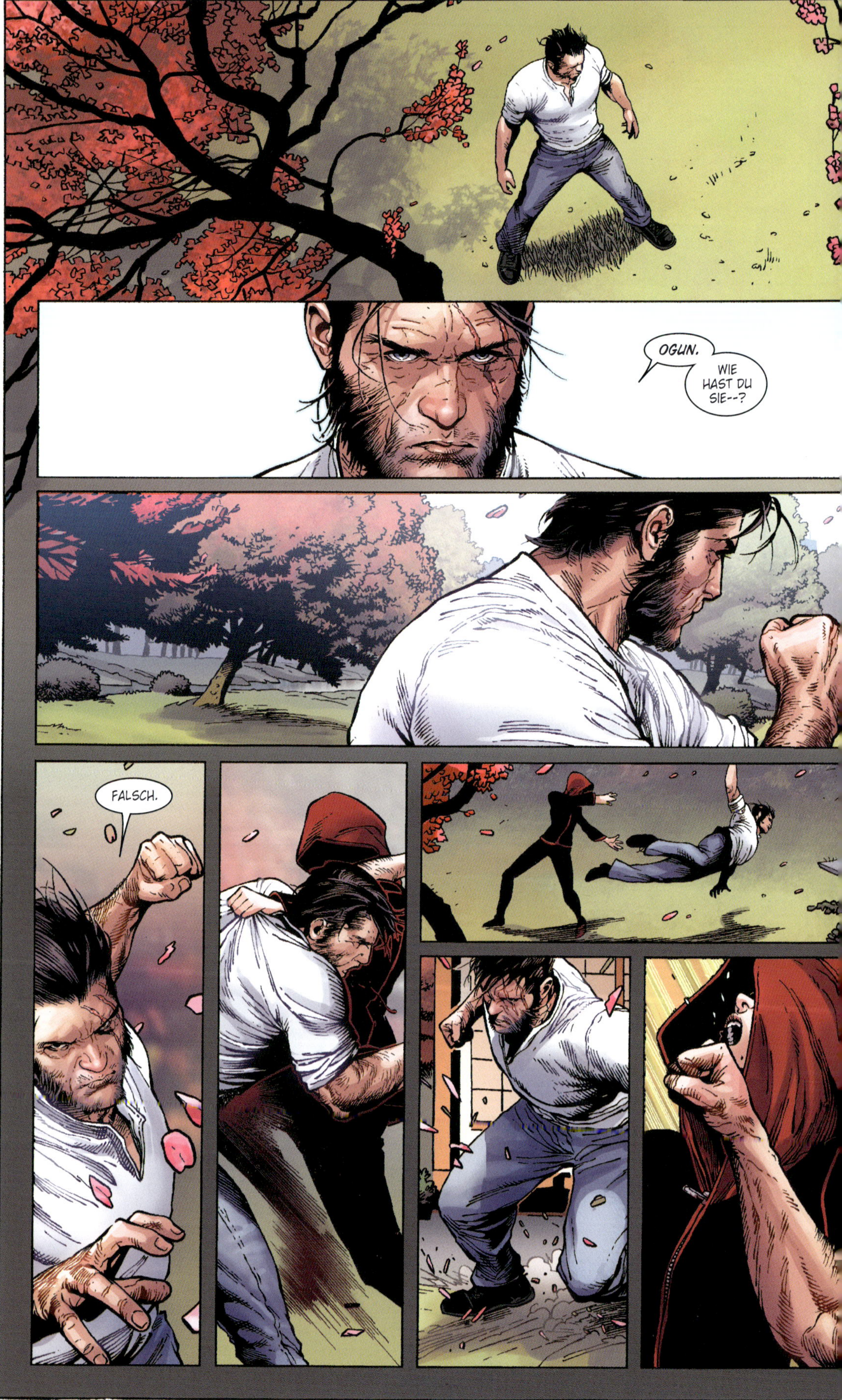
OGUN.
WIE HAST DU SIE--?
FALSCH.

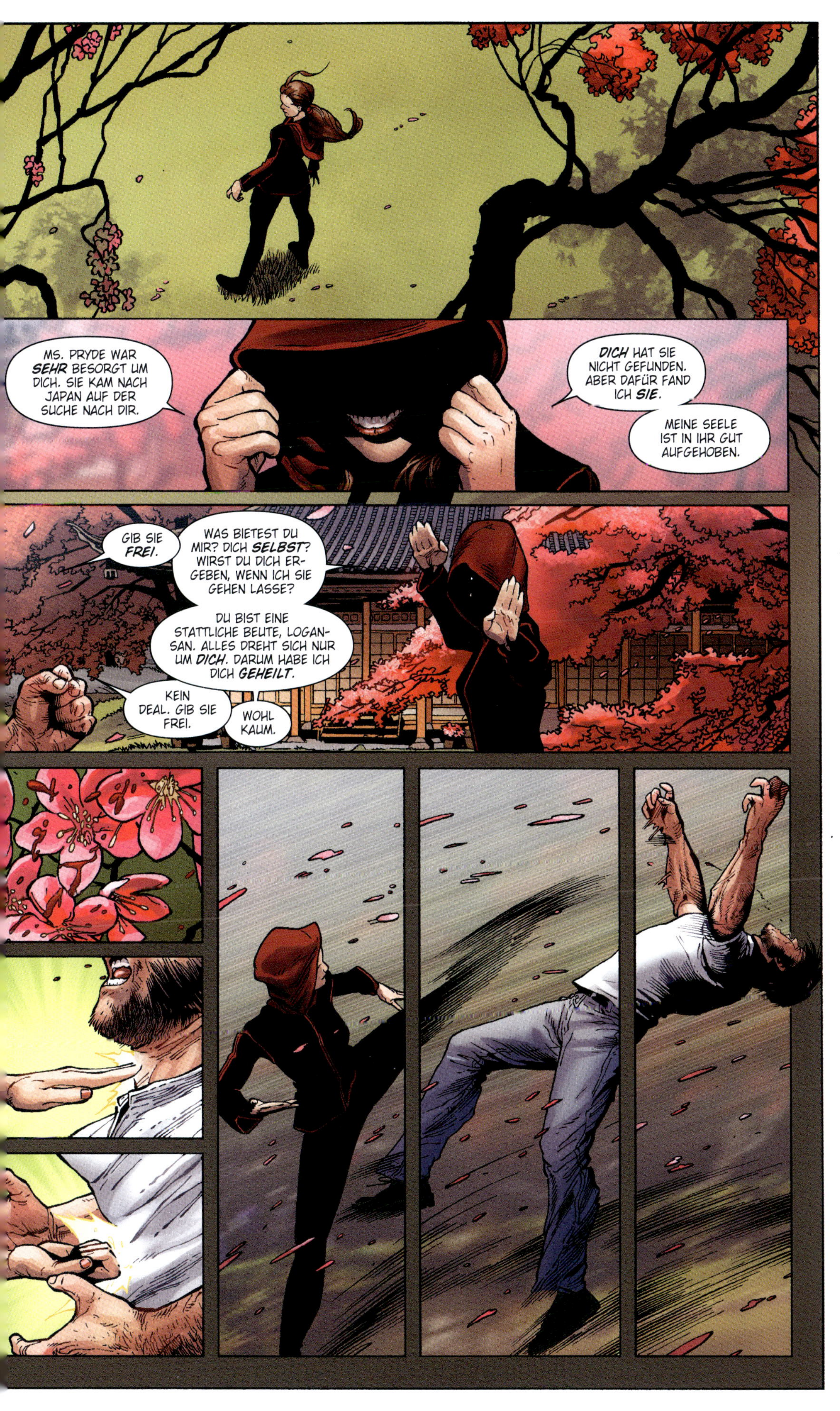
MS. PRYDE WAR SEHR BESORGT UM DICH. SIE KAM NACH JAPAN AUF DER SUCHE NACH DIR.
DICH HAT SIE NICHT GEFUNDEN. ABER DAFÜR FAND ICH SIE.
MEINE SEELE IST IN IHR GUT AUFGEHOBEN.
GIB SIE FREI.
WAS BIETEST DU MIR? DICH SELBST? WIRST DU DICH ERGEBEN, WENN ICH SIE GEHEN LASSE?
DU BIST EINE STATTLICHE BEUTE, LOGAN-SAN. ALLES DREHT SICH NUR UM DICH. DARUM HABE ICH DICH GEHEILT.
KEIN DEAL. GIB SIE FREI.
WOHL KAUM.

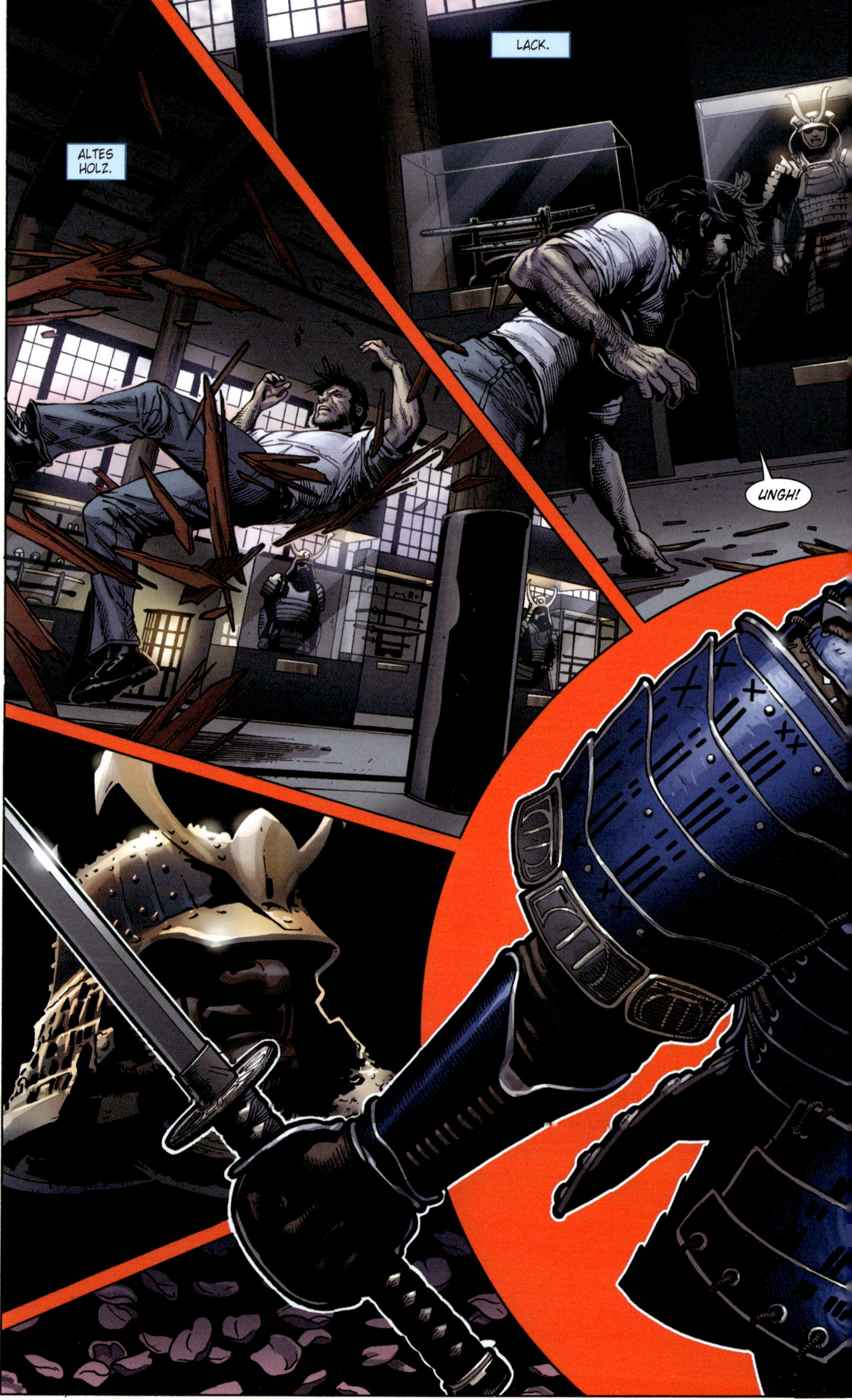
ALTES HOLZ.
LACK.
UNGH!

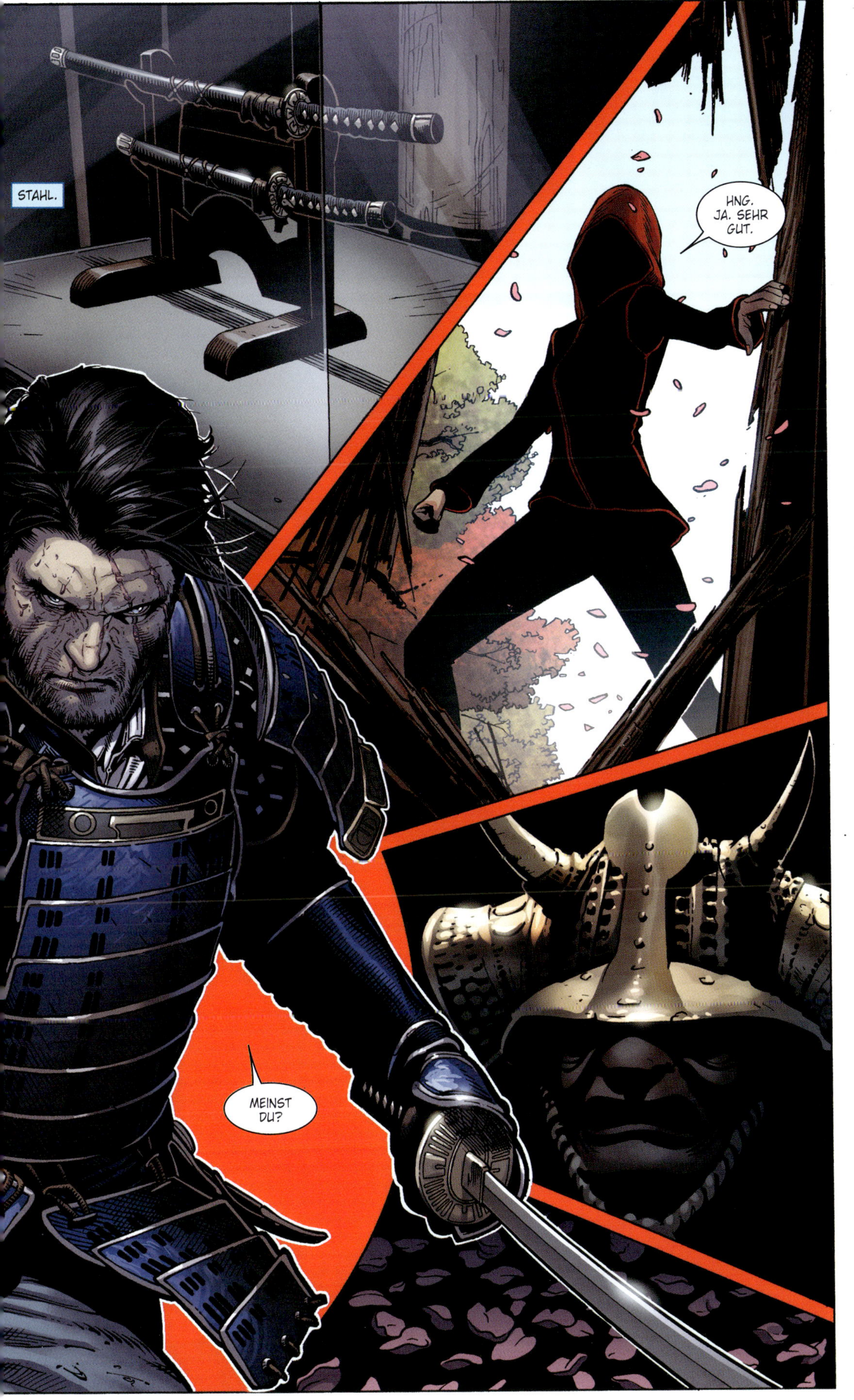
STAHL.
HNG. JA. SEHR GUT.
MEINST DU?

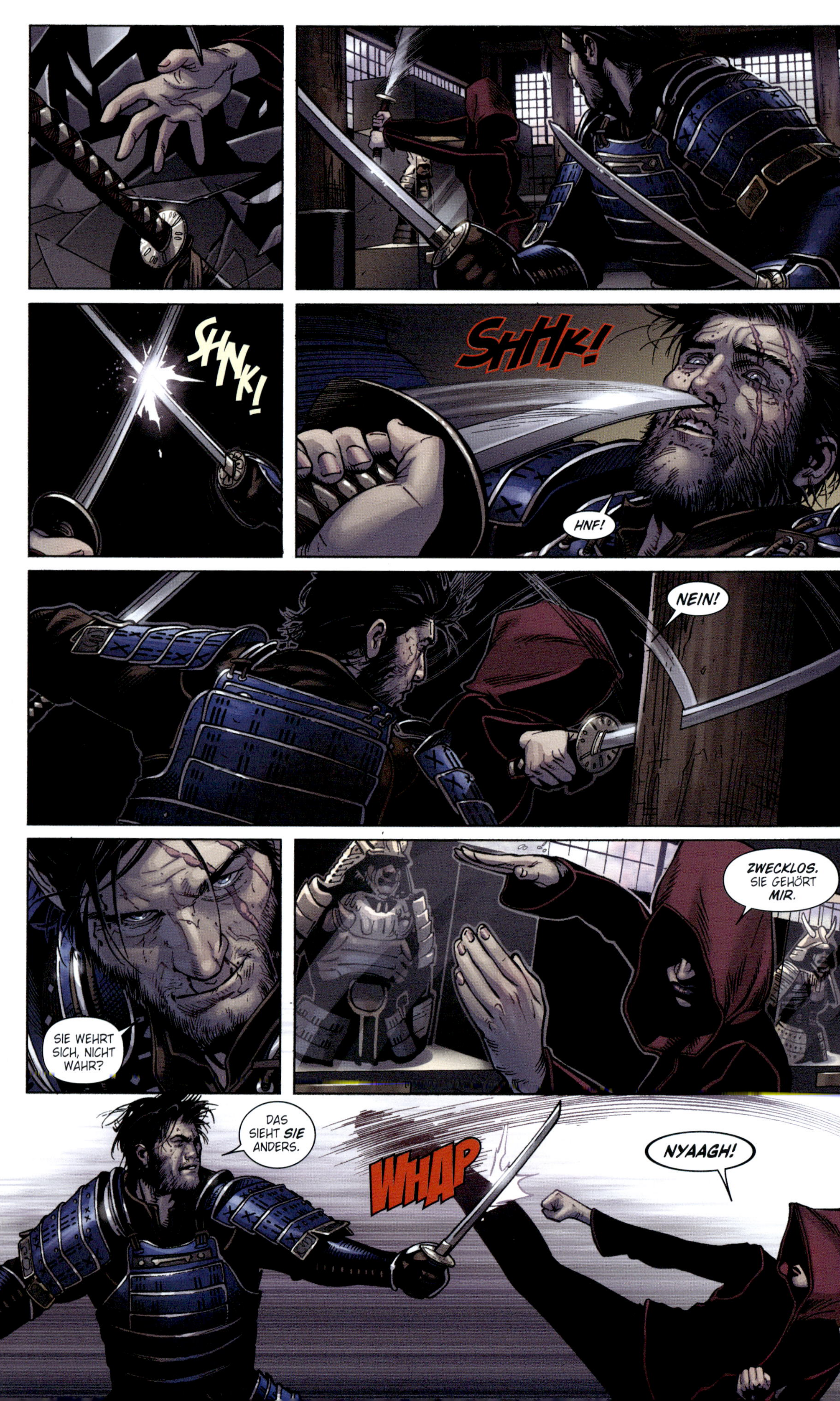
SHNK!
SHHK!
HNF!
NEIN!
SIE WEHRT SICH, NICHT WAHR?
ZWECKLOS. SIE GEHÖRT MIR.
DAS SIEHT SIE ANDERS.
WHAP
NYAAGH!

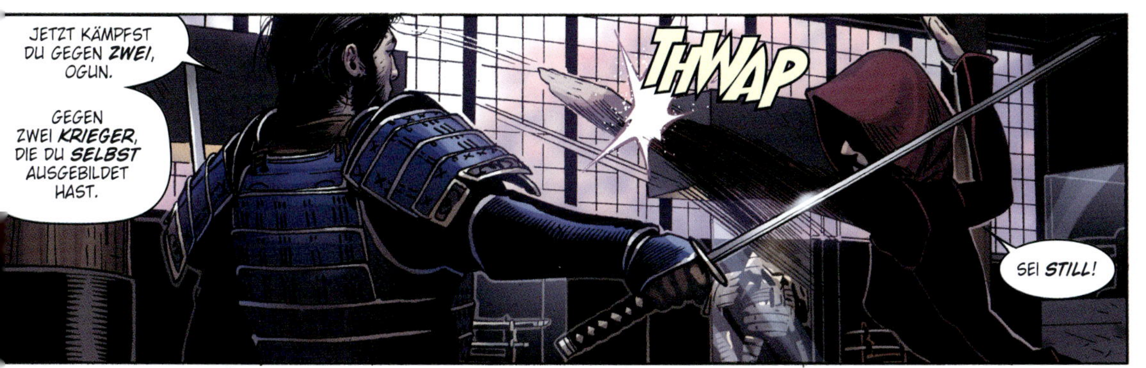
JETZT KÄMPFST DU GEGEN **ZWEI**, OGUN.
GEGEN ZWEI **KRIEGER**, DIE DU **SELBST** AUSGEBILDET HAST.
THWAP
SEI **STILL!**

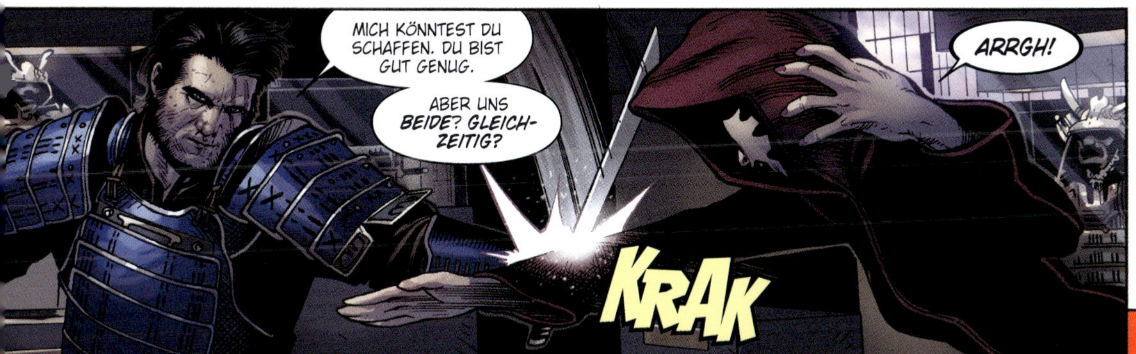
MICH KÖNNTEST DU SCHAFFEN. DU BIST GUT GENUG.
ABER UNS **BEIDE? GLEICH-ZEITIG?**
ARRGH!
KRAK

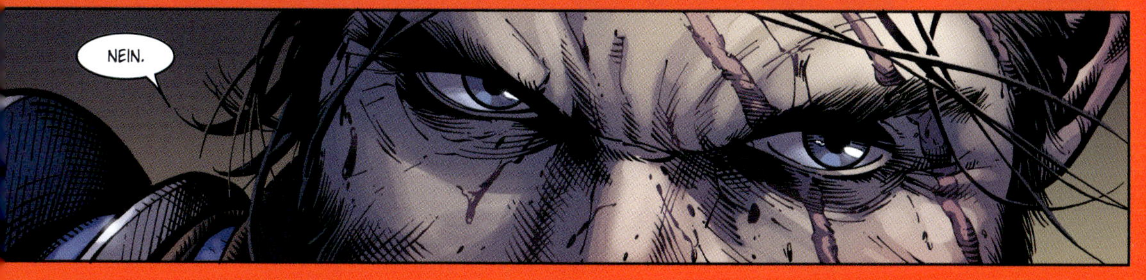
NEIN.

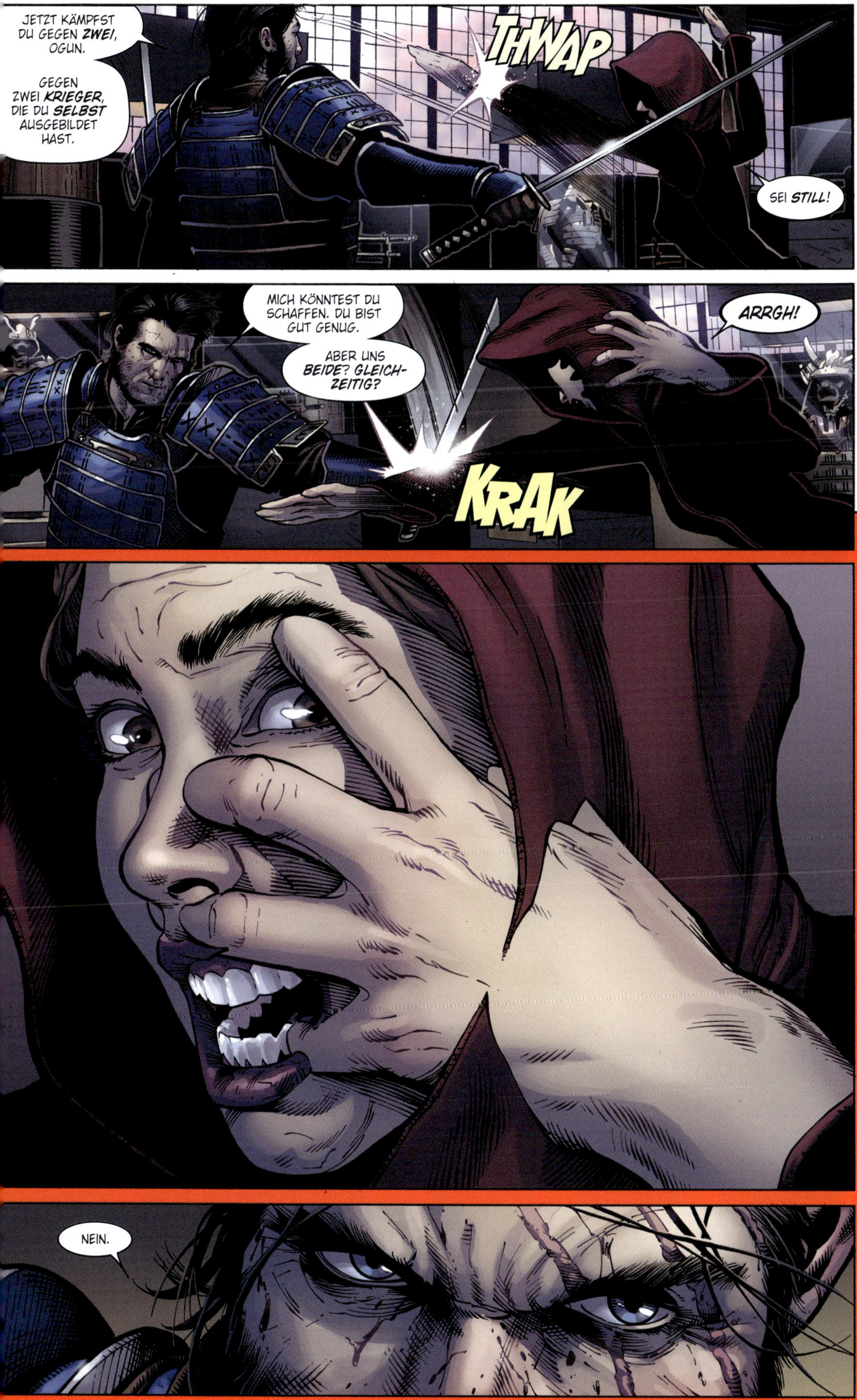

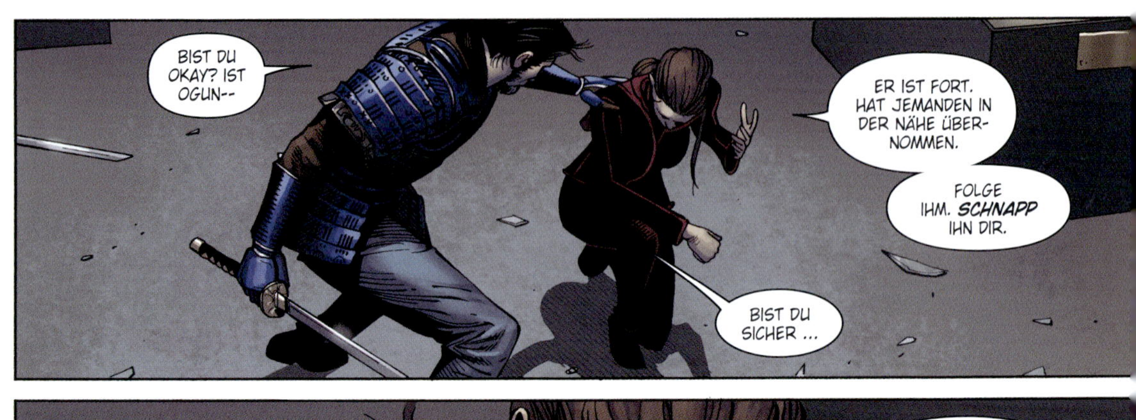
BIST DU OKAY? IST OGUN--
ER IST FORT. HAT JEMANDEN IN DER NÄHE ÜBER-NOMMEN.
FOLGE IHM. SCHNAPP IHN DIR.
BIST DU SICHER ...

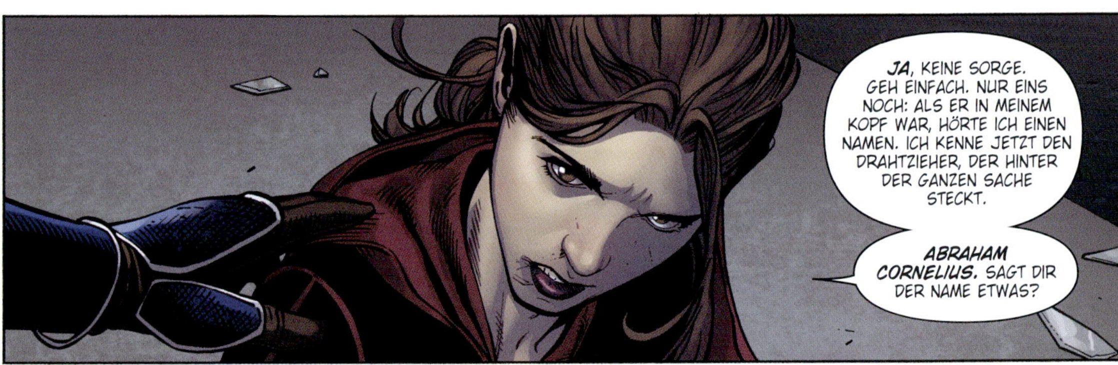
JA, KEINE SORGE. GEH EINFACH. NUR EINS NOCH: ALS ER IN MEINEM KOPF WAR, HÖRTE ICH EINEN NAMEN. ICH KENNE JETZT DEN DRAHTZIEHER, DER HINTER DER GANZEN SACHE STECKT.
ABRAHAM CORNELIUS. SAGT DIR DER NAME ETWAS?

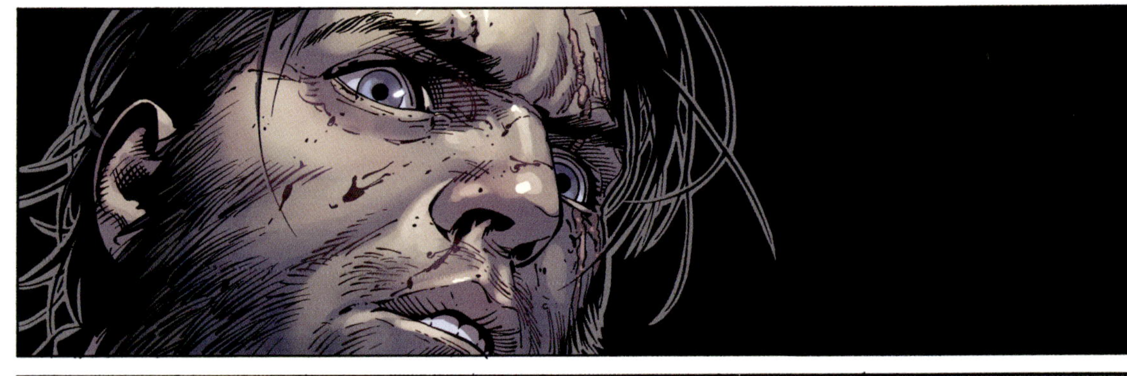

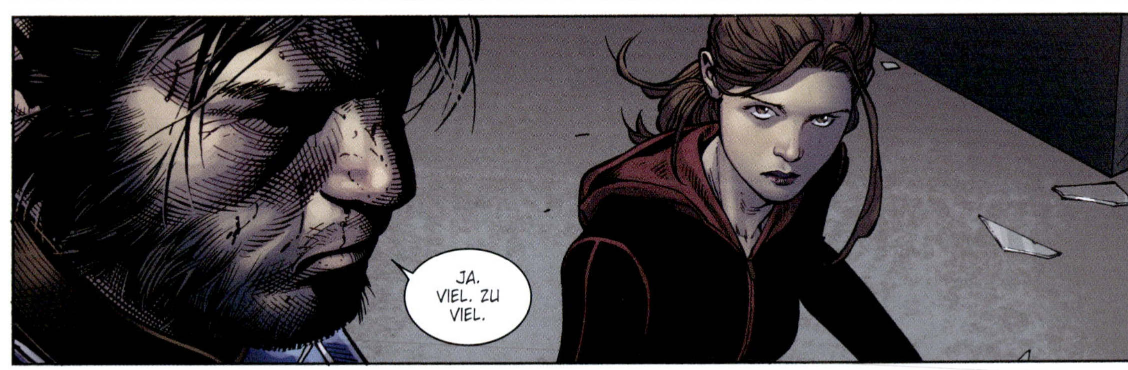
JA. VIEL. ZU VIEL.

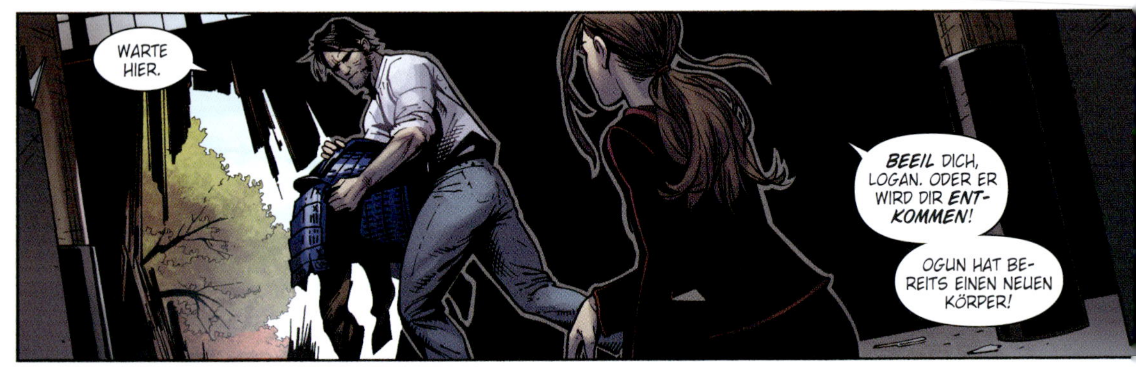
WARTE HIER.
BEEIL DICH, LOGAN. ODER ER WIRD DIR ENT-KOMMEN!
OGUN HAT BE-REITS EINEN NEUEN KÖRPER!

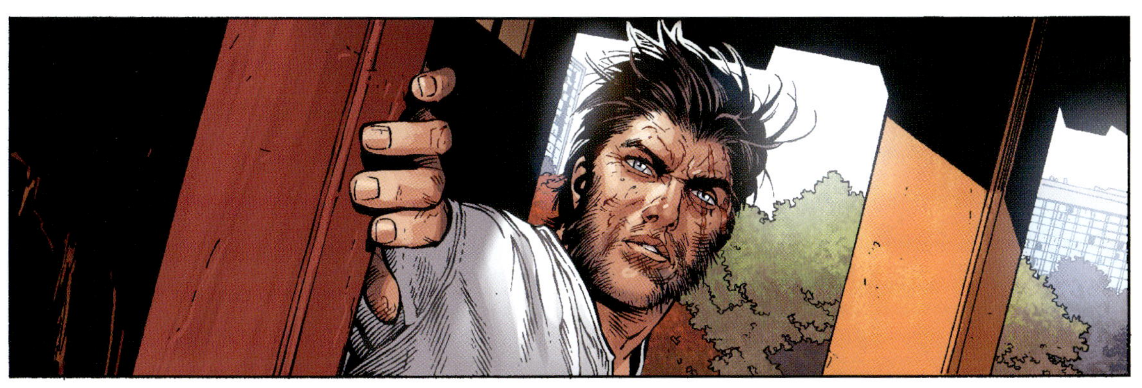
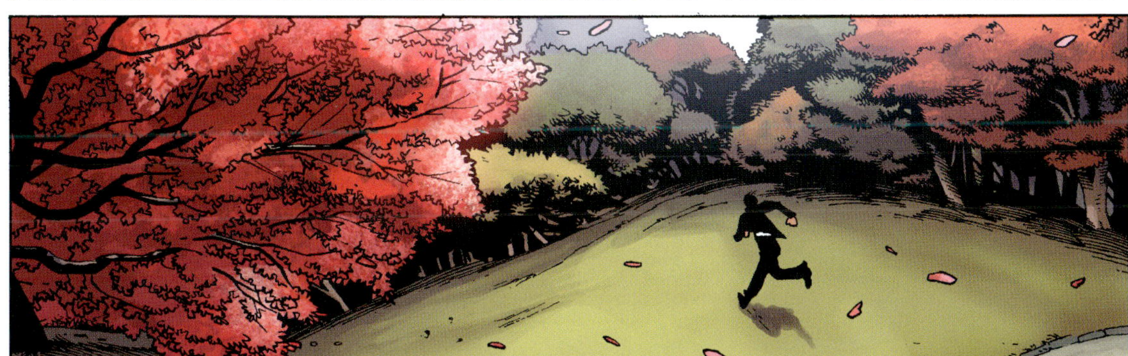
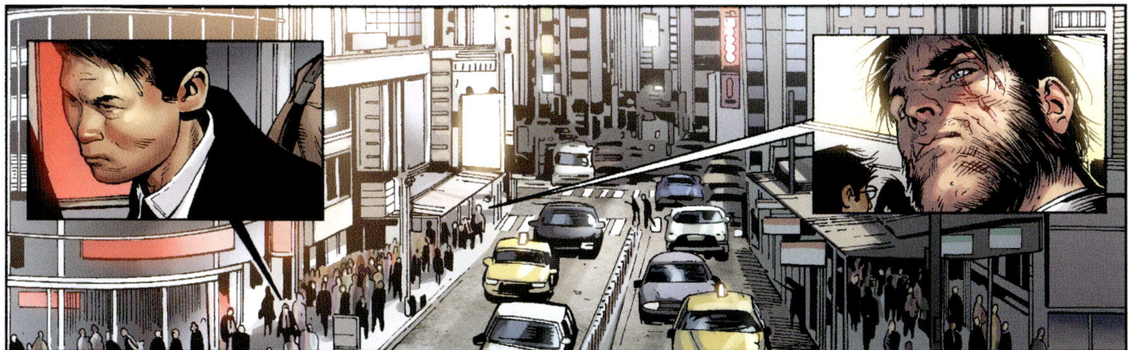
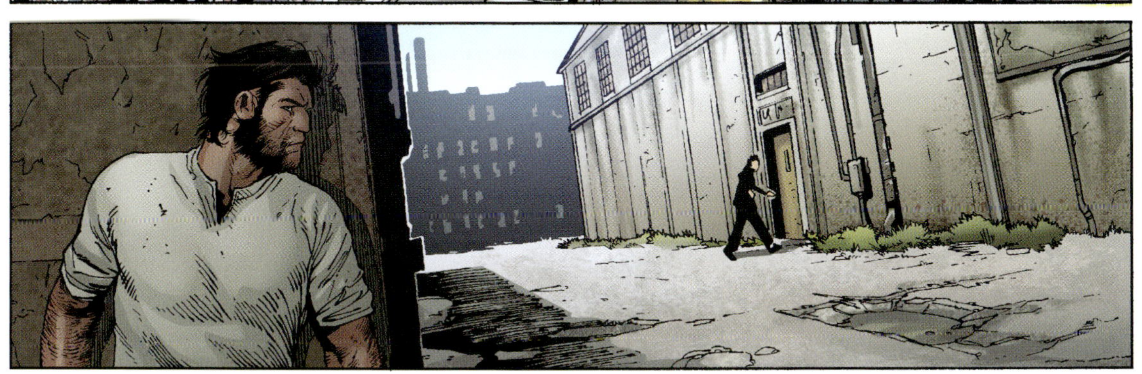
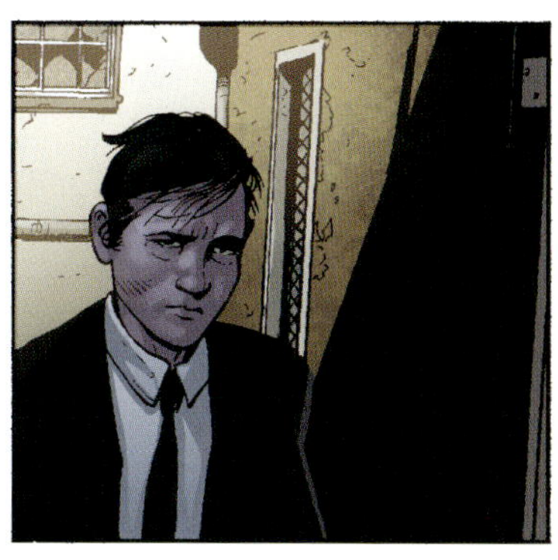
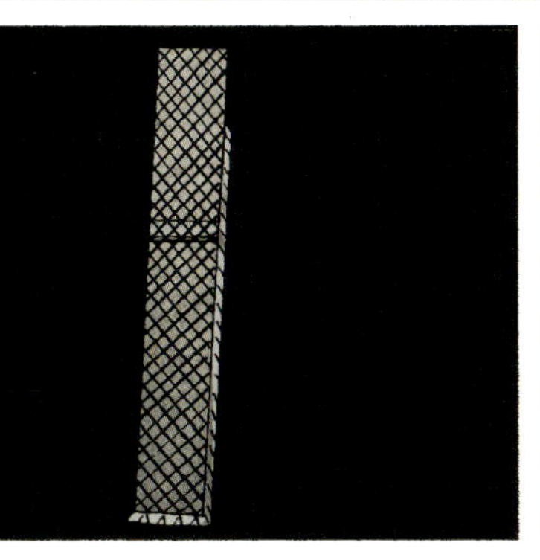
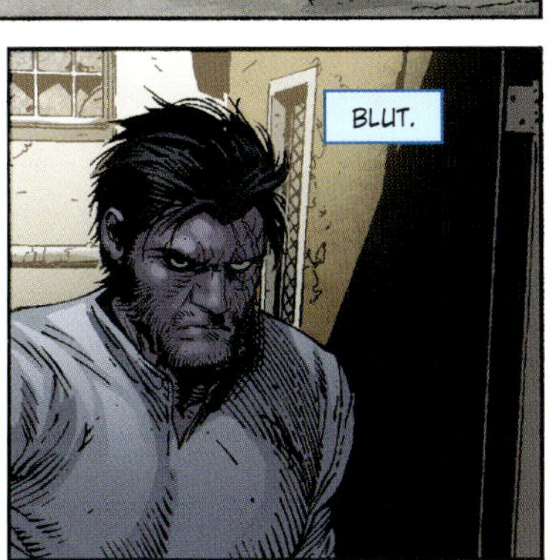
BLUT.

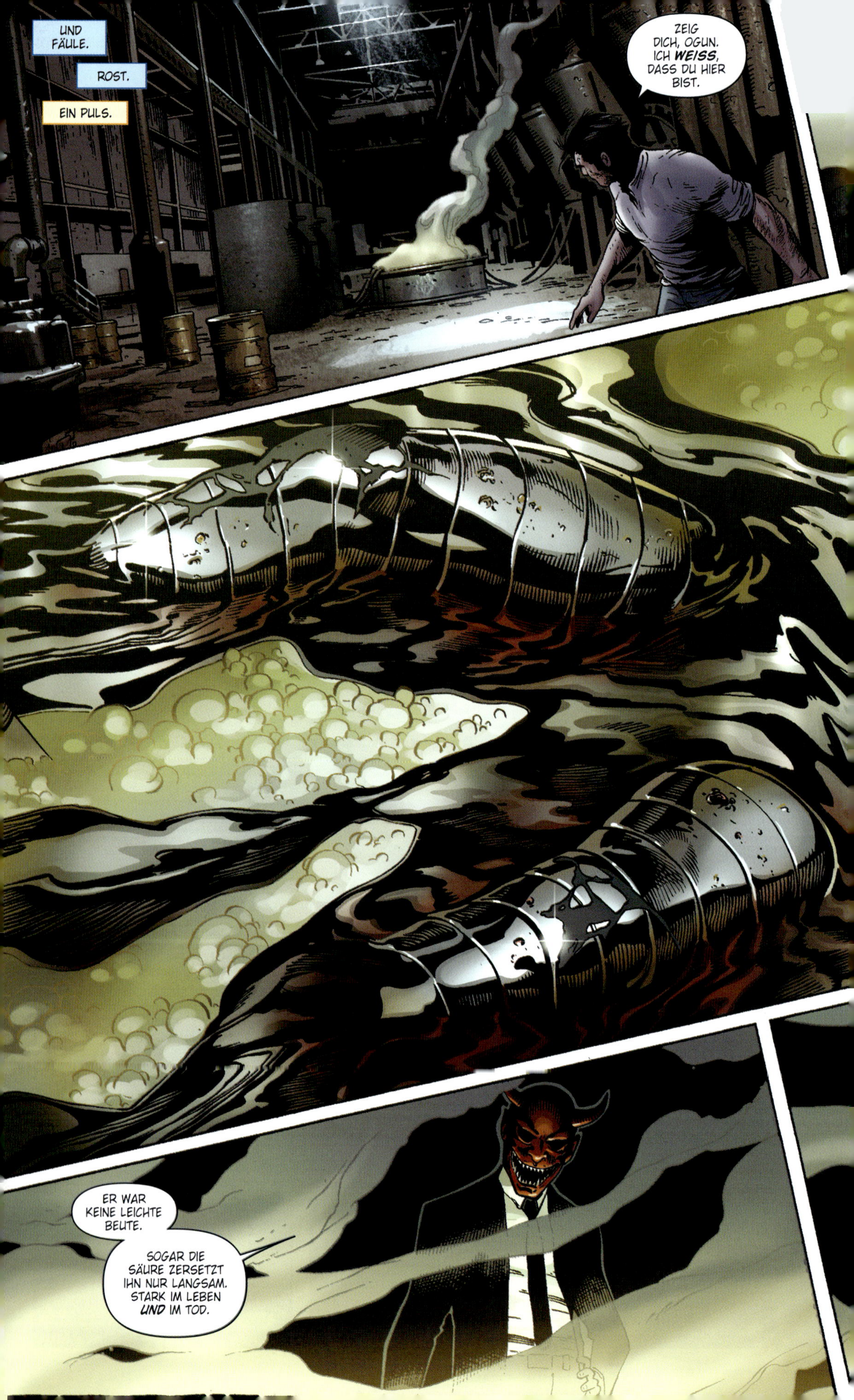
UND FÄULE.
ROST.
EIN PULS.
ZEIG DICH, OGUN. ICH WEISS, DASS DU HIER BIST.
ER WAR KEINE LEICHTE BEUTE.
SOGAR DIE SÄURE ZERSETZT IHN NUR LANGSAM. STARK IM LEBEN UND IM TOD.

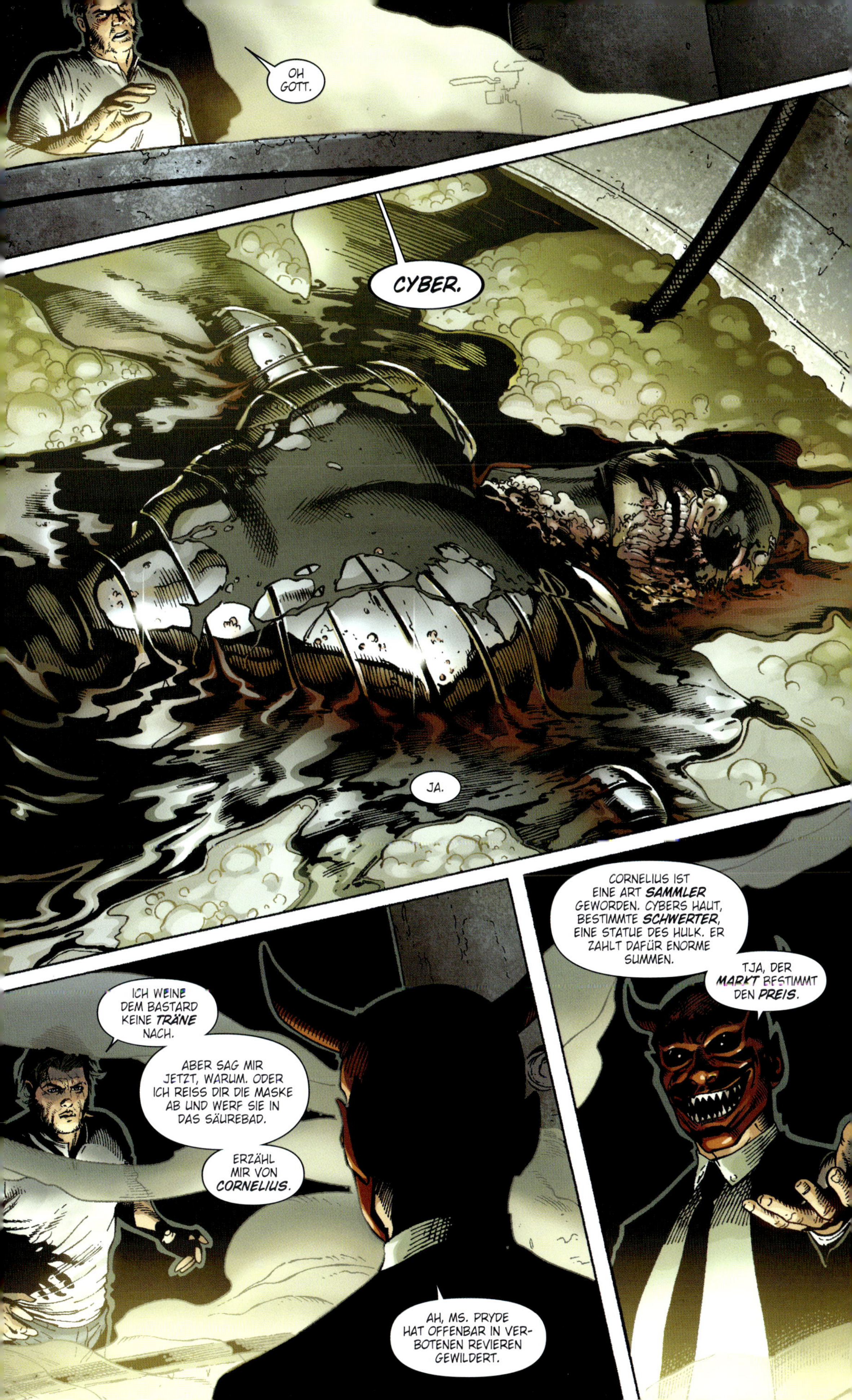
OH GOTT.
CYBER.
JA.
ICH WEINE DEM BASTARD KEINE TRÄNE NACH.
ABER SAG MIR JETZT, WARUM. ODER ICH REISS DIR DIE MASKE AB UND WERF SIE IN DAS SÄUREBAD.
ERZÄHL MIR VON CORNELIUS.
AH, MS. PRYDE HAT OFFENBAR IN VERBOTENEN REVIEREN GEWILDERT.
CORNELIUS IST EINE ART SAMMLER GEWORDEN. CYBERS HAUT, BESTIMMTE SCHWERTER, EINE STATUE DES HULK. ER ZAHLT DAFÜR ENORME SUMMEN.
TJA, DER MARKT BESTIMMT DEN PREIS.

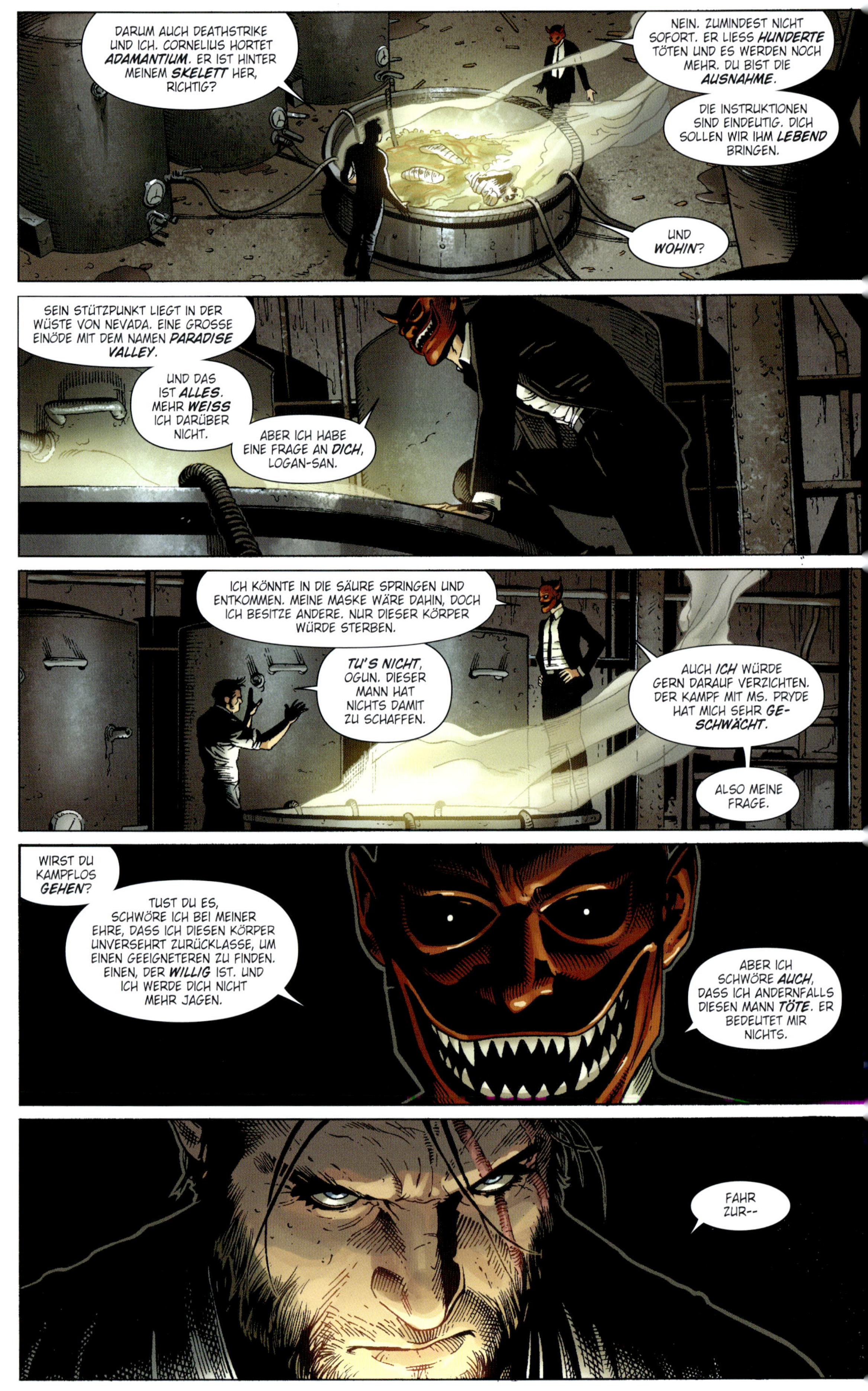
DARUM AUCH DEATHSTRIKE UND ICH. CORNELIUS HORTET ADAMANTIUM. ER IST HINTER MEINEM SKELETT HER, RICHTIG?
NEIN. ZUMINDEST NICHT SOFORT. ER LIESS HUNDERTE TÖTEN UND ES WERDEN NOCH MEHR. DU BIST DIE AUSNAHME.
DIE INSTRUKTIONEN SIND EINDEUTIG. DICH SOLLEN WIR IHM LEBEND BRINGEN.
UND WOHIN?
SEIN STÜTZPUNKT LIEGT IN DER WÜSTE VON NEVADA. EINE GROSSE EINÖDE MIT DEM NAMEN PARADISE VALLEY.
UND DAS IST ALLES. MEHR WEISS ICH DARÜBER NICHT.
ABER ICH HABE EINE FRAGE AN DICH, LOGAN-SAN.
ICH KÖNNTE IN DIE SÄURE SPRINGEN UND ENTKOMMEN. MEINE MASKE WÄRE DAHIN, DOCH ICH BESITZE ANDERE. NUR DIESER KÖRPER WÜRDE STERBEN.
TU'S NICHT, OGUN. DIESER MANN HAT NICHTS DAMIT ZU SCHAFFEN.
AUCH ICH WÜRDE GERN DARAUF VERZICHTEN. DER KAMPF MIT MS. PRYDE HAT MICH SEHR GESCHWÄCHT.
ALSO MEINE FRAGE.
WIRST DU KAMPFLOS GEHEN?
TUST DU ES, SCHWÖRE ICH BEI MEINER EHRE, DASS ICH DIESEN KÖRPER UNVERSEHRT ZURÜCKLASSE, UM EINEN GEEIGNETEREN ZU FINDEN. EINEN, DER WILLIG IST. UND ICH WERDE DICH NICHT MEHR JAGEN.
ABER ICH SCHWÖRE AUCH, DASS ICH ANDERNFALLS DIESEN MANN TÖTE. ER BEDEUTET MIR NICHTS.
FAHR ZUR--

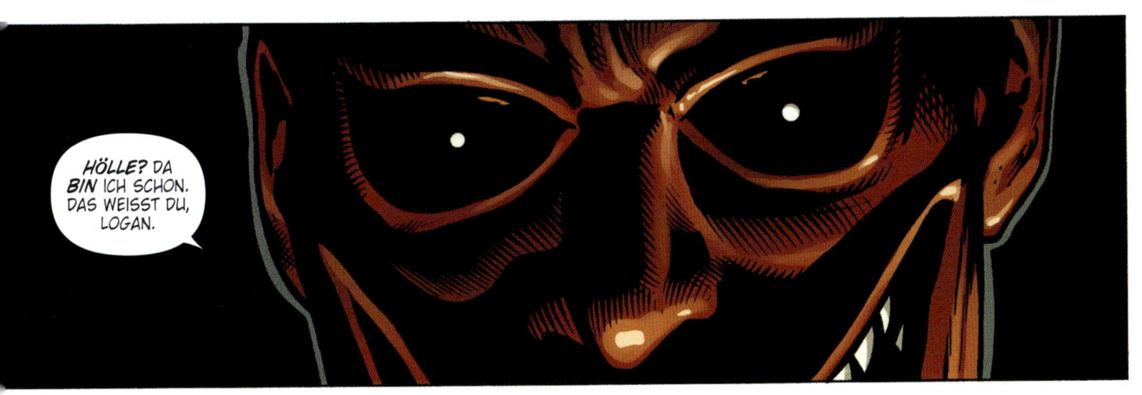
HÖLLE? DA BIN ICH SCHON. DAS WEISST DU, LOGAN.
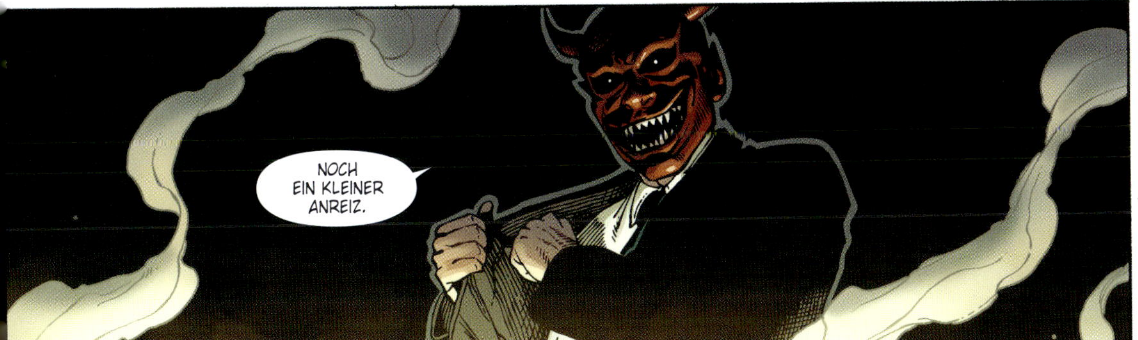
NOCH EIN KLEINER ANREIZ.
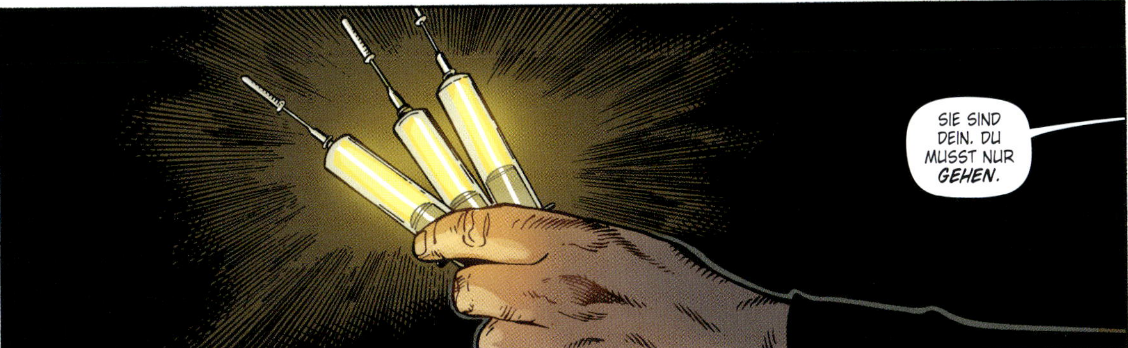
SIE SIND DEIN. DU MUSST NUR GEHEN.
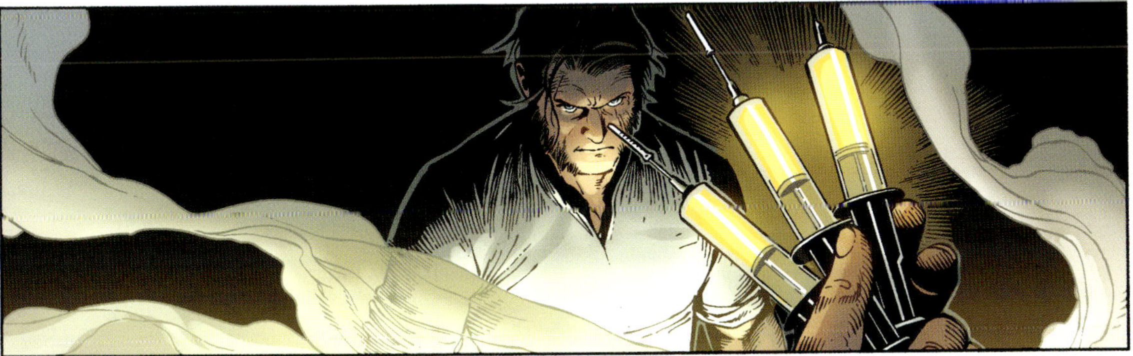
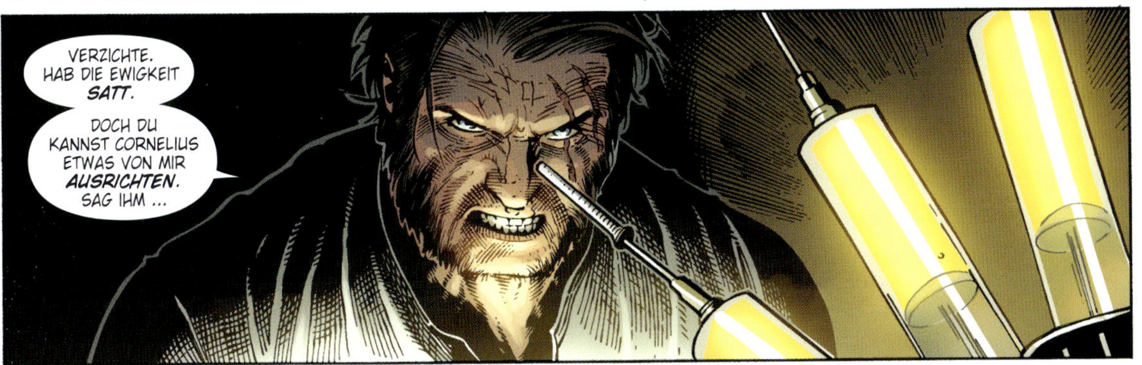
VERZICHTE. HAB DIE EWIGKEIT SATT.
DOCH DU KANNST CORNELIUS ETWAS VON MIR AUSRICHTEN. SAG IHM ...

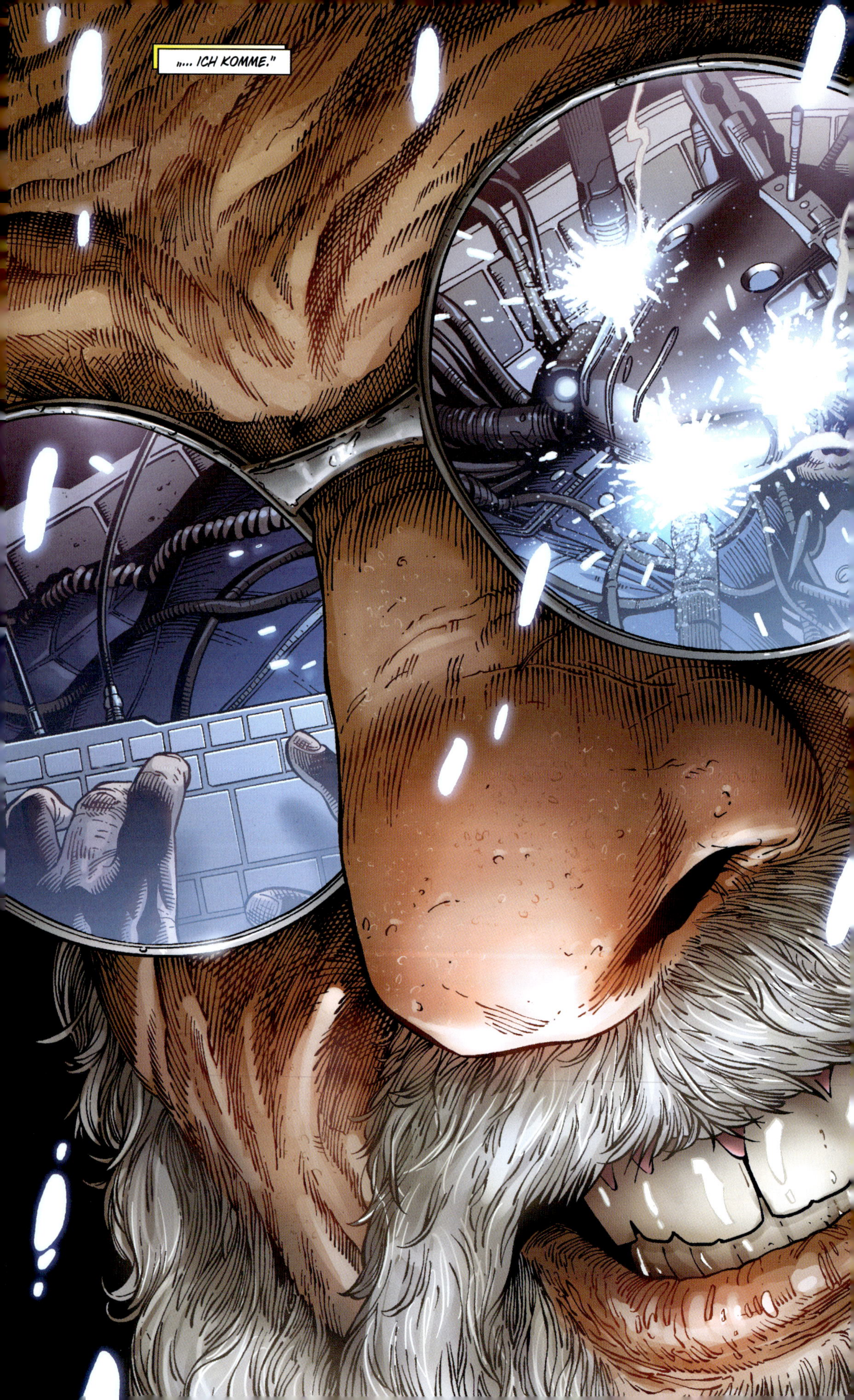
„... ICH KOMME."

DER TOD VON WOLVERINE, TEIL 4: GESCHICHTE

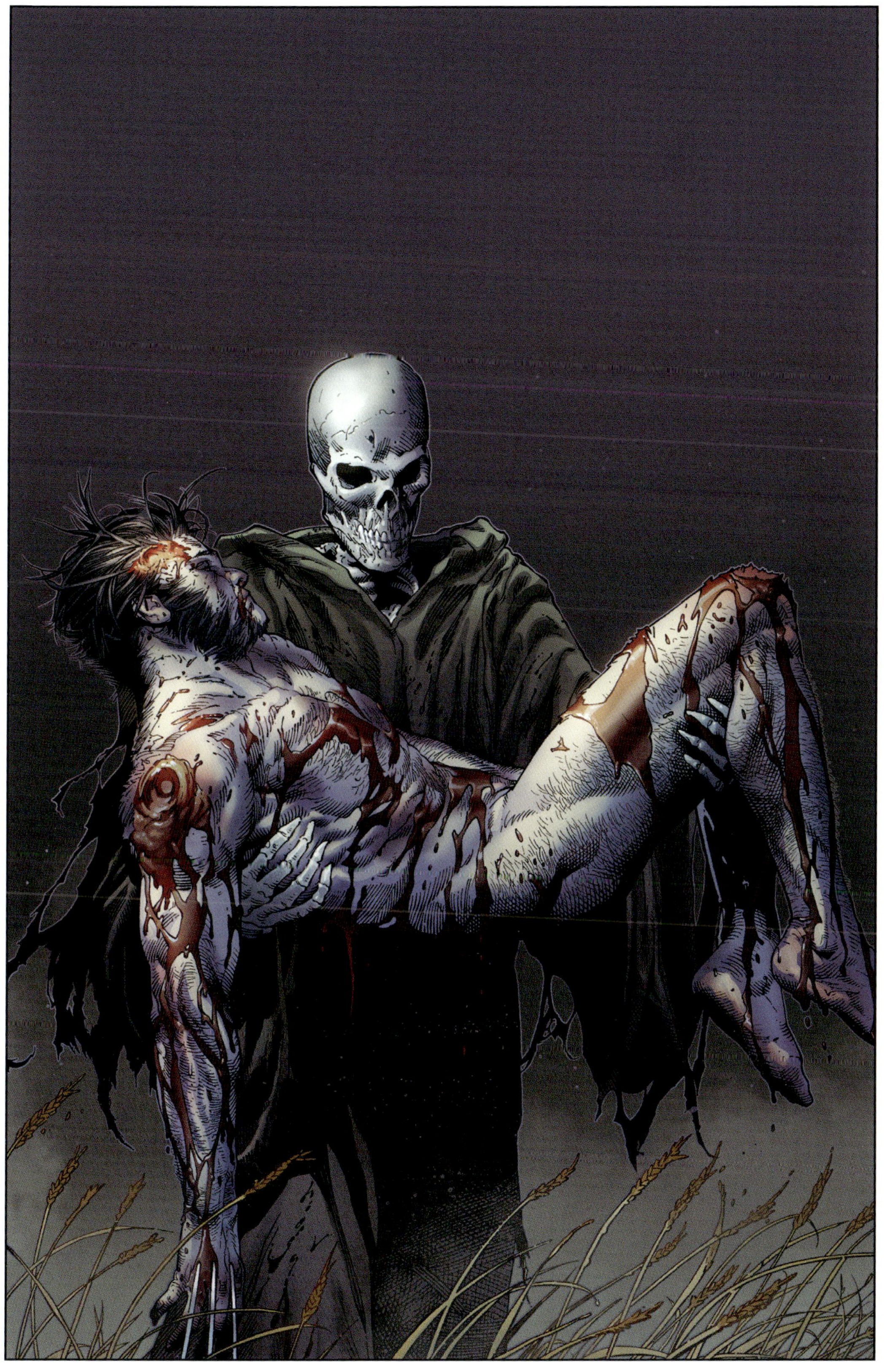

Death of Wolverine (2014) 4
Cover von **STEVE McNIVEN**

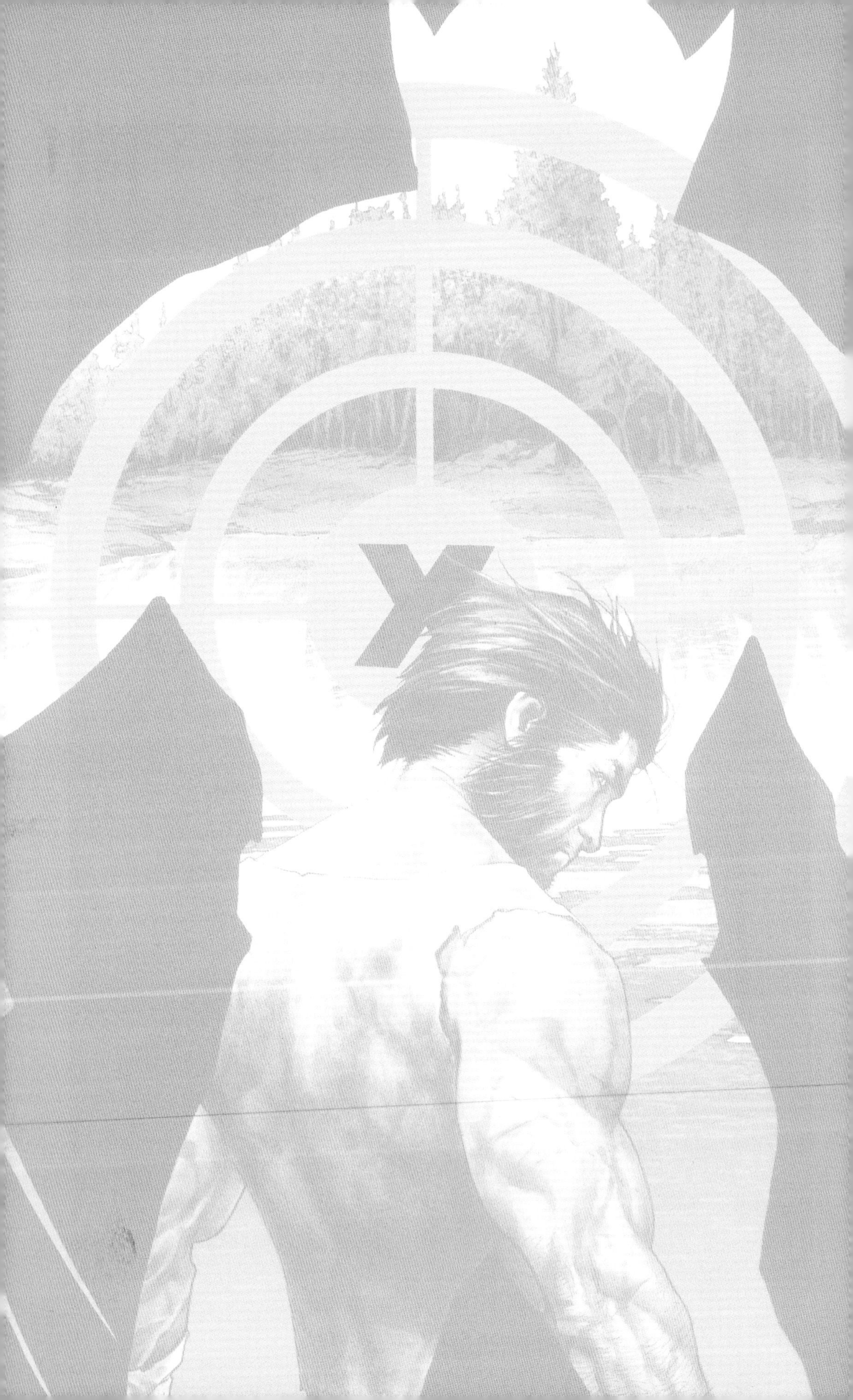

GESCHICHTE

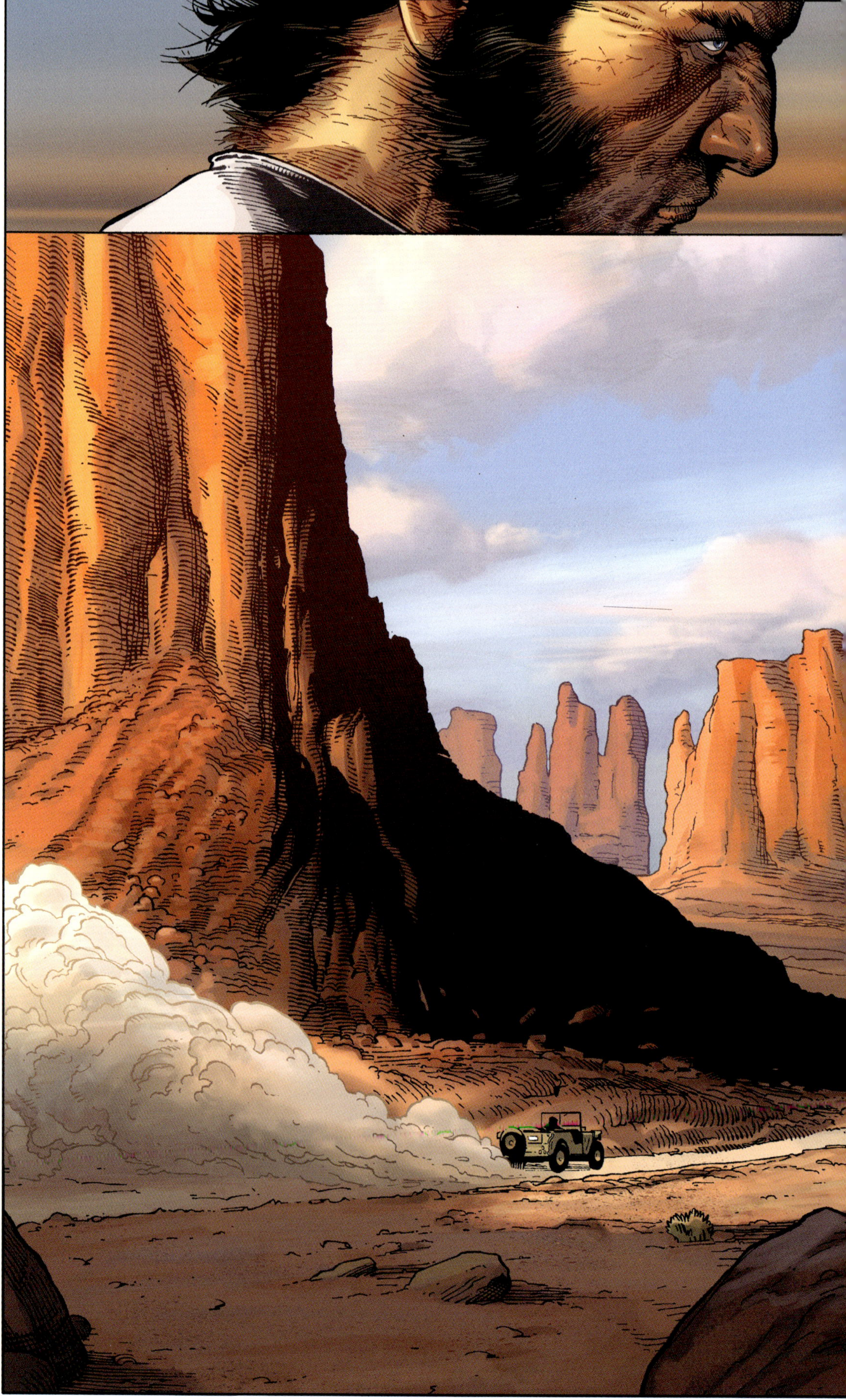

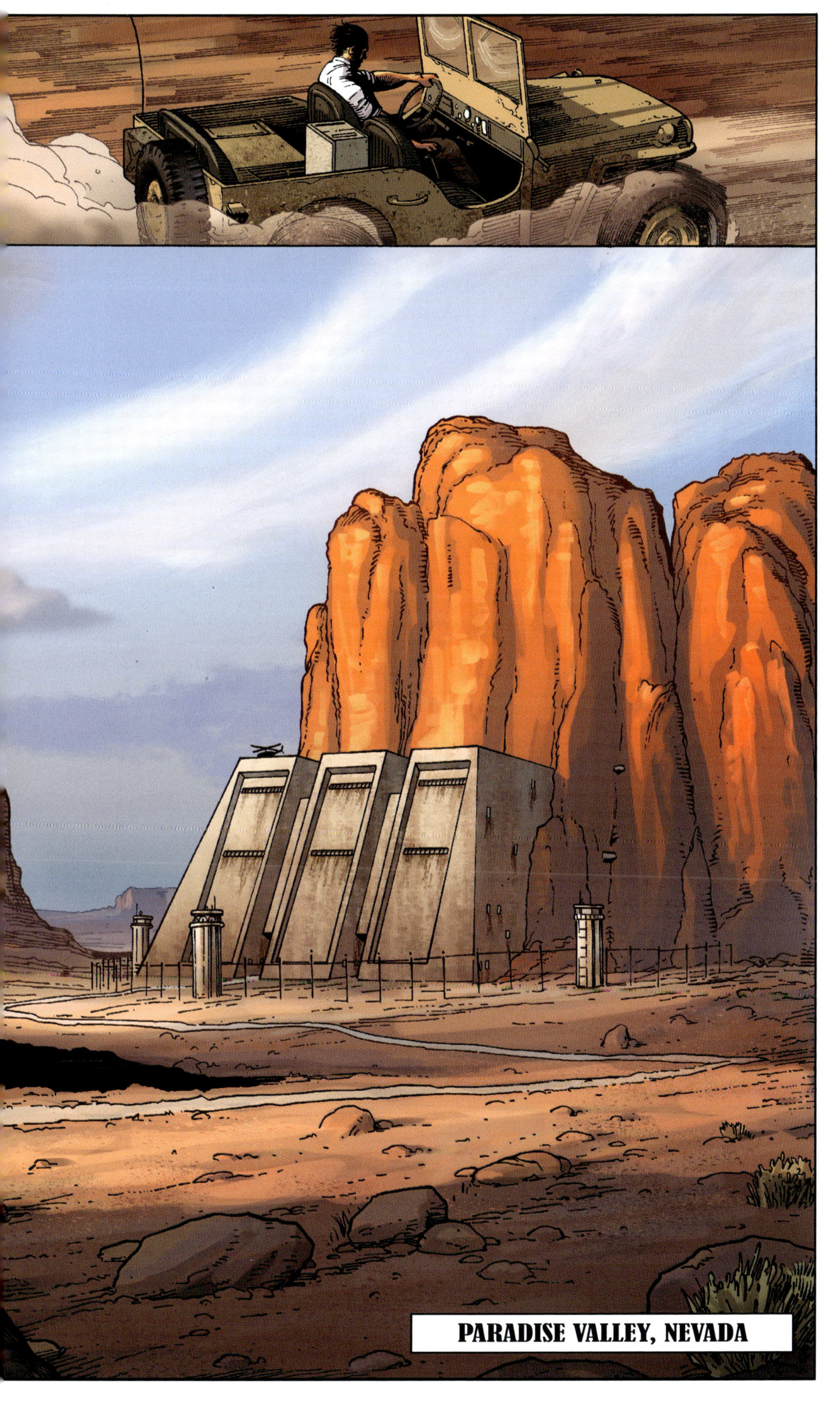
PARADISE VALLEY, NEVADA

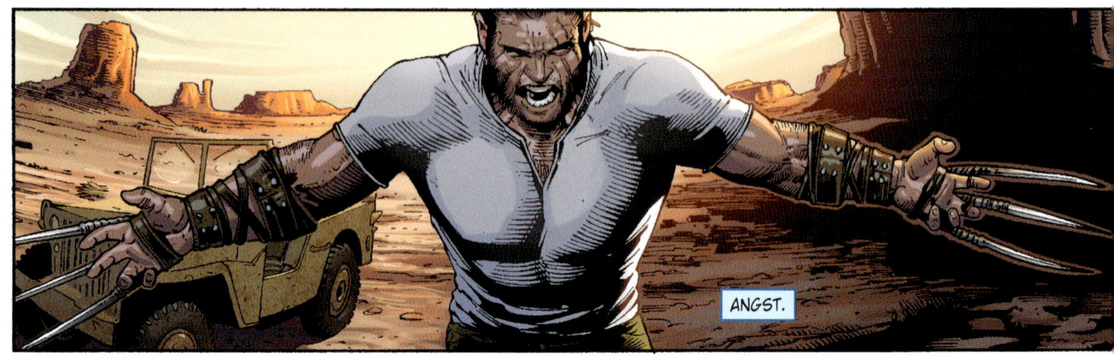
ANGST.
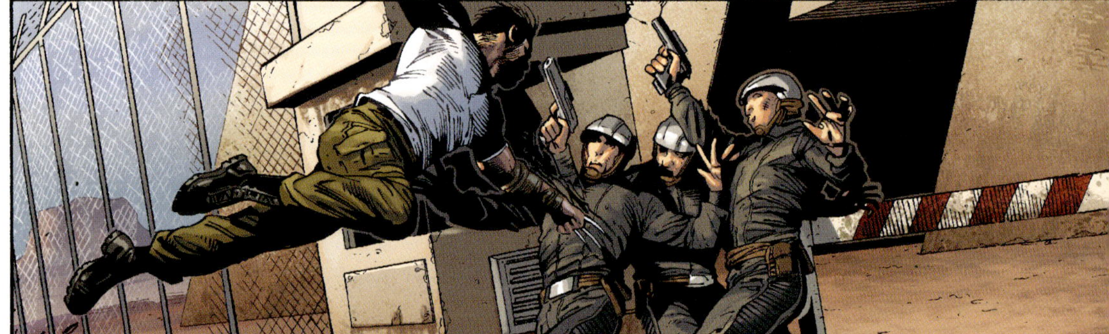
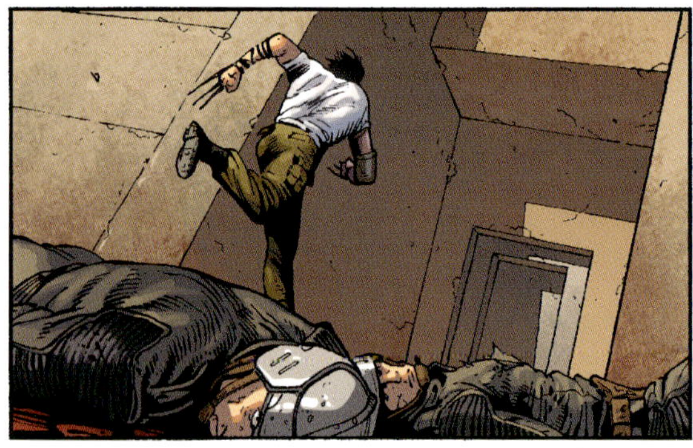
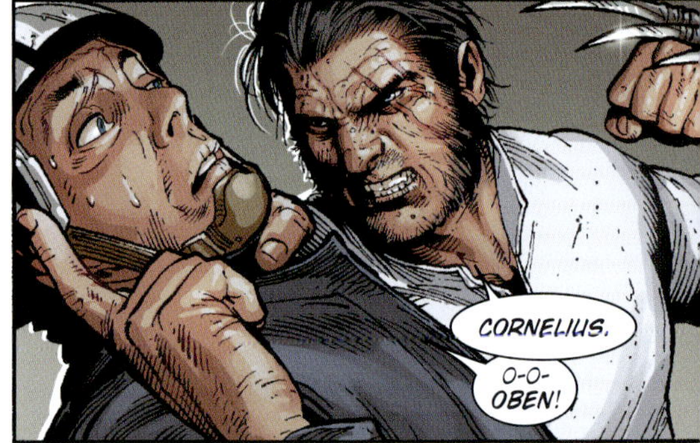
CORNELIUS.
O-O-OBEN!
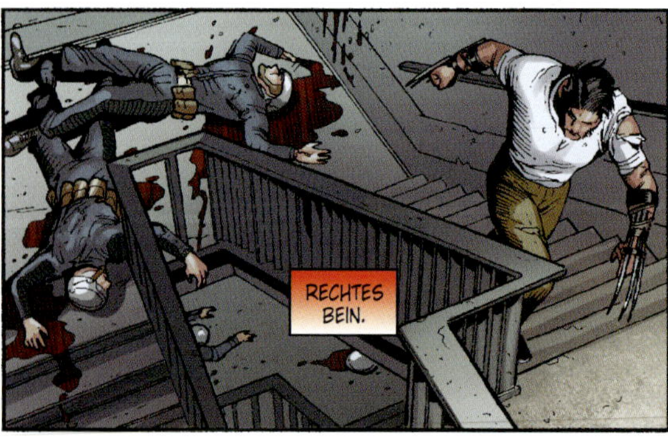
RECHTES BEIN.
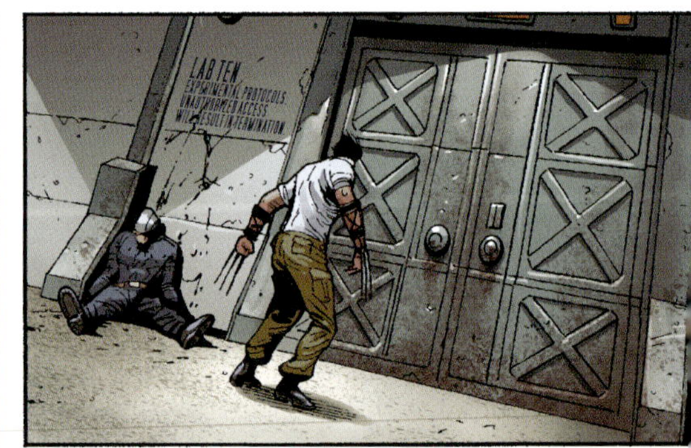
LAB TEN
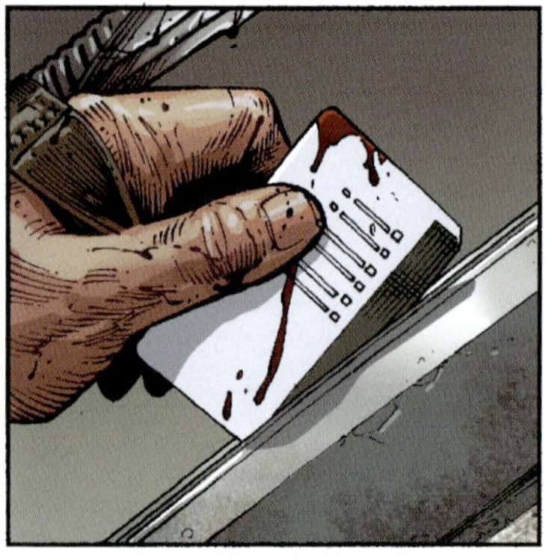
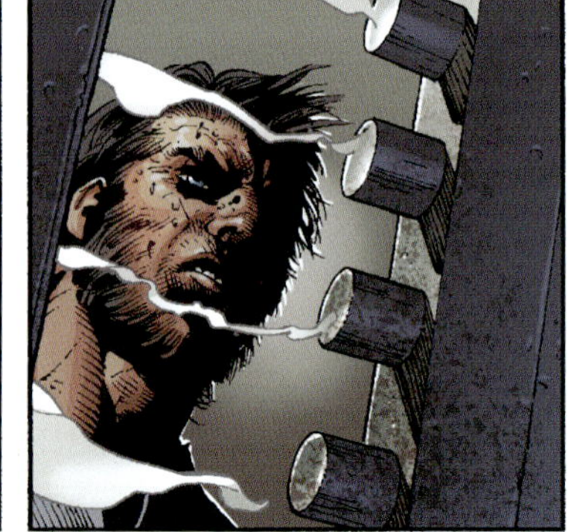
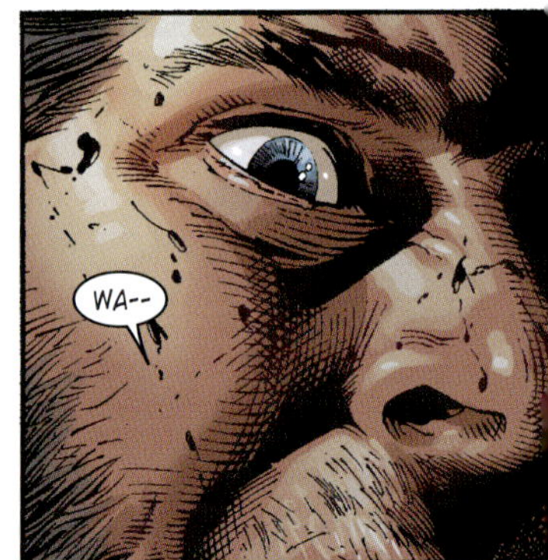
WA--

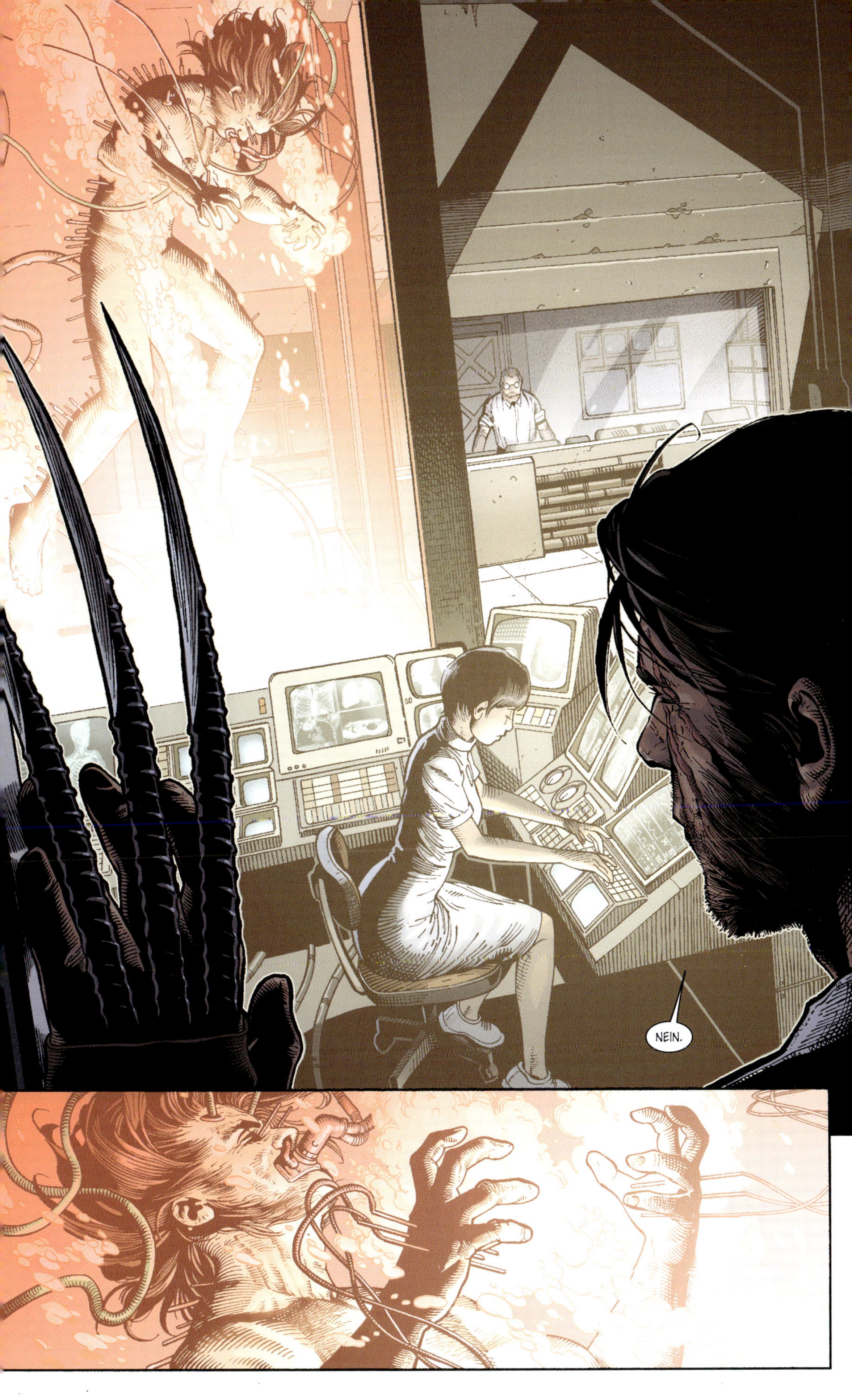
NEIN.

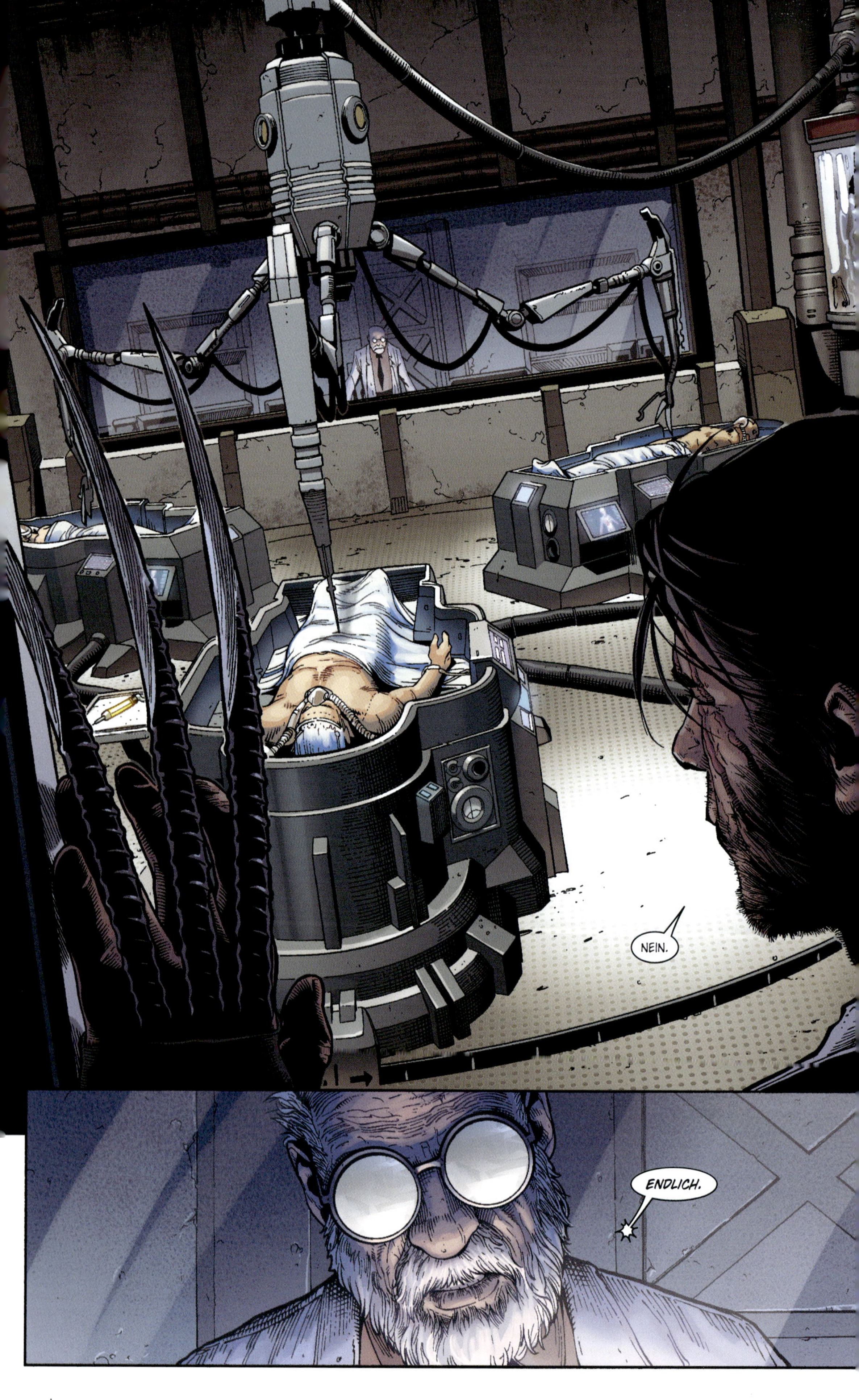
NEIN.
ENDLICH.

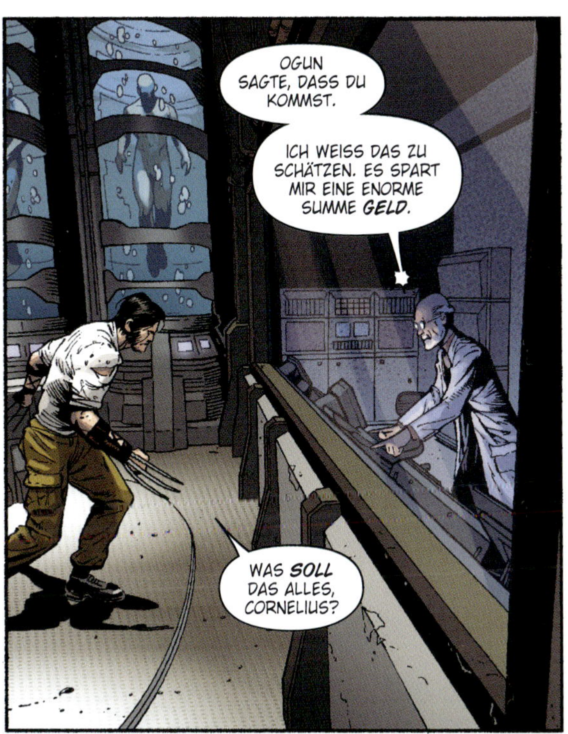
OGUN SAGTE, DASS DU KOMMST.
ICH WEISS DAS ZU SCHÄTZEN. ES SPART MIR EINE ENORME SUMME GELD.
WAS SOLL DAS ALLES, CORNELIUS?

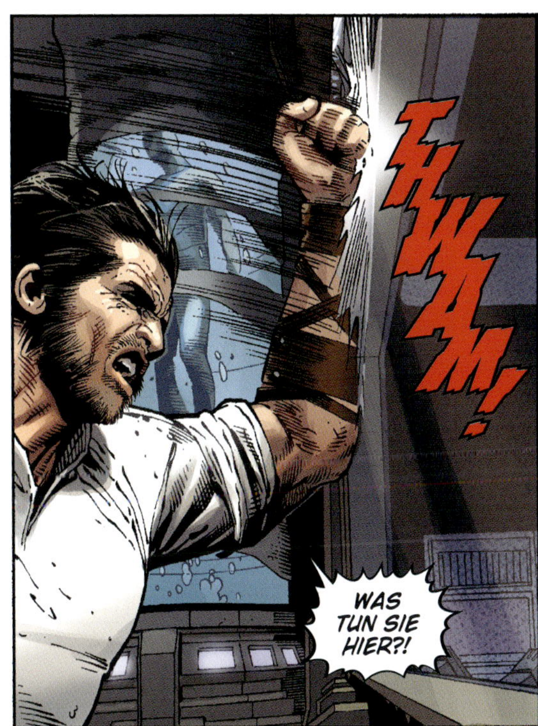
THWAM!
WAS TUN SIE HIER?!

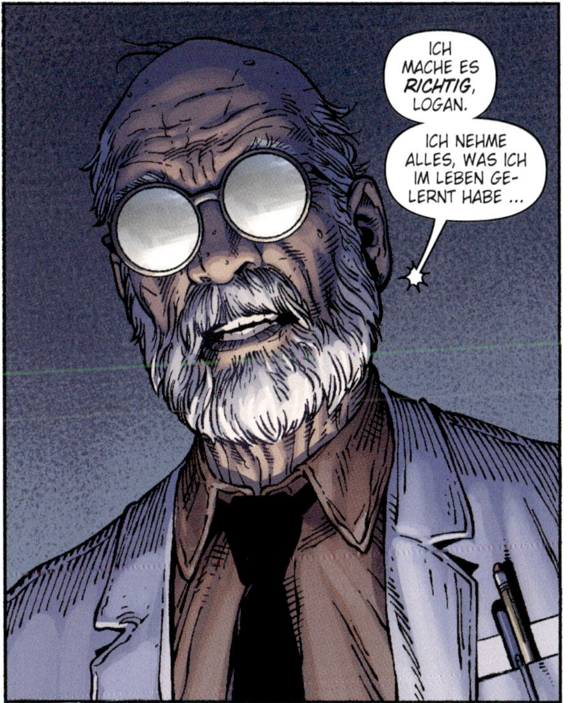
ICH MACHE ES RICHTIG, LOGAN.
ICH NEHME ALLES, WAS ICH IM LEBEN GELERNT HABE ...

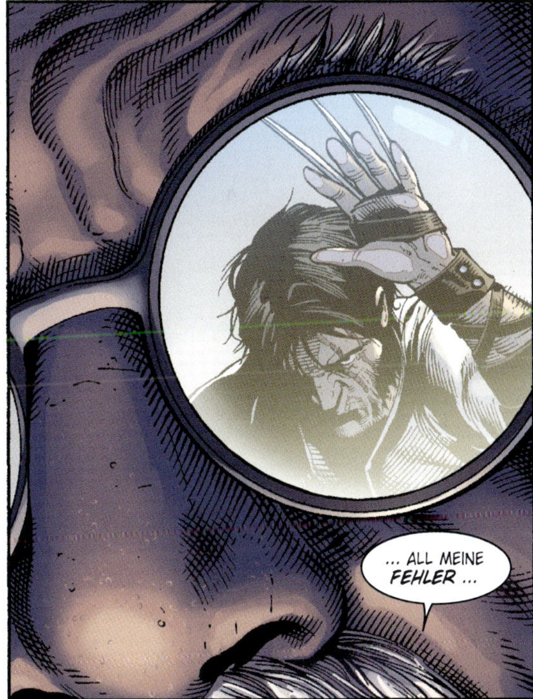
... ALL MEINE FEHLER ...

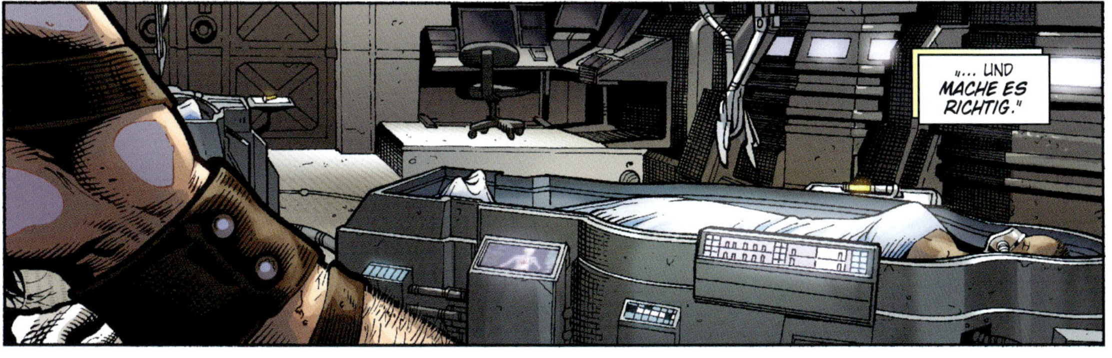
„... UND MACHE ES RICHTIG."

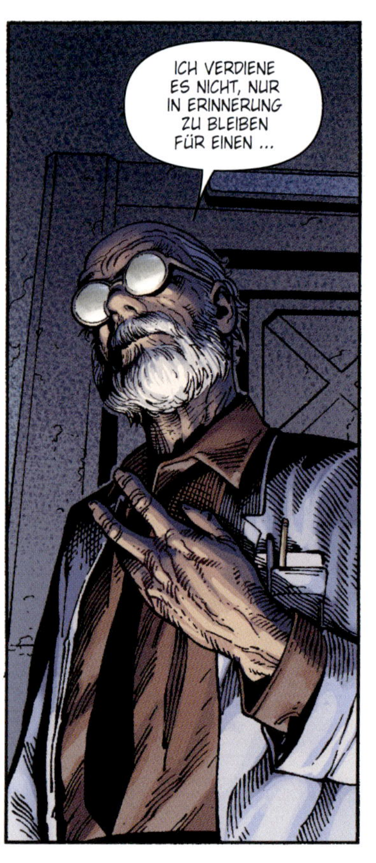
ICH VERDIENE ES NICHT, NUR IN ERINNERUNG ZU BLEIBEN FÜR EINEN ...

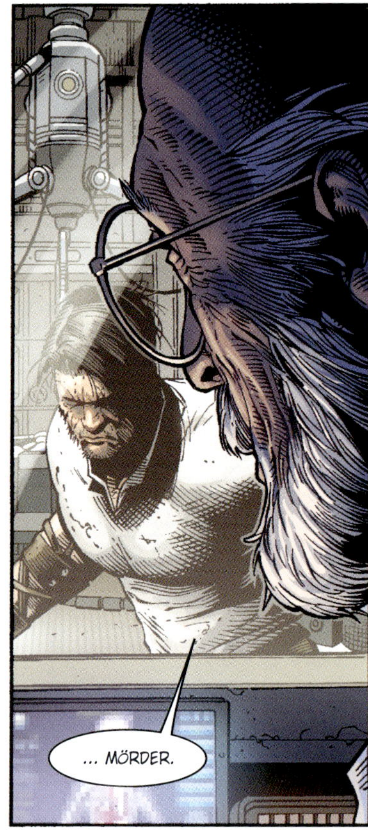
... MÖRDER.

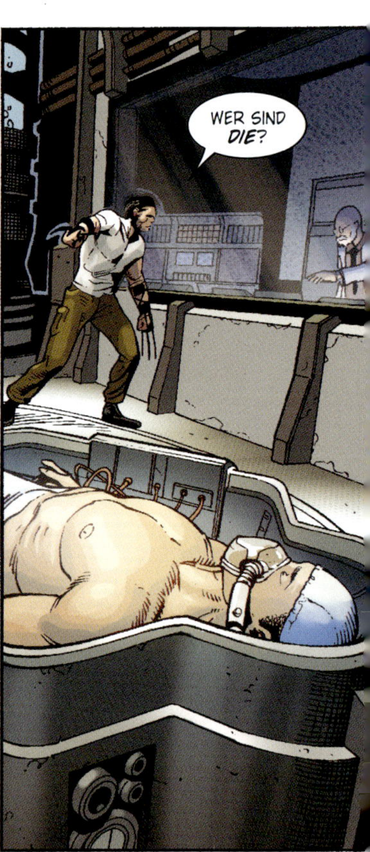
WER SIND DIE?

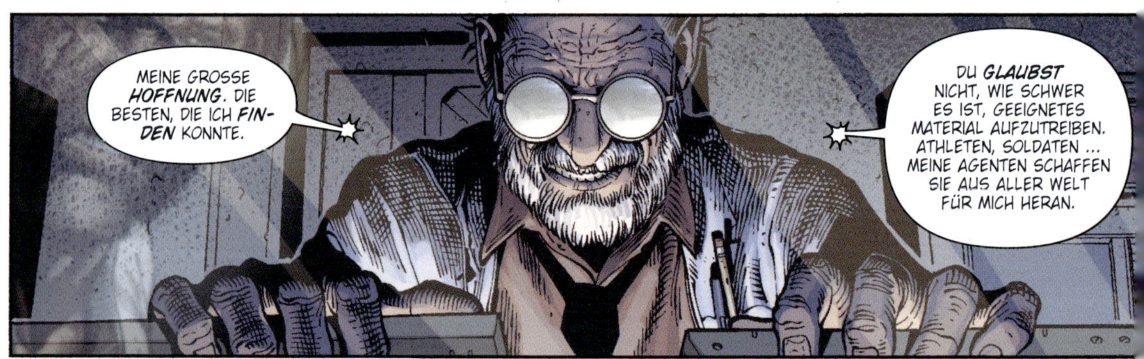
MEINE GROSSE HOFFNUNG. DIE BESTEN, DIE ICH FINDEN KONNTE.
DU GLAUBST NICHT, WIE SCHWER ES IST, GEEIGNETES MATERIAL AUFZUTREIBEN. ATHLETEN, SOLDATEN ... MEINE AGENTEN SCHAFFEN SIE AUS ALLER WELT FÜR MICH HERAN.

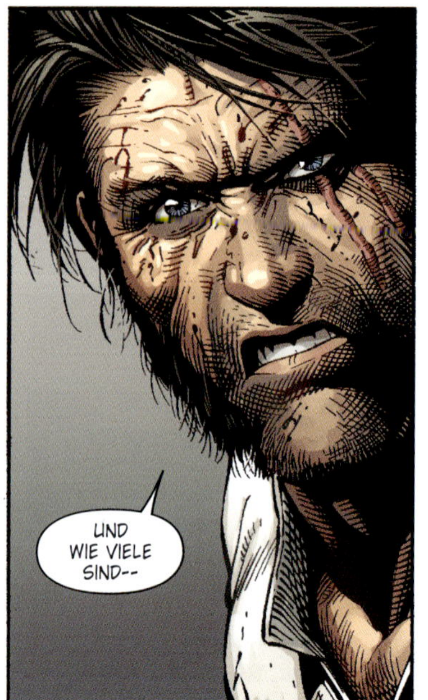
UND WIE VIELE SIND--

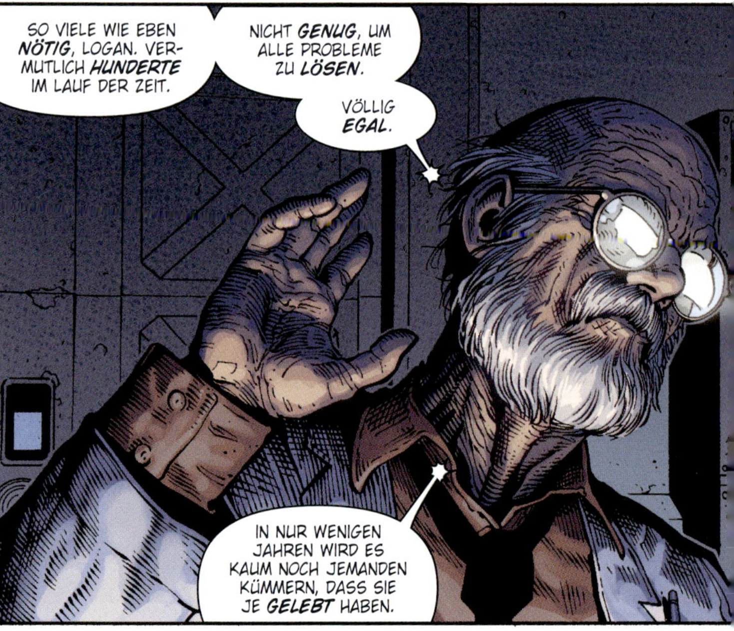
SO VIELE WIE EBEN NÖTIG, LOGAN. VERMUTLICH HUNDERTE IM LAUF DER ZEIT.
NICHT GENUG, UM ALLE PROBLEME ZU LÖSEN.
VÖLLIG EGAL.
IN NUR WENIGEN JAHREN WIRD ES KAUM NOCH JEMANDEN KÜMMERN, DASS SIE JE GELEBT HABEN.

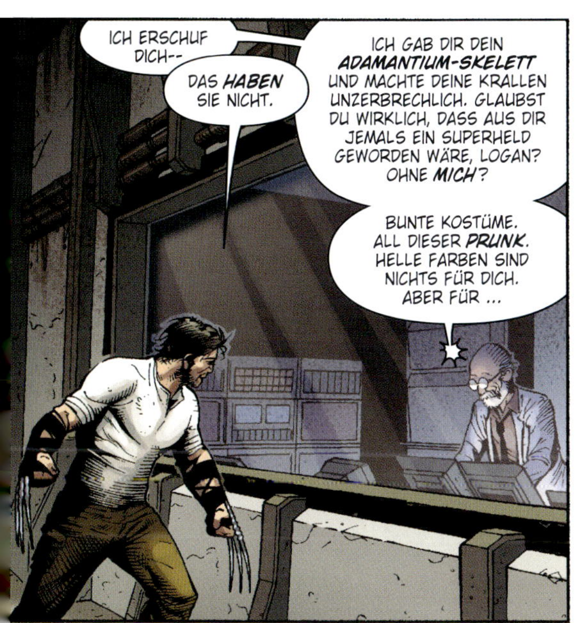
ICH ERSCHUF DICH--
DAS HABEN SIE NICHT.
ICH GAB DIR DEIN ADAMANTIUM-SKELETT UND MACHTE DEINE KRALLEN UNZERBRECHLICH. GLAUBST DU WIRKLICH, DASS AUS DIR JEMALS EIN SUPERHELD GEWORDEN WÄRE, LOGAN? OHNE MICH?
BUNTE KOSTÜME. ALL DIESER PRUNK. HELLE FARBEN SIND NICHTS FÜR DICH. ABER FÜR ...

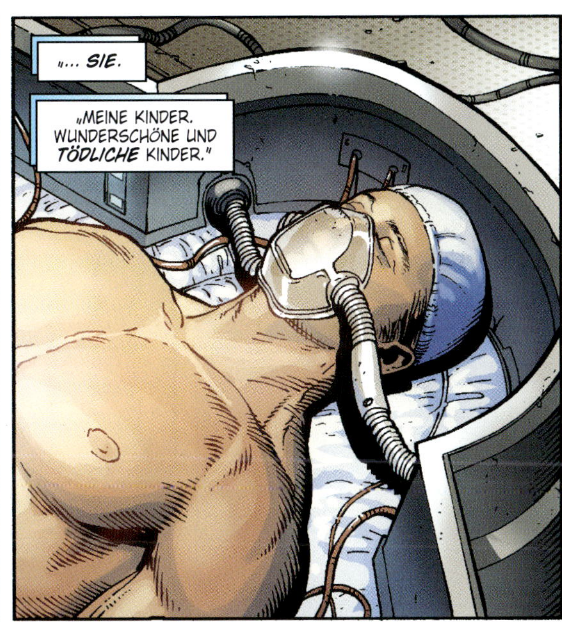
„... SIE.
„MEINE KINDER. WUNDERSCHÖNE UND TÖDLICHE KINDER."

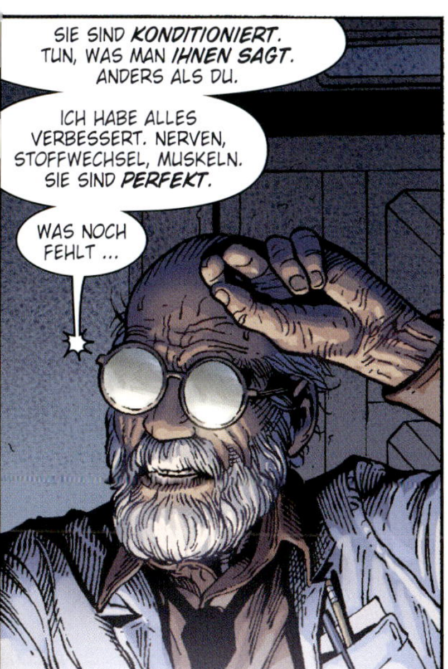
SIE SIND KONDITIONIERT. TUN, WAS MAN IHNEN SAGT. ANDERS ALS DU.
ICH HABE ALLES VERBESSERT. NERVEN, STOFFWECHSEL, MUSKELN. SIE SIND PERFEKT.
WAS NOCH FEHLT ...

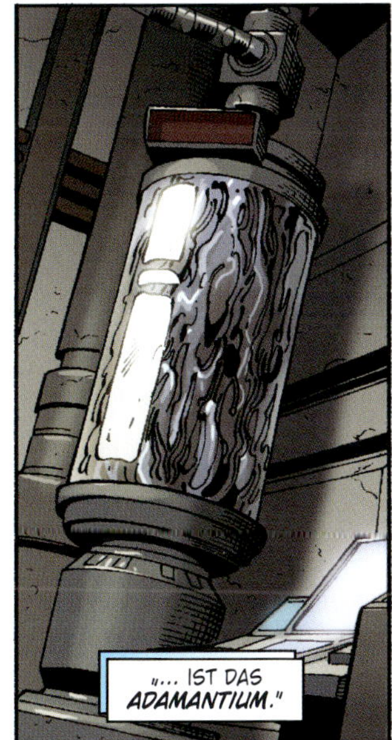
„... IST DAS ADAMANTIUM."

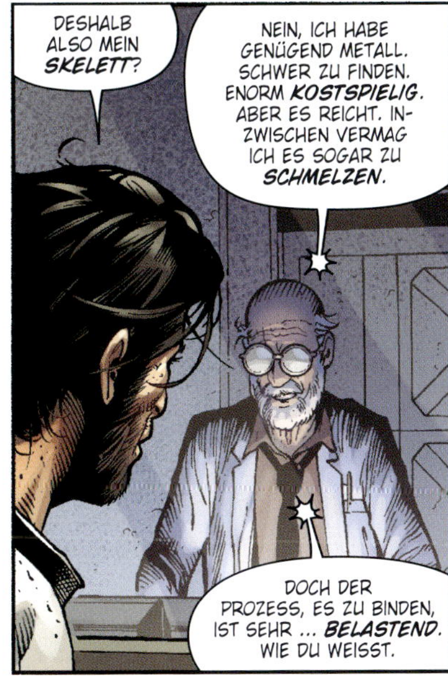
DESHALB ALSO MEIN SKELETT?
NEIN, ICH HABE GENÜGEND METALL. SCHWER ZU FINDEN. ENORM KOSTSPIELIG. ABER ES REICHT. INZWISCHEN VERMAG ICH ES SOGAR ZU SCHMELZEN.
DOCH DER PROZESS, ES ZU BINDEN, IST SEHR ... BELASTEND. WIE DU WEISST.

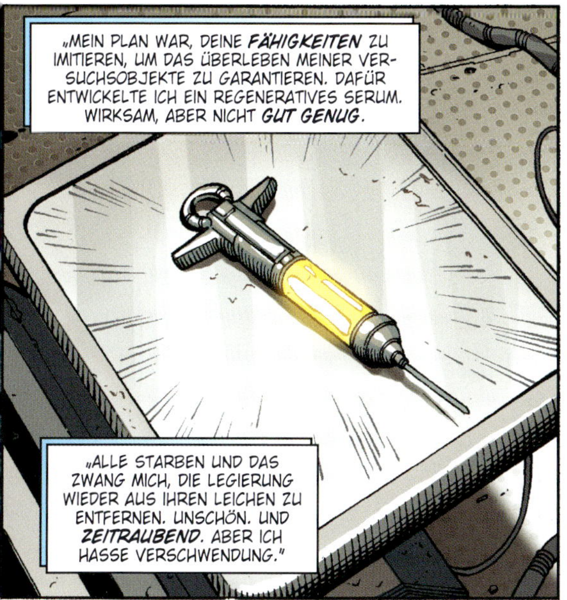
„MEIN PLAN WAR, DEINE FÄHIGKEITEN ZU IMITIEREN, UM DAS ÜBERLEBEN MEINER VERSUCHSOBJEKTE ZU GARANTIEREN. DAFÜR ENTWICKELTE ICH EIN REGENERATIVES SERUM. WIRKSAM, ABER NICHT GUT GENUG.
„ALLE STARBEN UND DAS ZWANG MICH, DIE LEGIERUNG WIEDER AUS IHREN LEICHEN ZU ENTFERNEN. UNSCHÖN. UND ZEITRAUBEND. ABER ICH HASSE VERSCHWENDUNG."

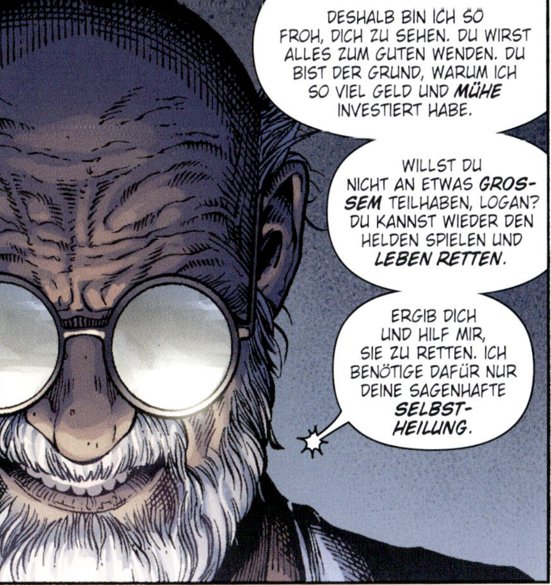
DESHALB BIN ICH SO FROH, DICH ZU SEHEN. DU WIRST ALLES ZUM GUTEN WENDEN. DU BIST DER GRUND, WARUM ICH SO VIEL GELD UND MÜHE INVESTIERT HABE.
WILLST DU NICHT AN ETWAS GROSSEM TEILHABEN, LOGAN? DU KANNST WIEDER DEN HELDEN SPIELEN UND LEBEN RETTEN.
ERGIB DICH UND HILF MIR, SIE ZU RETTEN. ICH BENÖTIGE DAFÜR NUR DEINE SAGENHAFTE SELBSTHEILUNG.

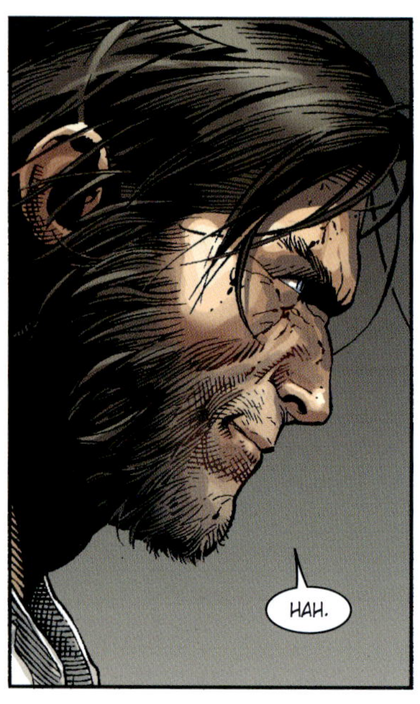
HAH.
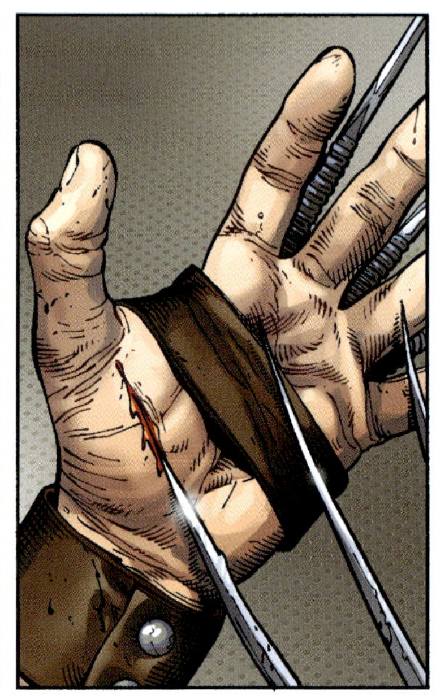
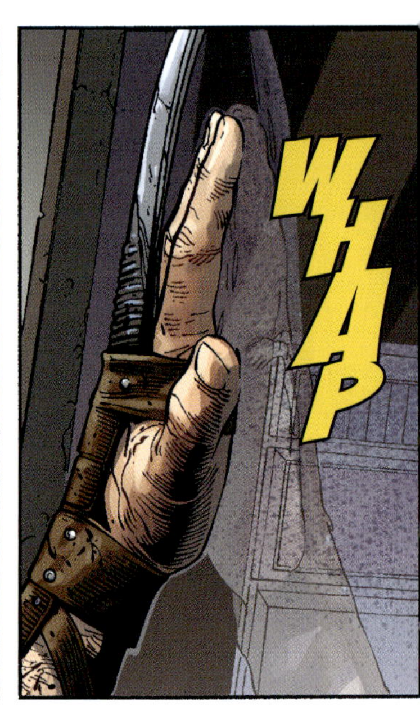
WHAP
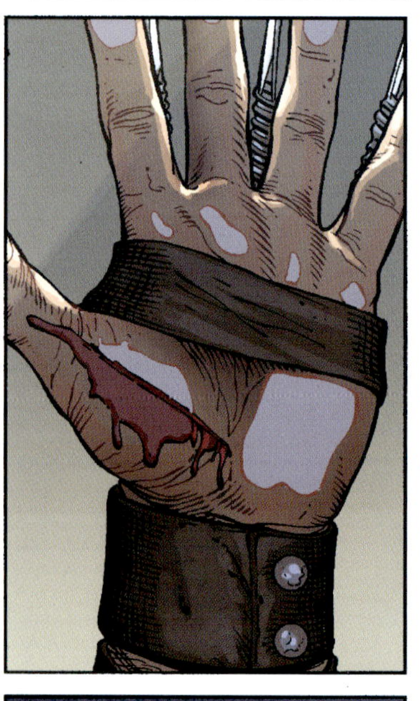
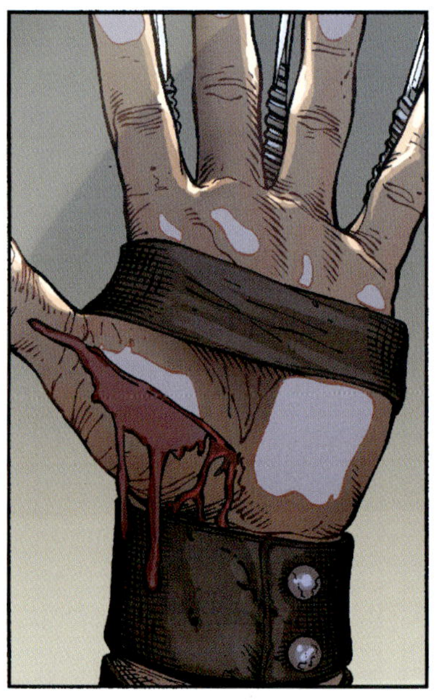
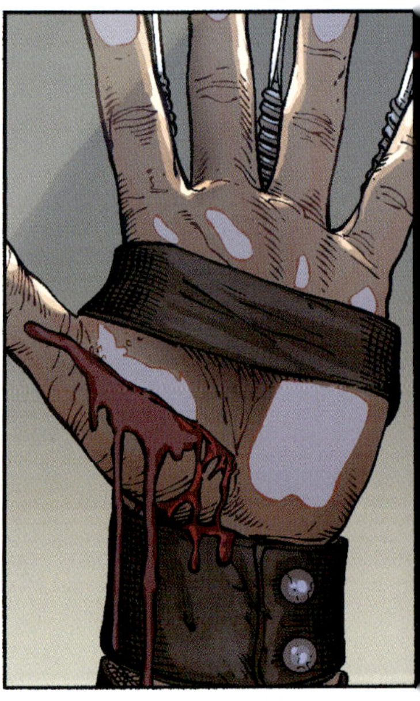
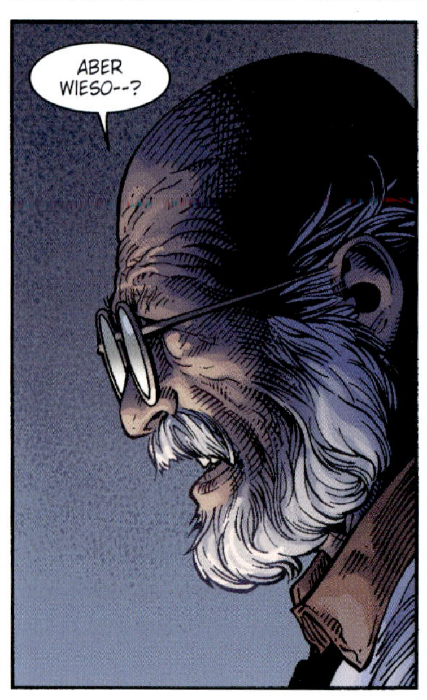
ABER WIESO--?
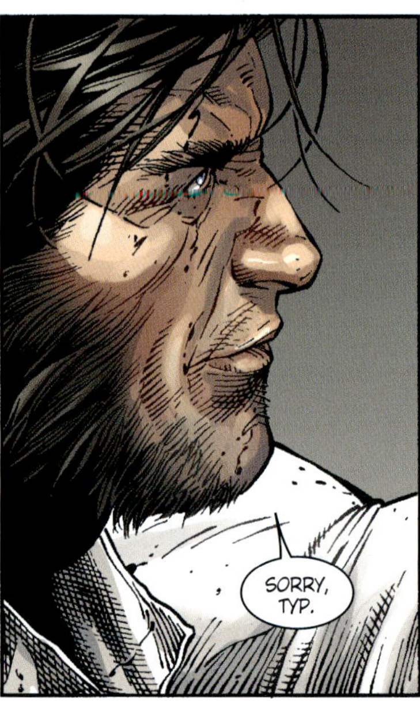
SORRY, TYP.
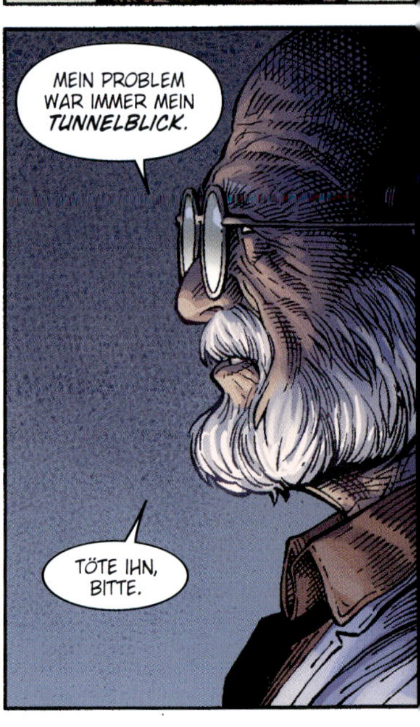
MEIN PROBLEM WAR IMMER MEIN *TUNNELBLICK*.
TÖTE IHN, BITTE.

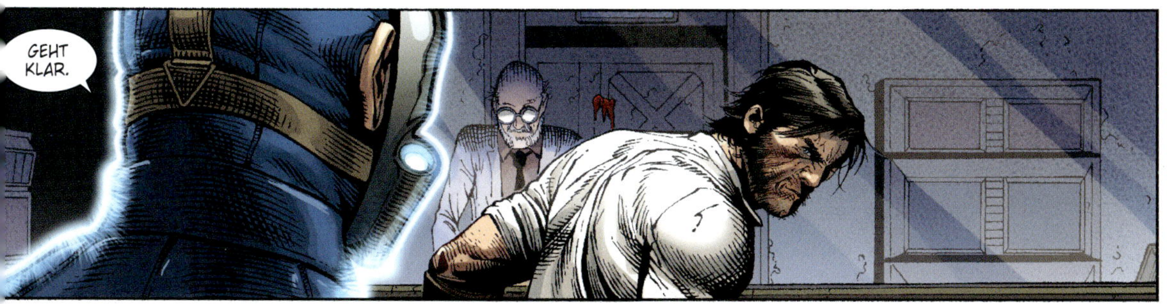

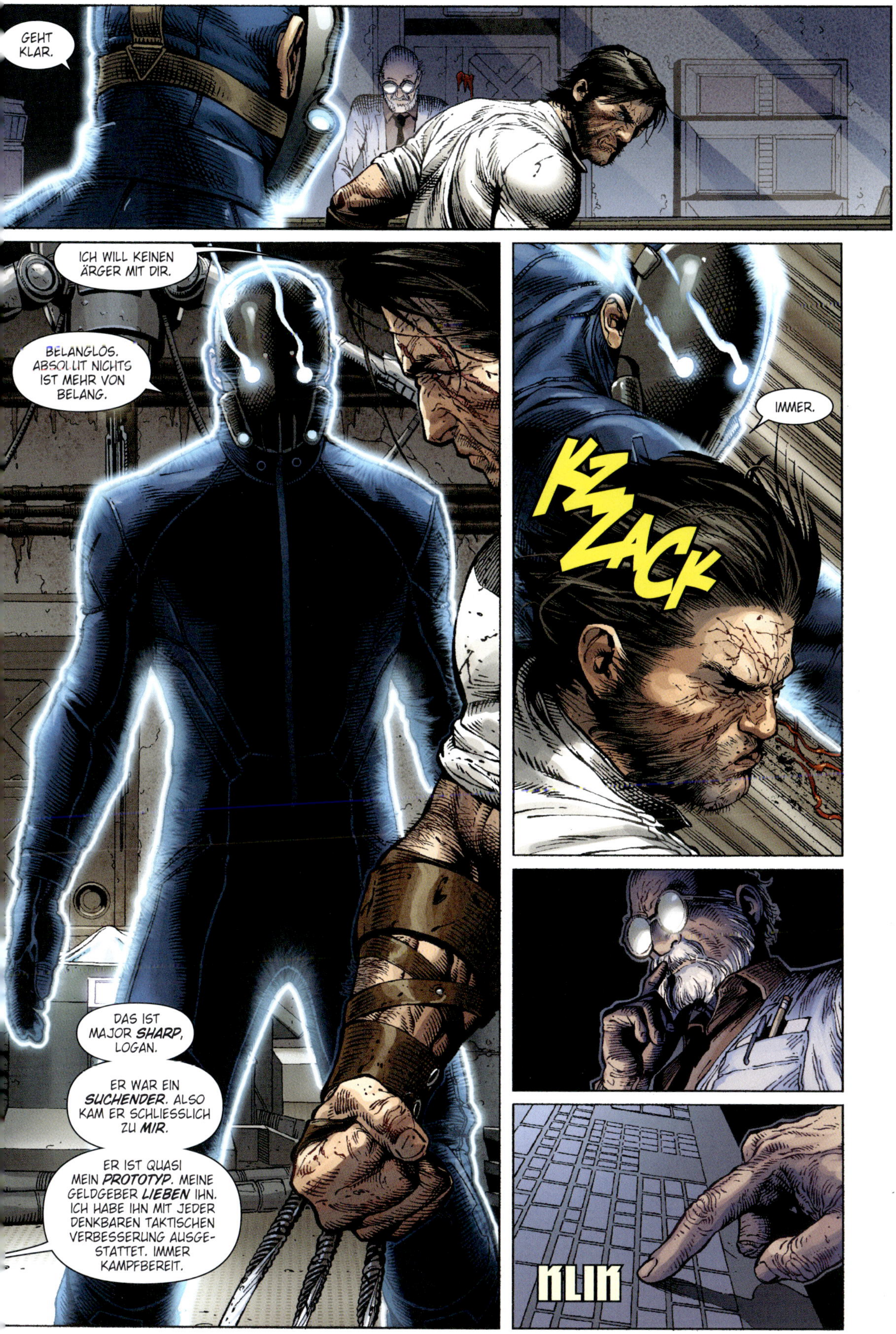

ICH WILL KEINEN ÄRGER MIT DIR.

BELANGLOS. ABSOLUT NICHTS IST MEHR VON BELANG.

DAS IST MAJOR **SHARP**, LOGAN.

ER WAR EIN **SUCHENDER**. ALSO KAM ER SCHLIESSLICH ZU **MIR**.

ER IST QUASI MEIN **PROTOTYP**. MEINE GELDGEBER **LIEBEN** IHN. ICH HABE IHN MIT JEDER DENKBAREN TAKTISCHEN VERBESSERUNG AUSGE-STATTET. IMMER KAMPFBEREIT.

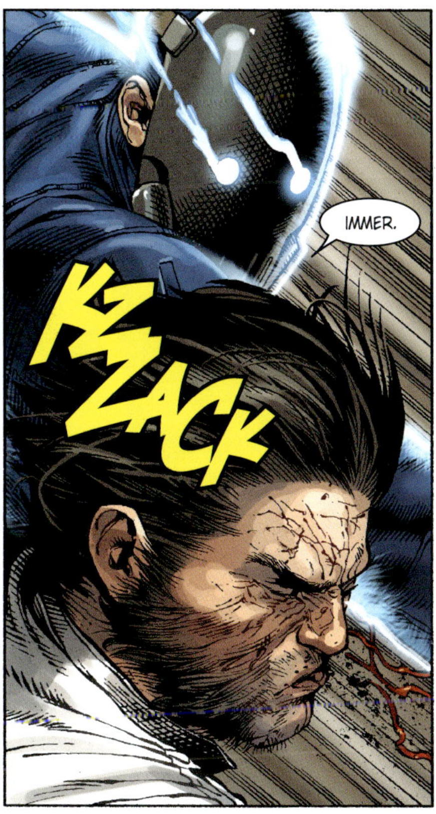

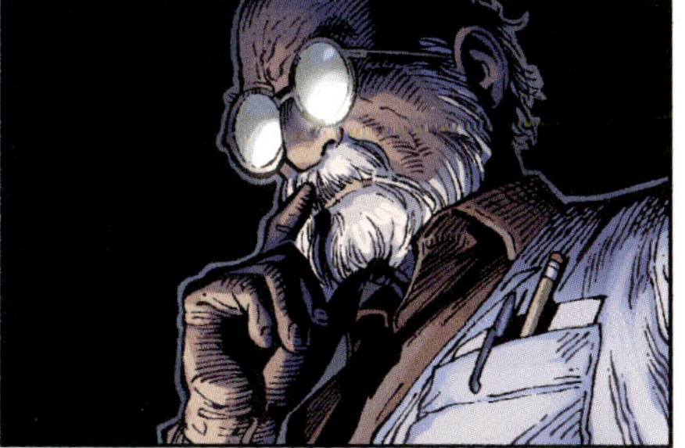

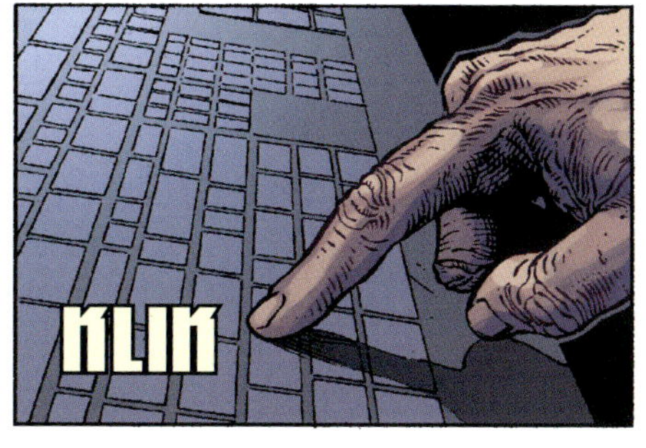

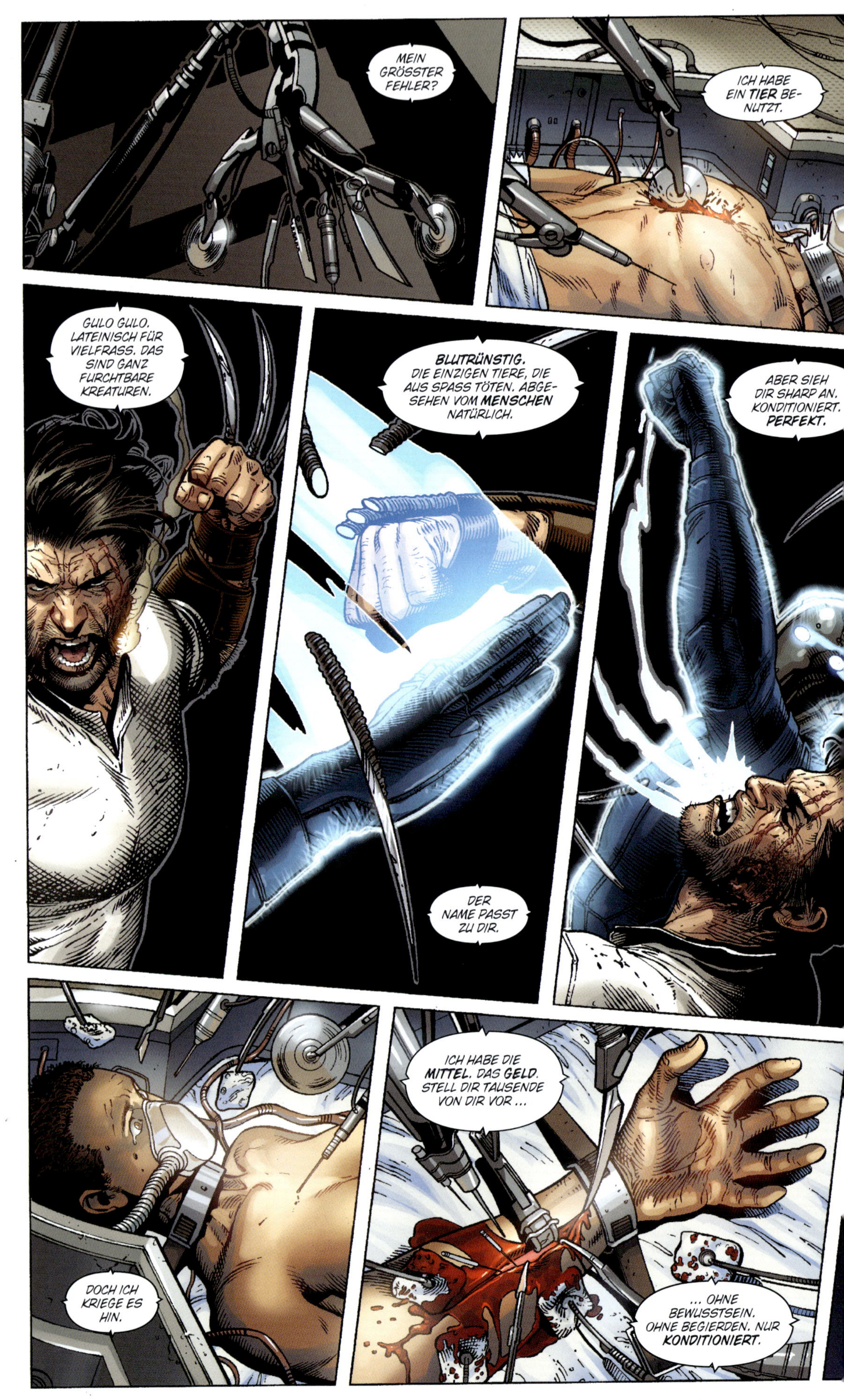
MEIN GRÖSSTER FEHLER?
ICH HABE EIN TIER BENUTZT.
GULO GULO. LATEINISCH FÜR VIELFRASS. DAS SIND GANZ FURCHTBARE KREATUREN.
BLUTRÜNSTIG. DIE EINZIGEN TIERE, DIE AUS SPASS TÖTEN. ABGESEHEN VOM MENSCHEN NATÜRLICH.
DER NAME PASST ZU DIR.
ABER SIEH DIR SHARP AN. KONDITIONIERT. PERFEKT.
DOCH ICH KRIEGE ES HIN.
ICH HABE DIE MITTEL. DAS GELD. STELL DIR TAUSENDE VON DIR VOR ...
... OHNE BEWUSSTSEIN. OHNE BEGIERDEN. NUR KONDITIONIERT.

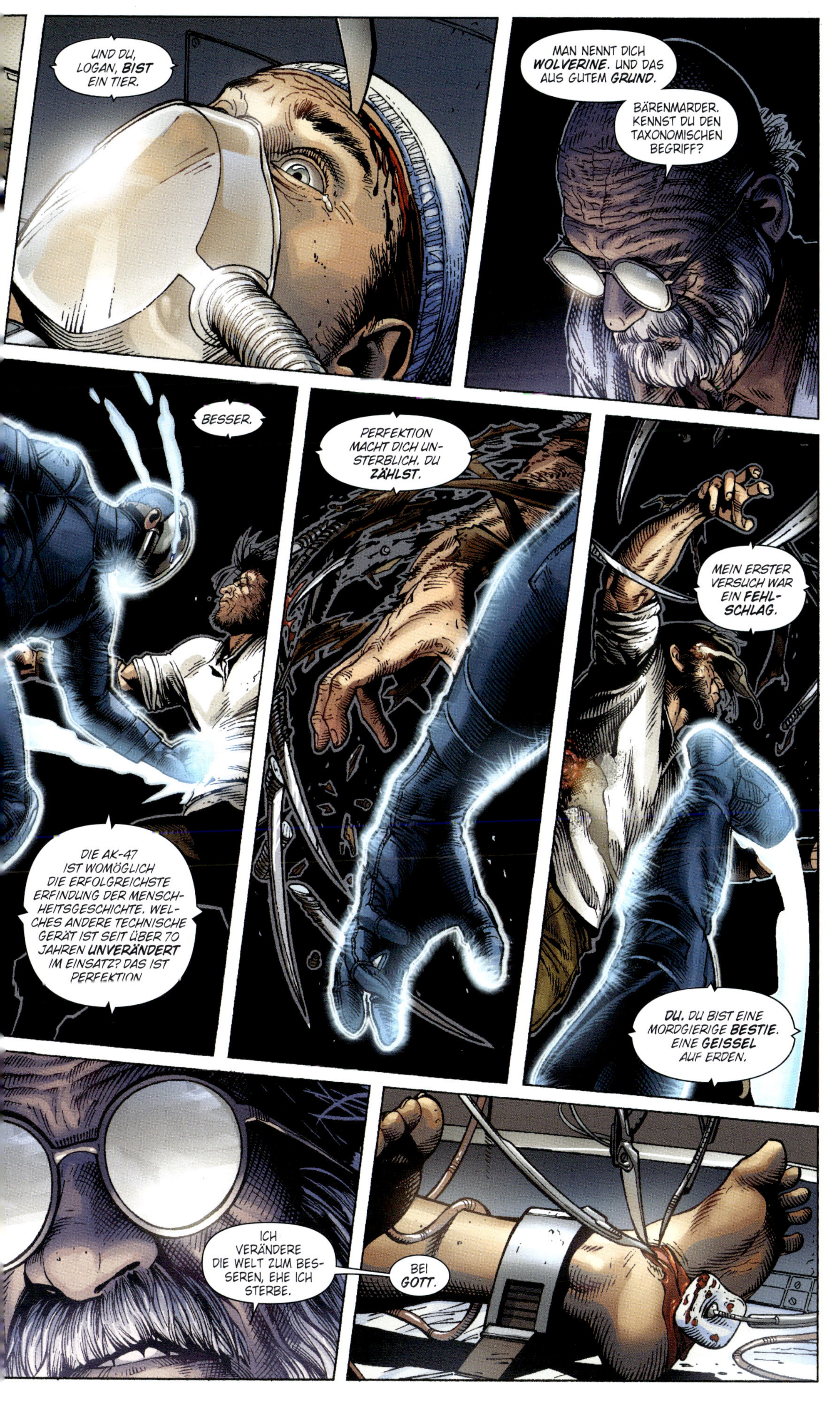
UND DU, LOGAN, BIST EIN TIER.
MAN NENNT DICH WOLVERINE. UND DAS AUS GUTEM GRUND.
BÄRENMARDER. KENNST DU DEN TAXONOMISCHEN BEGRIFF?
BESSER.
DIE AK-47 IST WOMÖGLICH DIE ERFOLGREICHSTE ERFINDUNG DER MENSCHHEITSGESCHICHTE. WELCHES ANDERE TECHNISCHE GERÄT IST SEIT ÜBER 70 JAHREN UNVERÄNDERT IM EINSATZ? DAS IST PERFEKTION
PERFEKTION MACHT DICH UNSTERBLICH. DU ZÄHLST.
MEIN ERSTER VERSUCH WAR EIN FEHLSCHLAG.
DU. DU BIST EINE MORDGIERIGE BESTIE. EINE GEISSEL AUF ERDEN.
ICH VERÄNDERE DIE WELT ZUM BESSEREN, EHE ICH STERBE.
BEI GOTT.

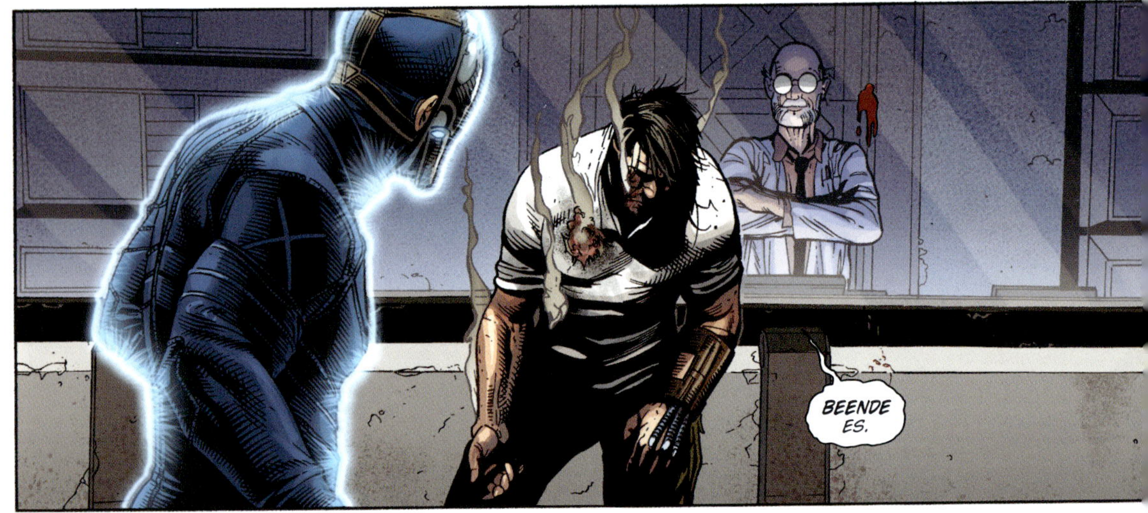
BEENDE ES.

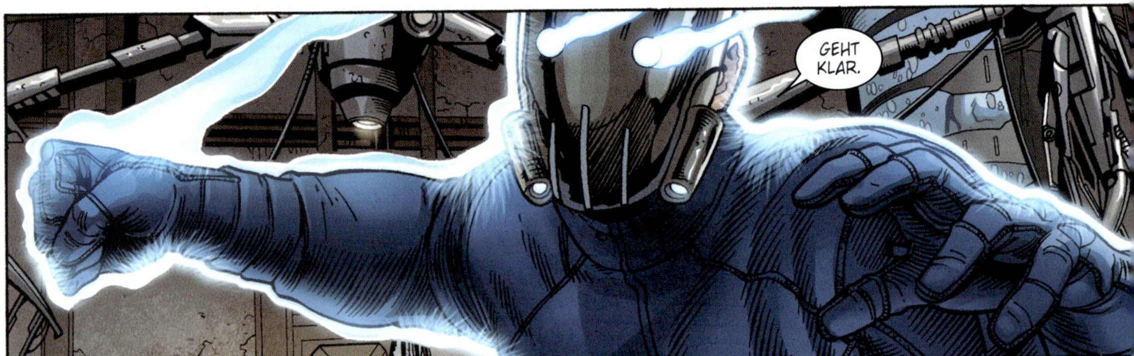
GEHT KLAR.

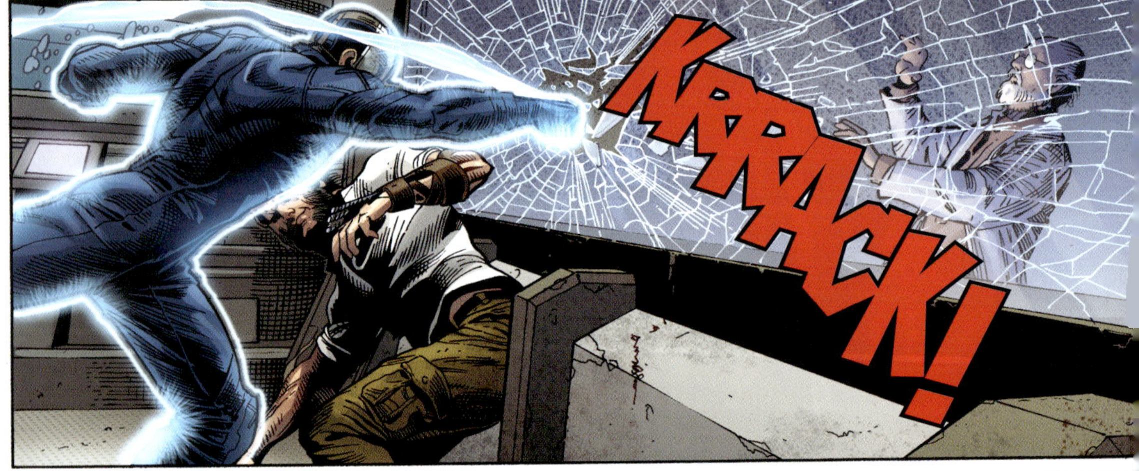
KRRACK!

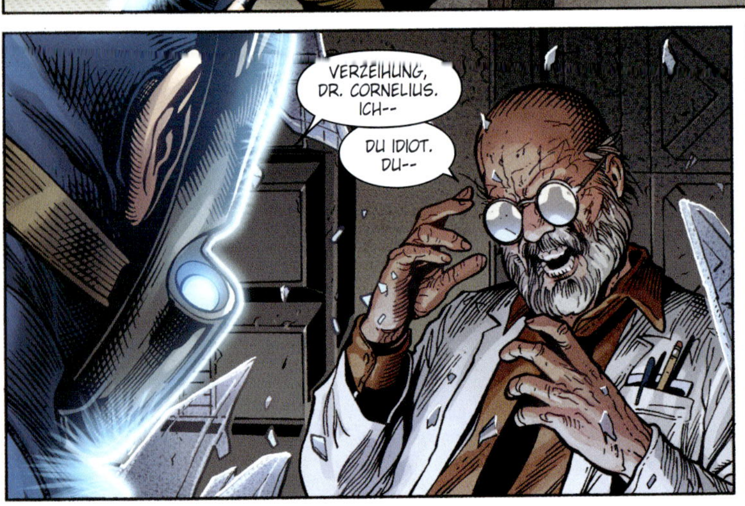
VERZEIHUNG, DR. CORNELIUS. ICH--
DU IDIOT. DU--

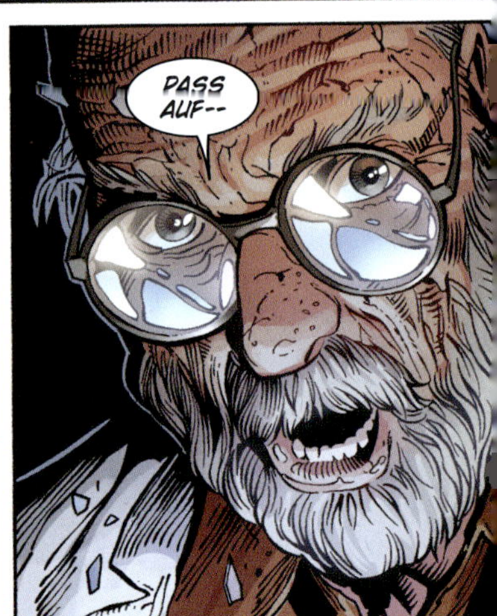
PASS AUF--

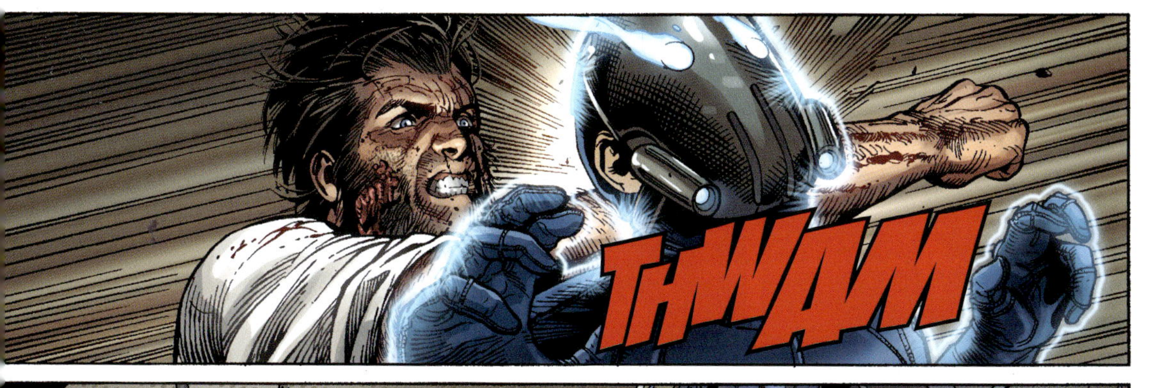
THWAM

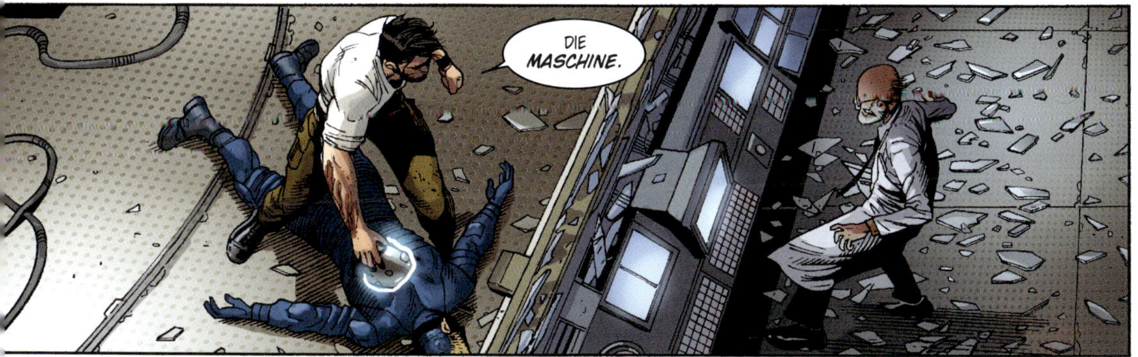
DIE MASCHINE.

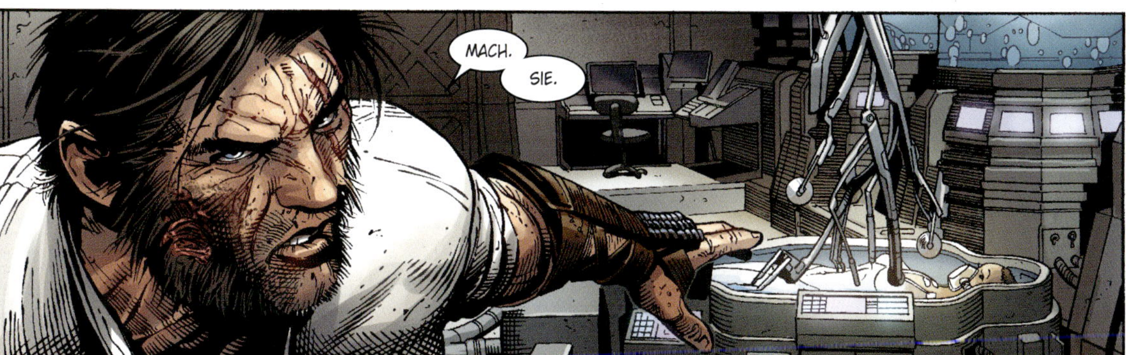
MACH.
SIE.

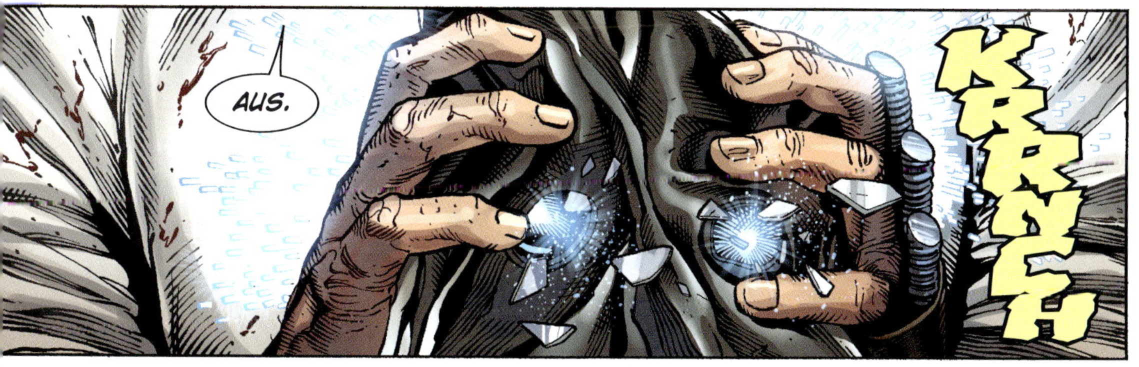
AUS.
KRRNCH

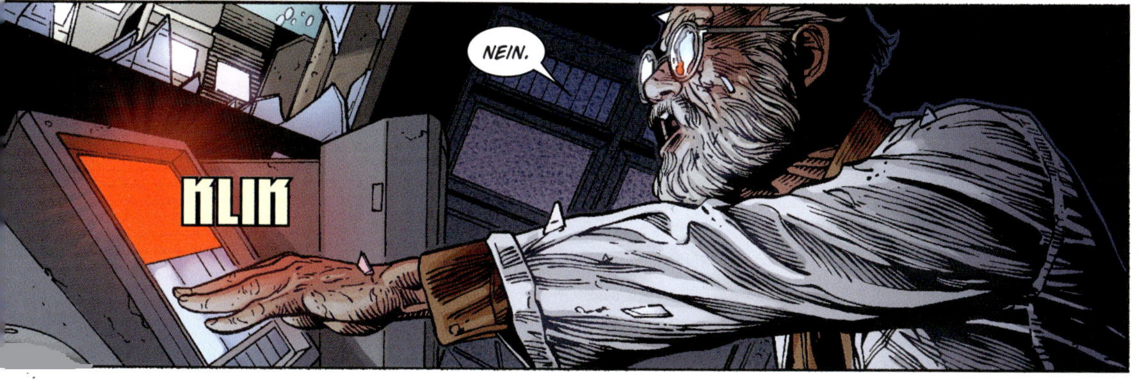
NEIN.
KLIK

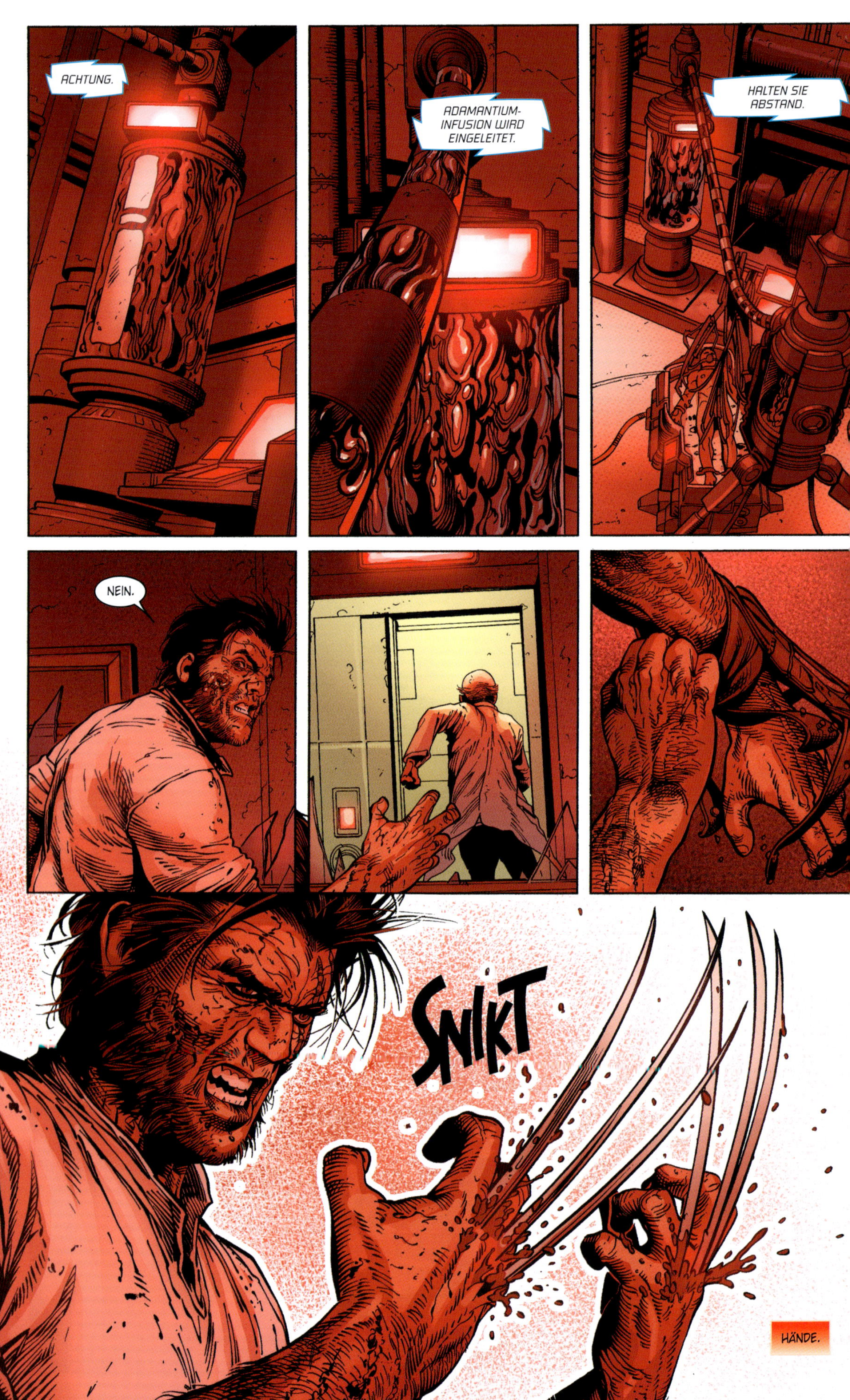
ACHTUNG.
ADAMANTIUM-INFUSION WIRD EINGELEITET.
HALTEN SIE ABSTAND.
NEIN.
SNIKT
HÄNDE.

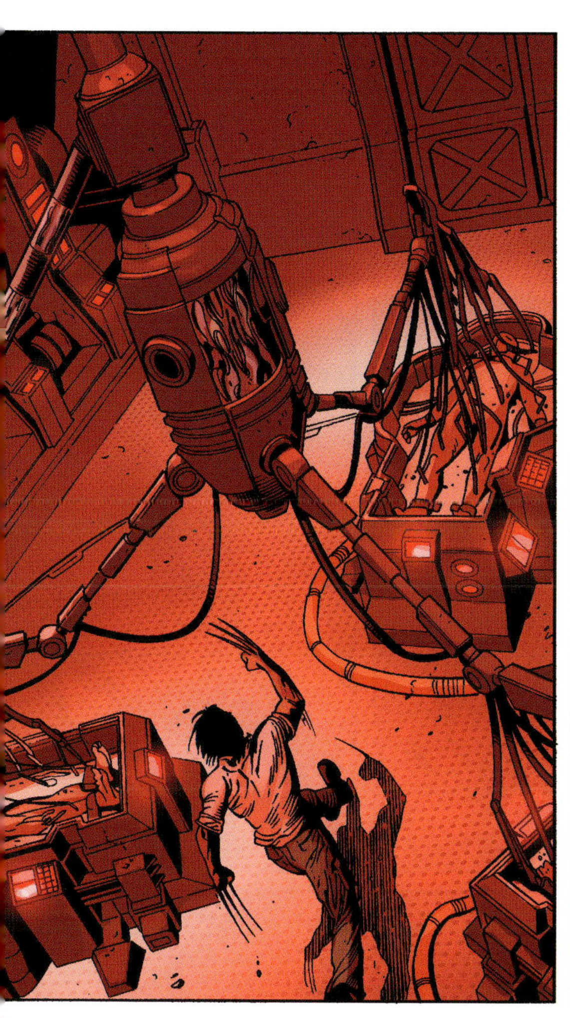

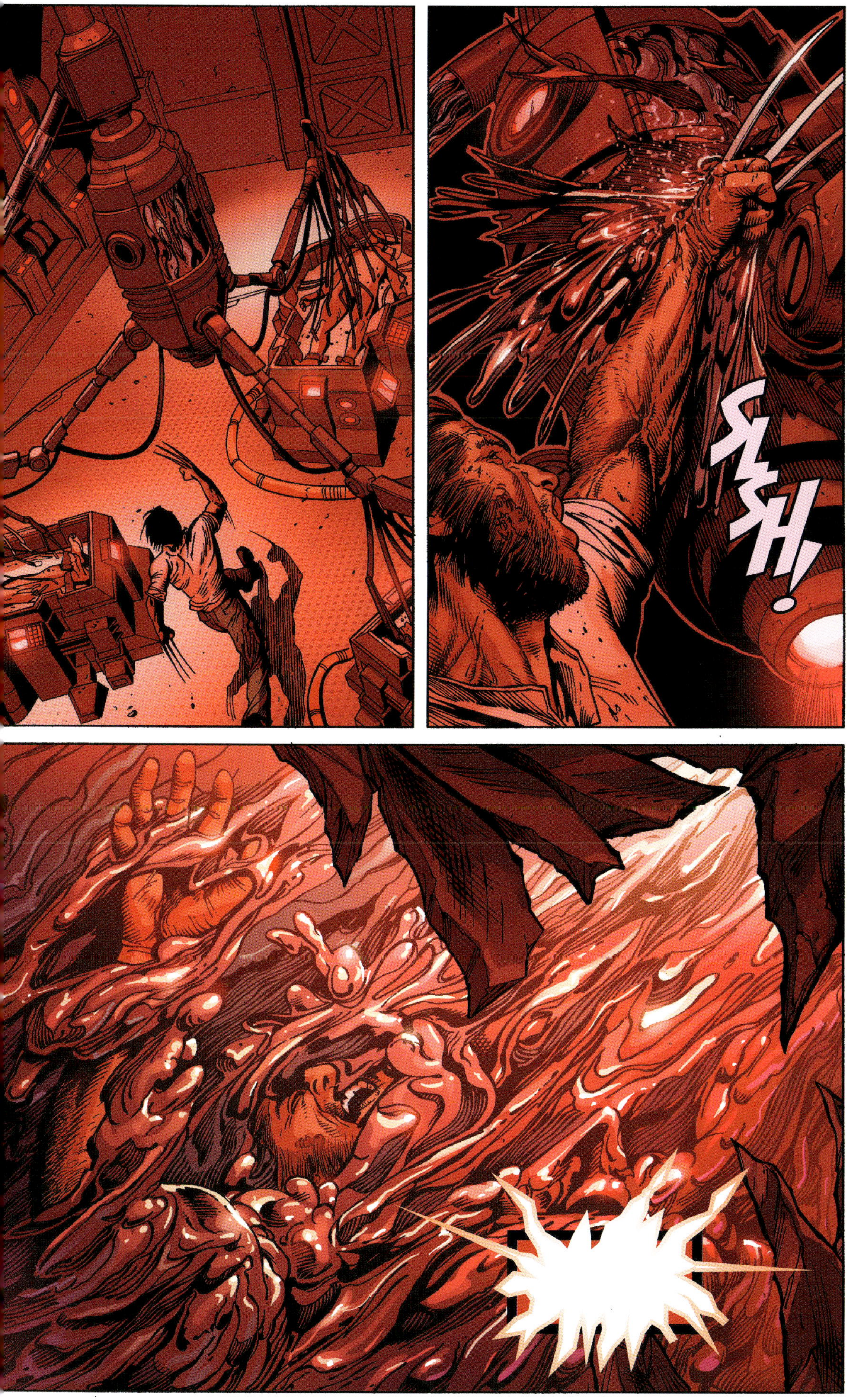

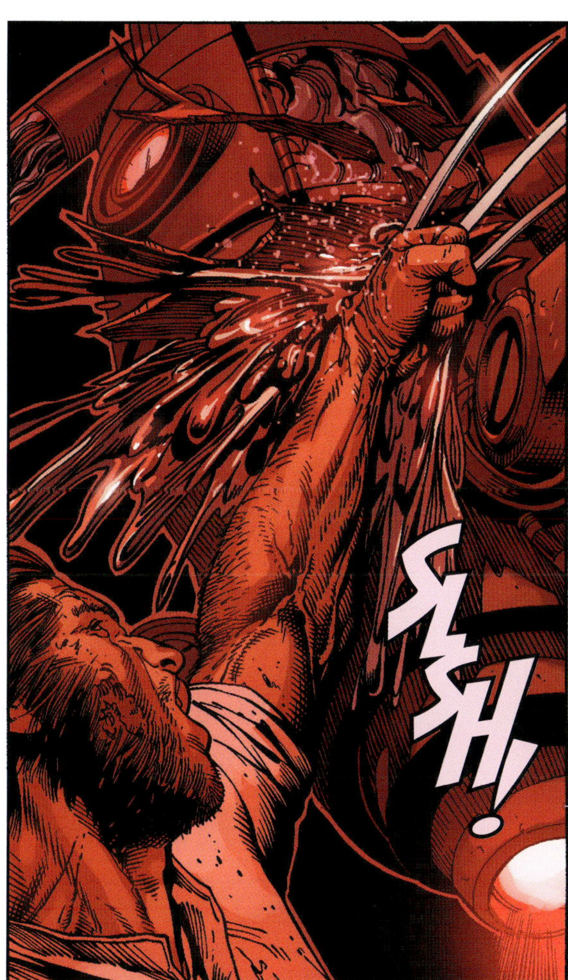

SLSH!

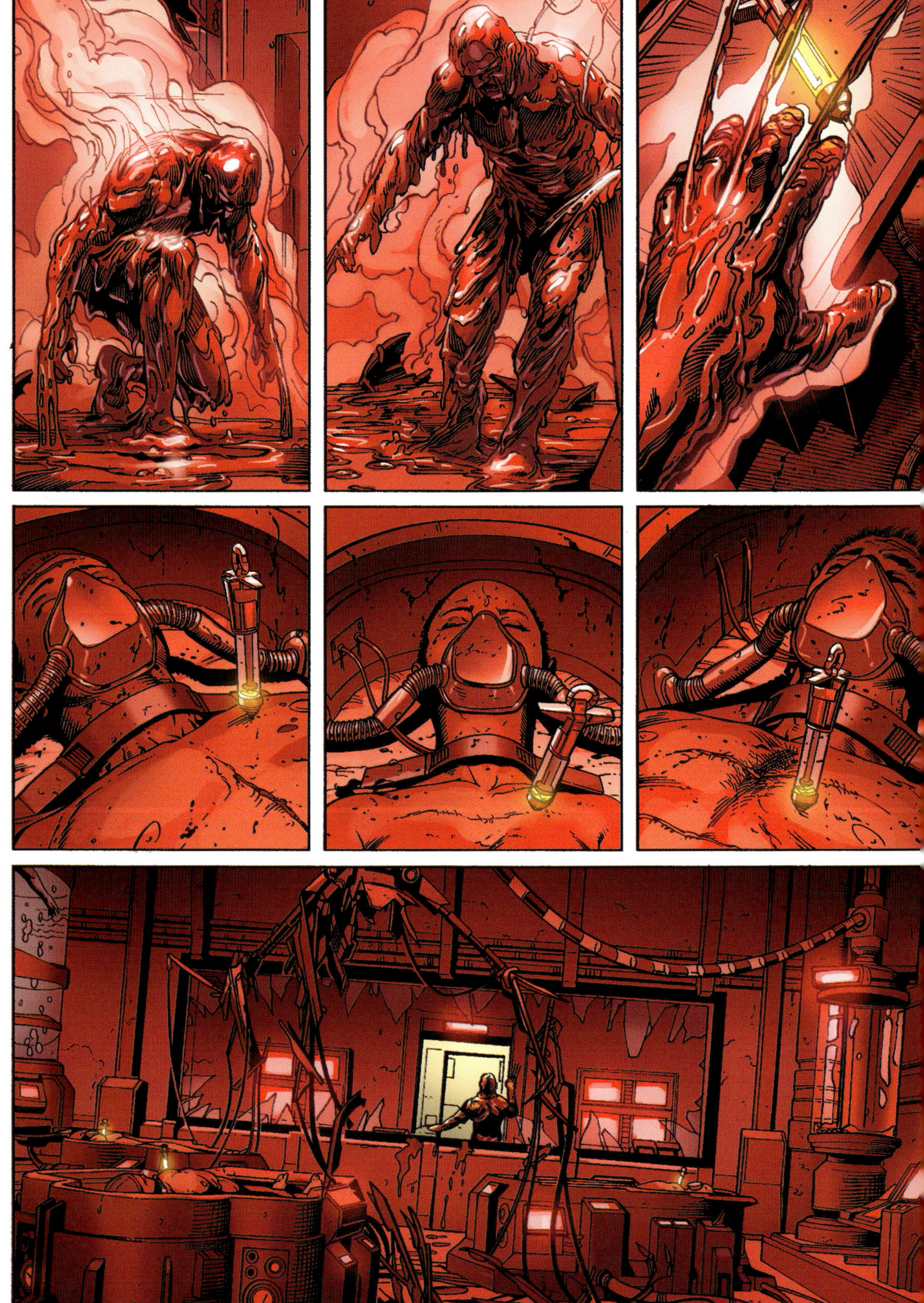

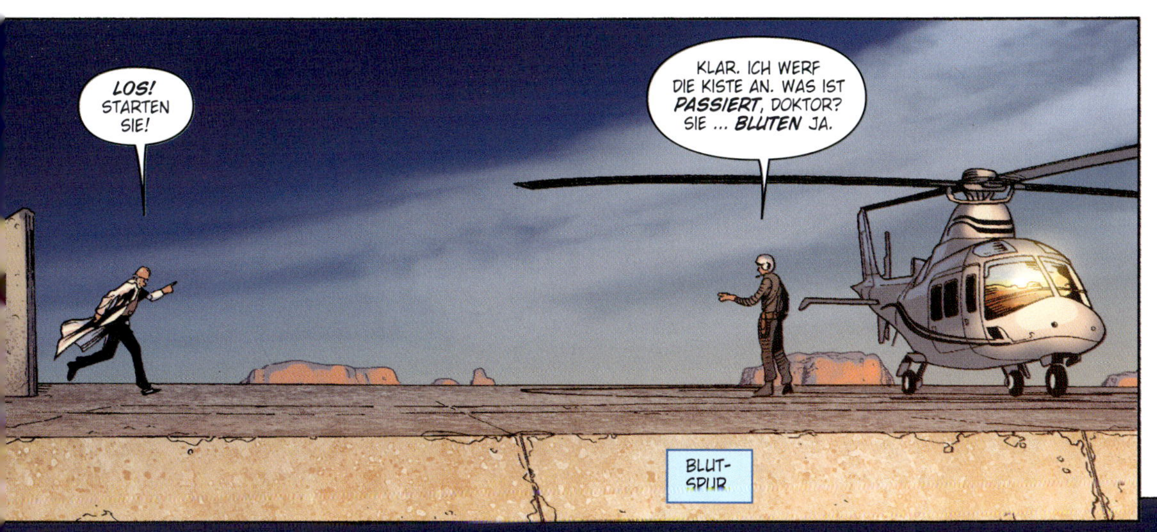
LOS! STARTEN SIE!
KLAR. ICH WERF DIE KISTE AN. WAS IST PASSIERT, DOKTOR? SIE ... BLUTEN JA.
BLUT-SPUR

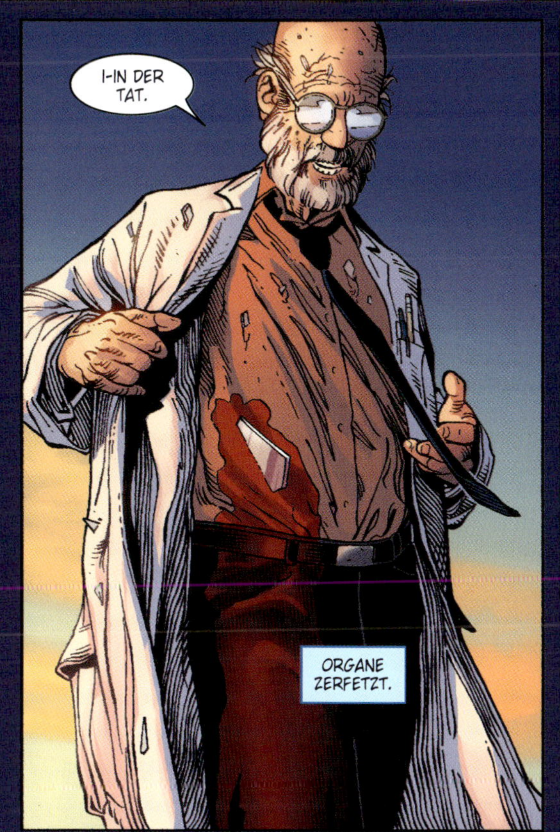
I-IN DER TAT.
ORGANE ZERFETZT.

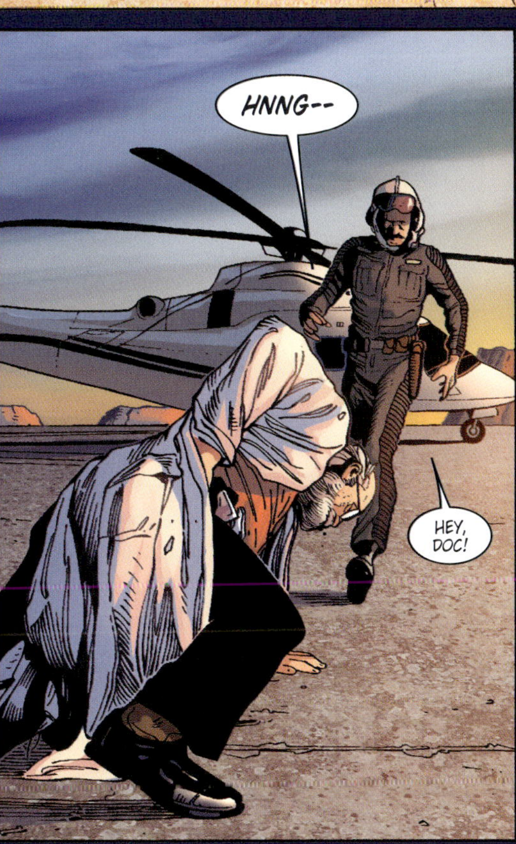
HNNG--
HEY, DOC!

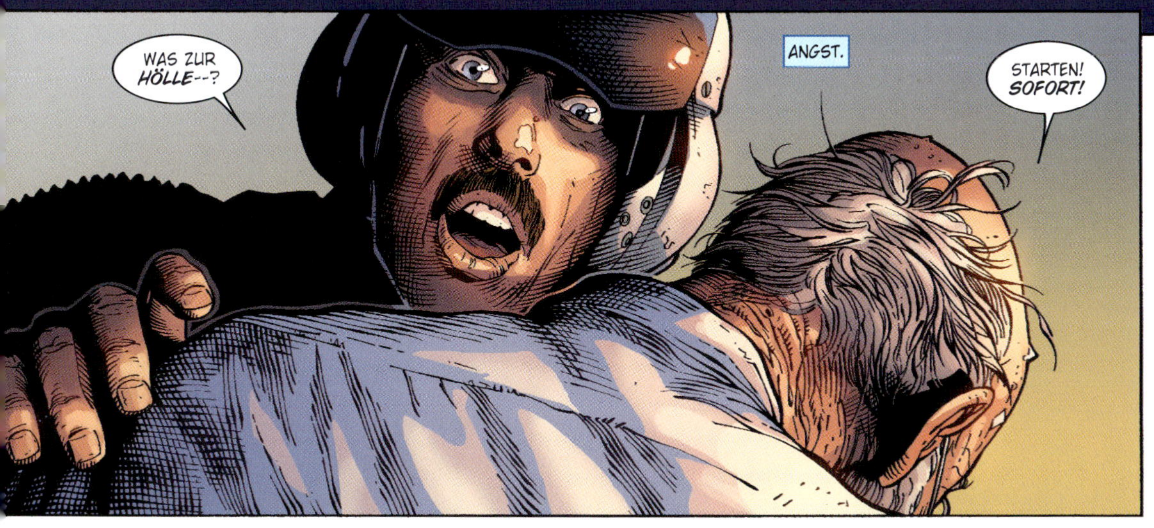
WAS ZUR HÖLLE--?
ANGST.
STARTEN! SOFORT!

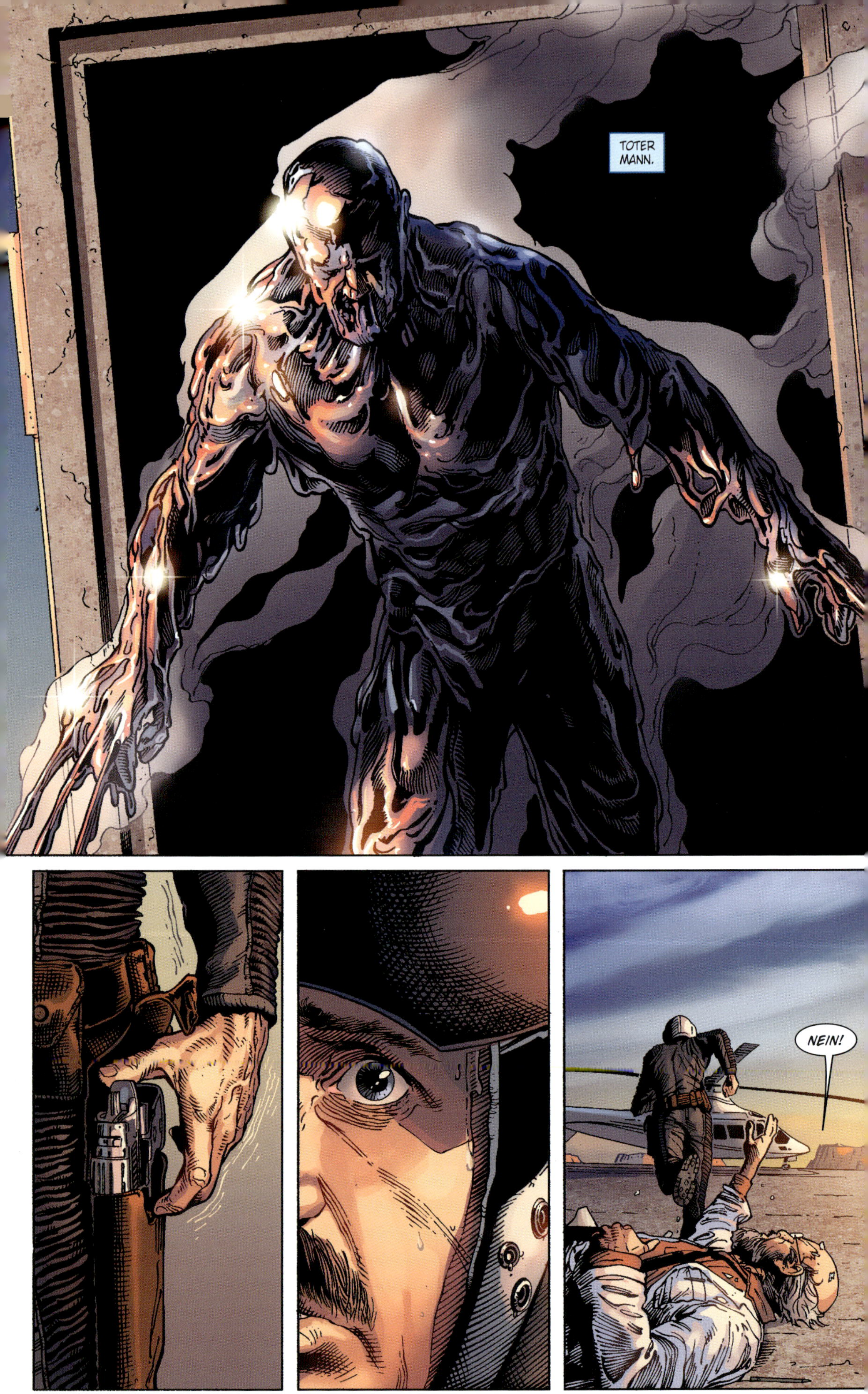

TOTER MANN.

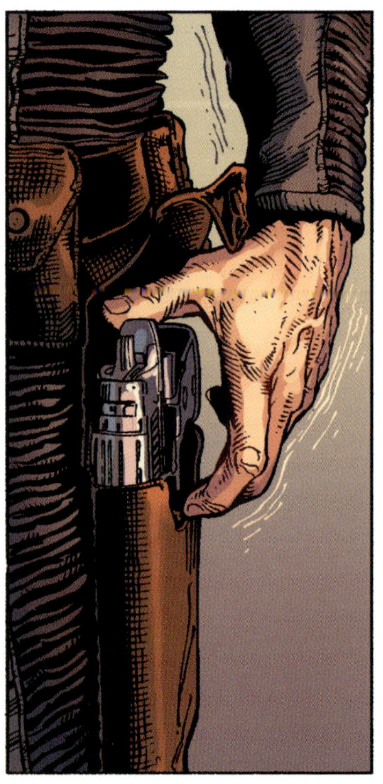

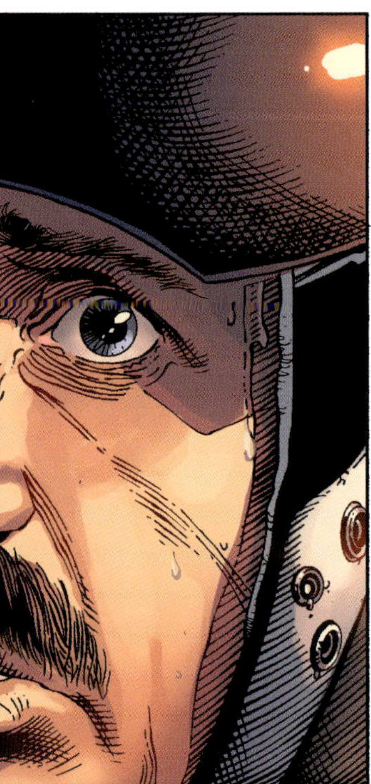

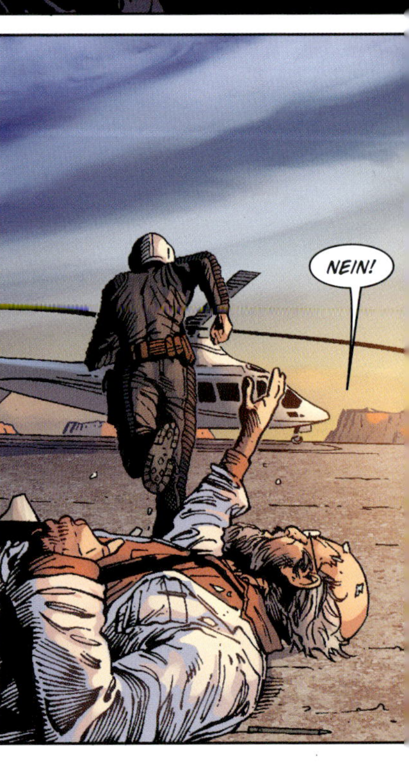

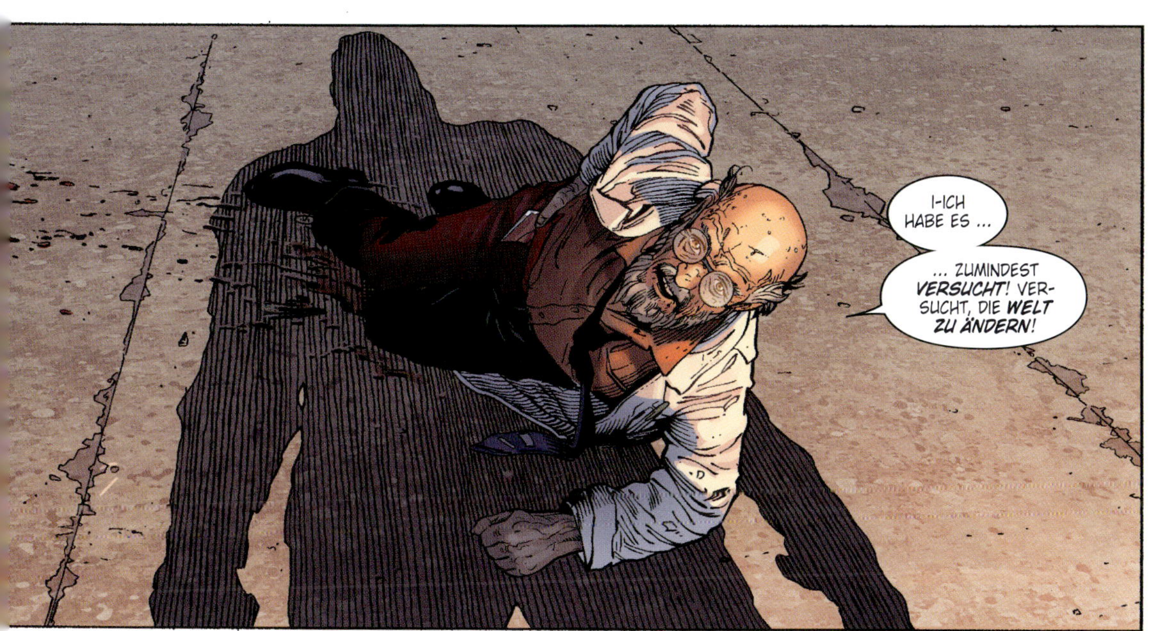
I-ICH HABE ES ...
... ZUMINDEST VERSUCHT! VERSUCHT, DIE WELT ZU ÄNDERN!

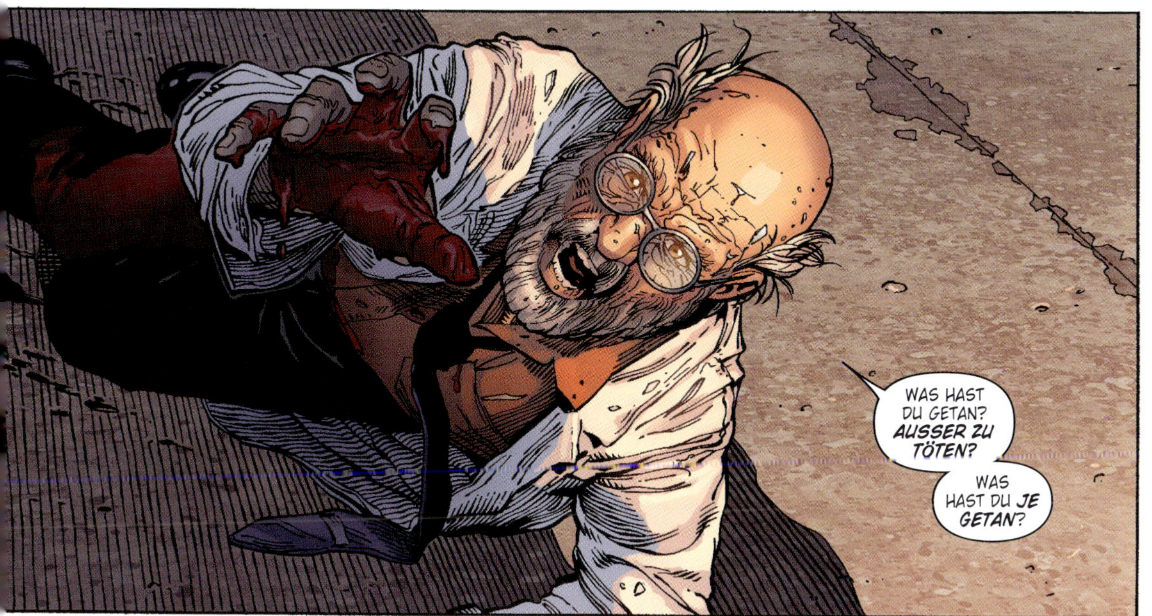
WAS HAST DU GETAN? AUSSER ZU TÖTEN?
WAS HAST DU JE GETAN?

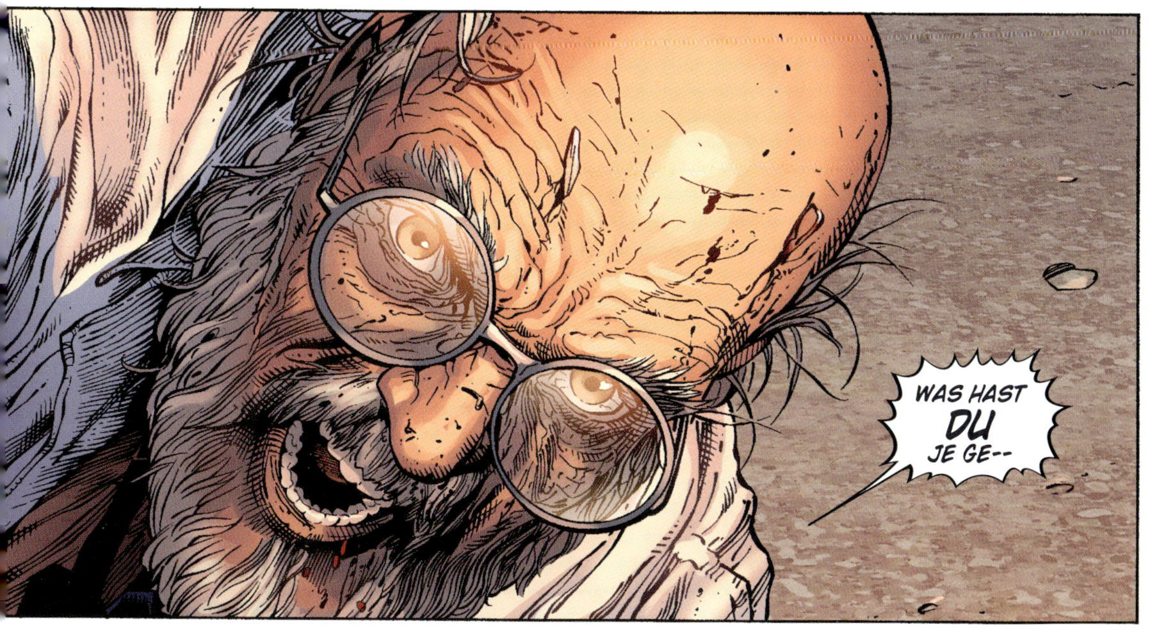
WAS HAST DU JE GE--

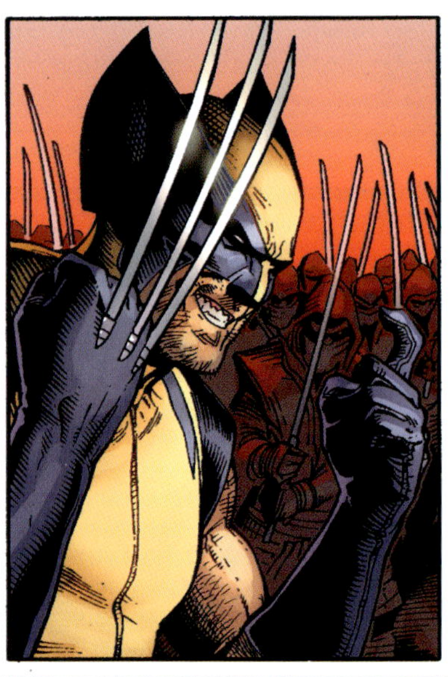
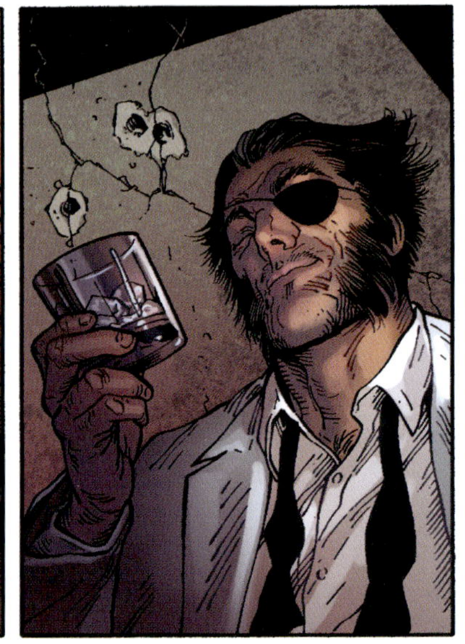
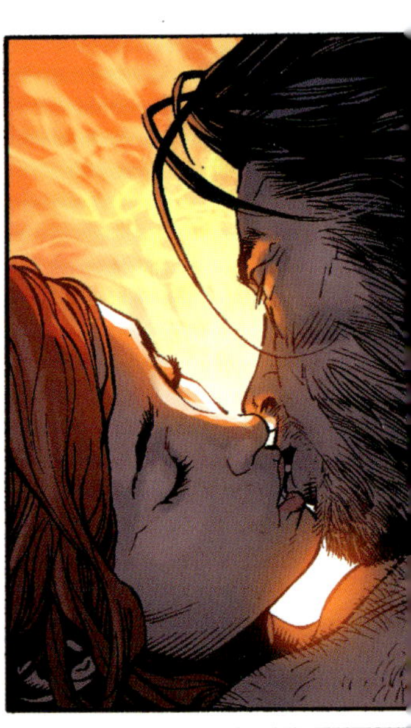
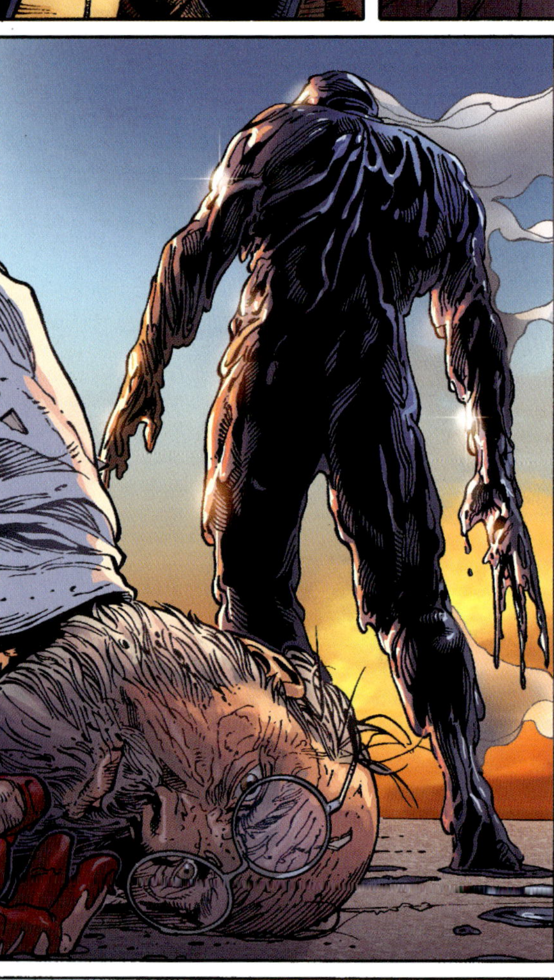
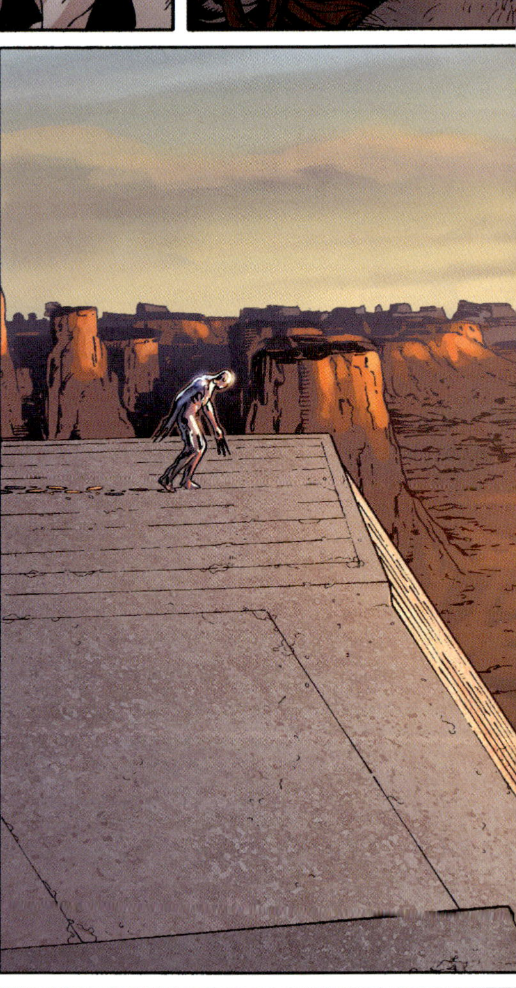
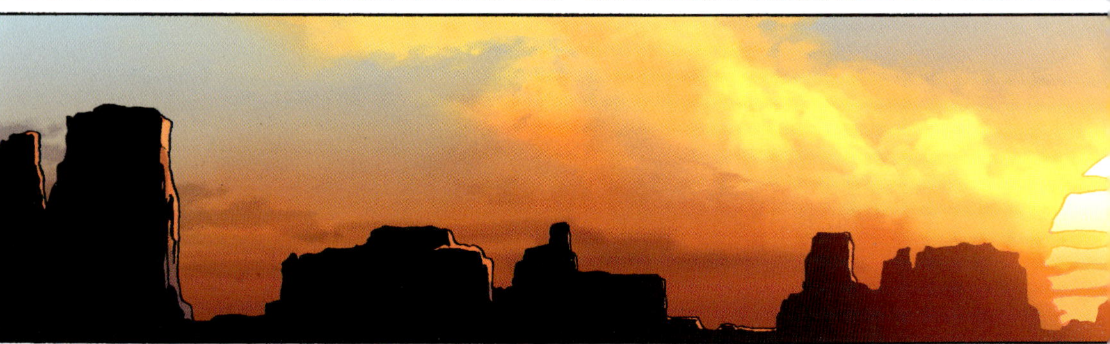

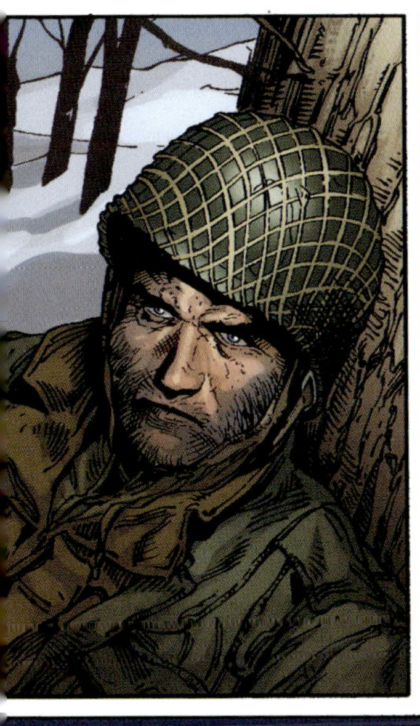
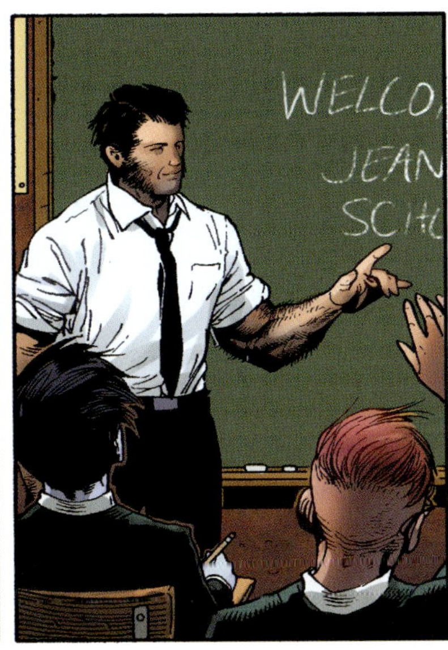
WELCO
JEAN
SCH
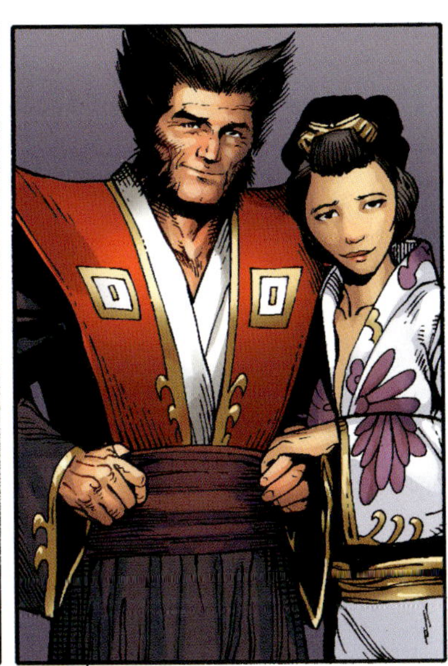
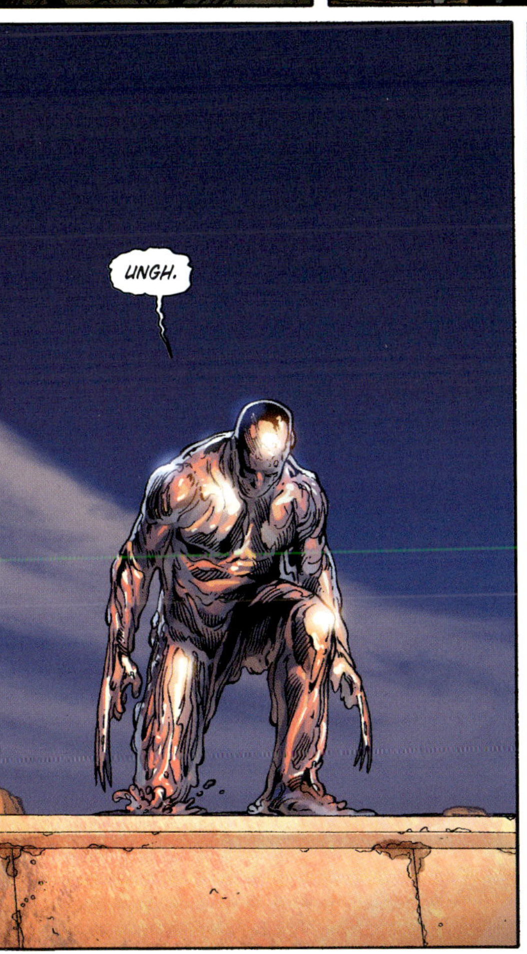
UNGH.
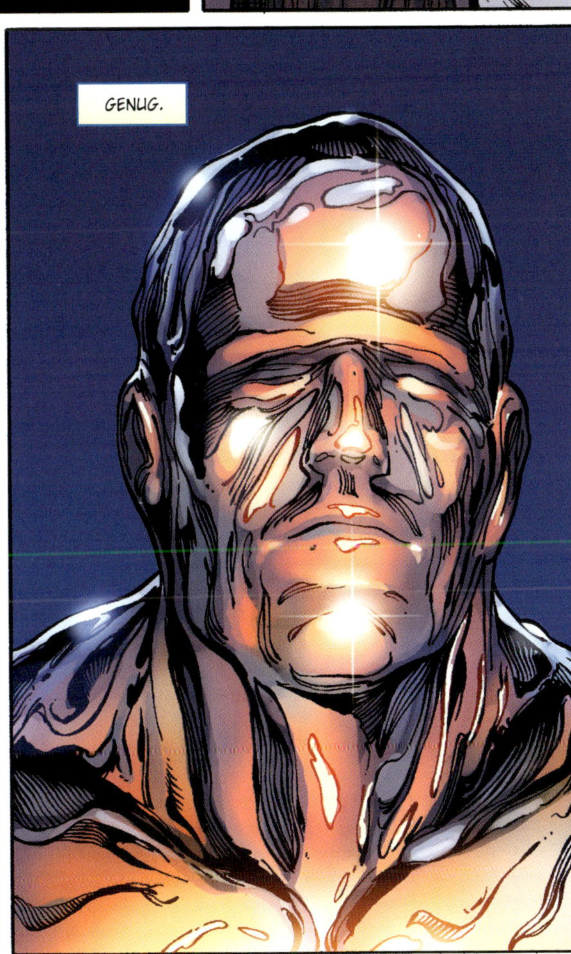
GENUG.
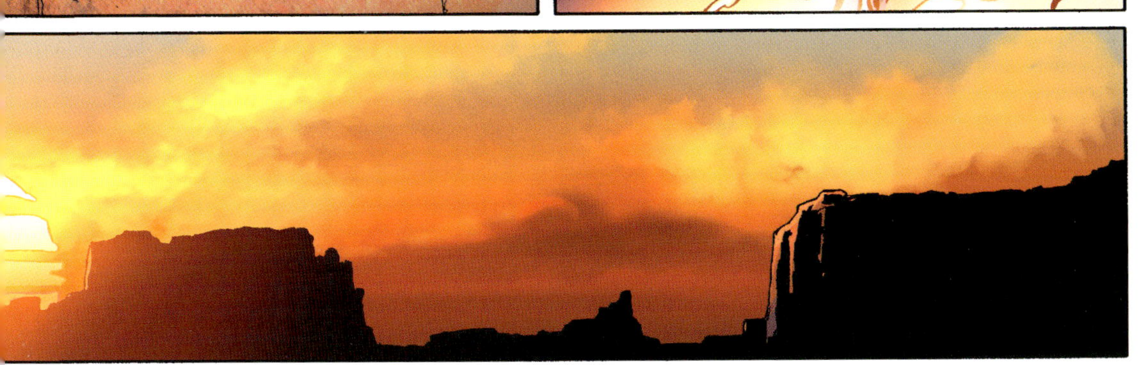

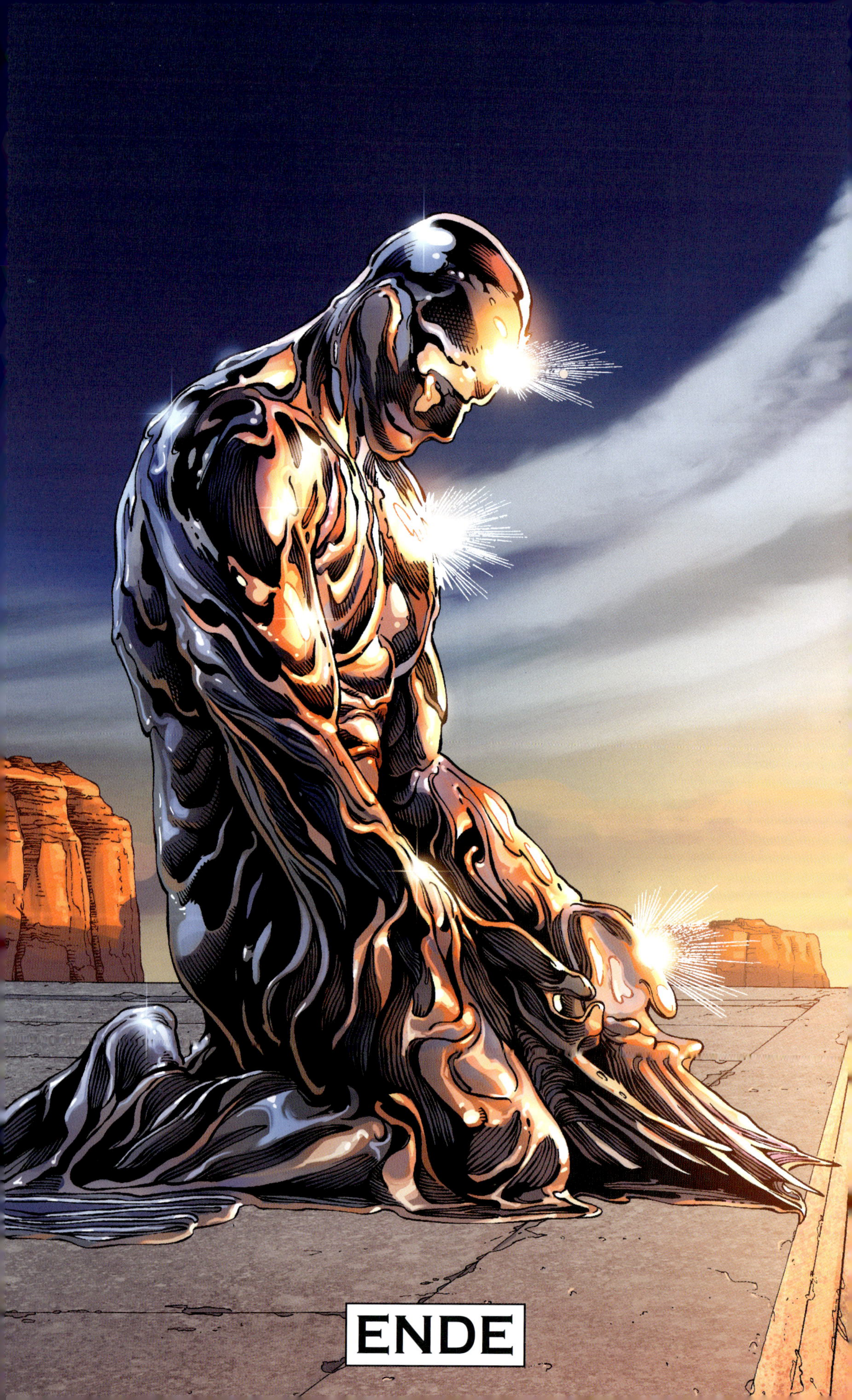
ENDE

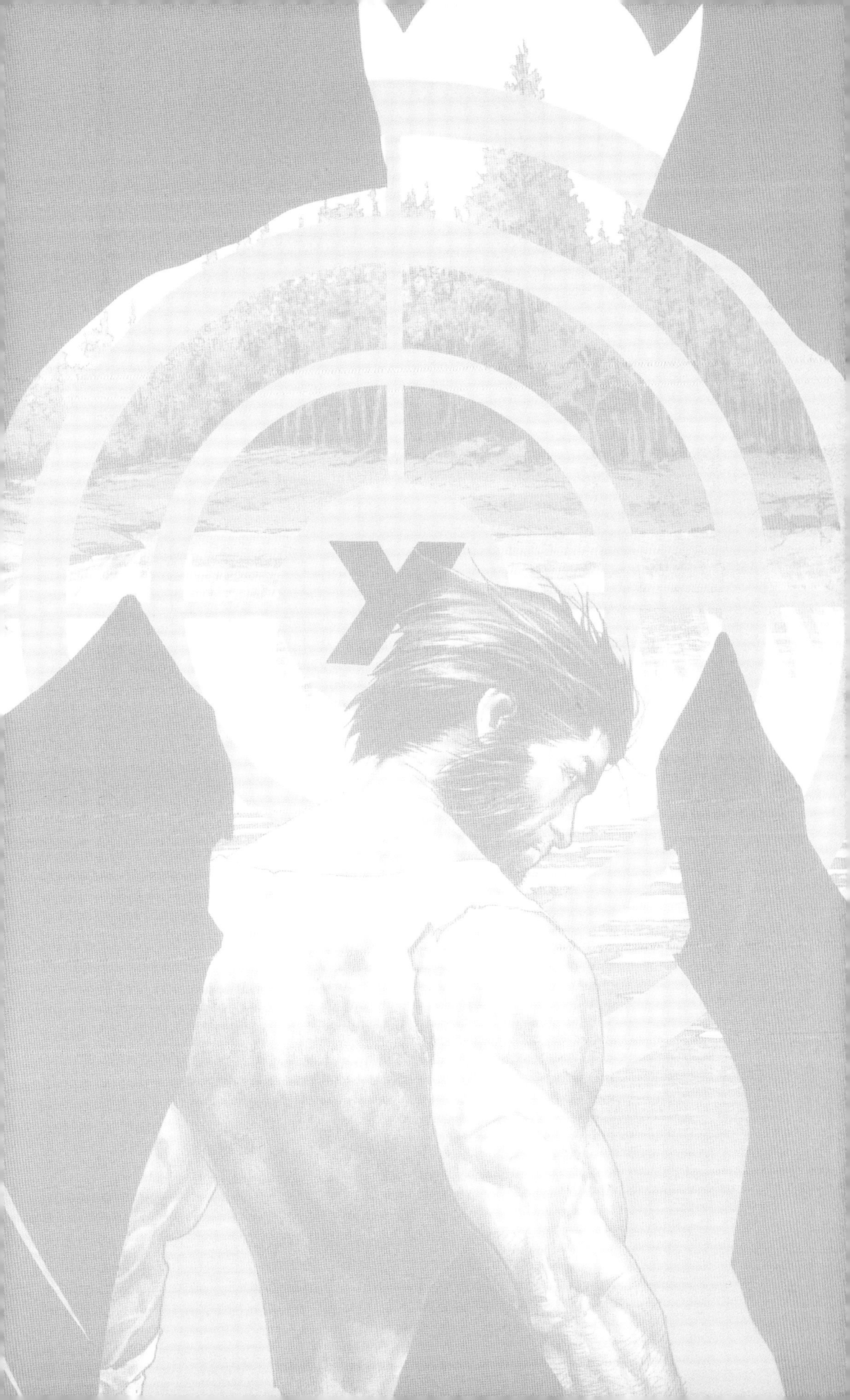

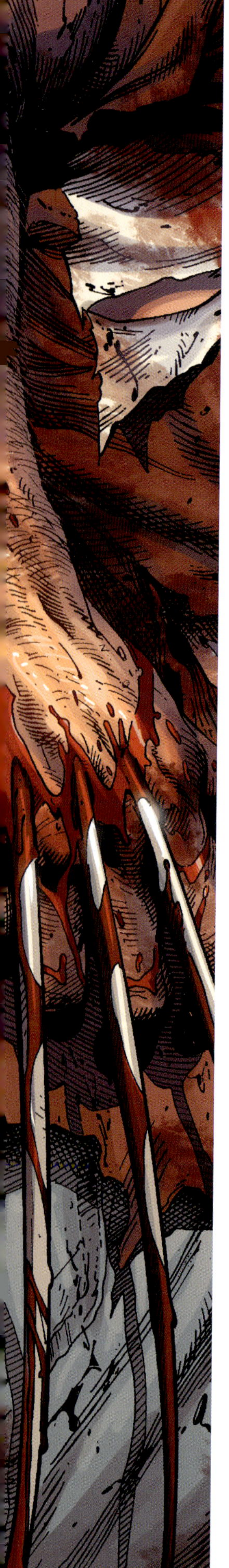

DIE MACHER

CHARLES SOULE

In Milwaukee geboren, machte Charles D. Soule zunächst an der Universität von Pennsylvania einen Bachelor in Asien- und Nahostwissenschaften. 2000 absolvierte er Jura an der Columbia Law School, arbeitete vier Jahre für die große New Yorker Anwaltssozietät Ropes & Gray LLP und eröffnete anschließend in Brooklyn eine eigene Kanzlei. Nebenbei gründete der Musiker eine Rock-/Popband. Inspiriert vom viel zitierten Club 27, versuchte er mit dem Comic *27: First Set* in der sequenziellen Kunst Fuß zu fassen. 2009 erschien *Strongman*, eine Graphic Novel über einen mexikanischen Wrestler, der privat gerne den Helden spielt. Von 2013 bis 2017 schuf Soule für Oni Press die Serie *Letter 44*. Der Sci-Fi-Polit-Thriller wurde 2016 auf dem Comic-Festival in Angoulême als eine der besten Neuheiten gefeiert. 2013 übernahm Soule auch SWAMP THING für DC und startete den Titel SUPERMAN/WONDER WOMAN. Für Marvel schrieb das Allroundtalent im selben Jahr THUNDERBOLTS. 2014 folgte *She-Hulk* und INHUMAN. Den Ritterschlag erhielt Soule, als er mit der Umsetzung von Logans Tod und den Ablegern *Death of Wolverine: The Weapon X Program* und WOLVERINES betraut wurde. Zwischen 2015 und 2018 verfasste der Workaholic u. a. drei verschiedene Inhumans-Reihen, *Daredevil*, die Miniserien DEATH OF X und INHUMANS VS. X-MEN, ASTONISHING X-MEN und diverse *Star Wars*-Publikationen wie *Darth Vader – Dark Lord of the Sith*. 2018 inszenierte er Logans Rückkehr in JAGD AUF WOLVERINE und DIE RÜCKKEHR VON WOLVERINE. Etwa zur selben Zeit veröffentlichte Soule seinen ersten Roman *The Oracle Year*, ein Jahr später den zweiten *Anyone*. 2020 endete sein Vierteiler *Star Wars: The Rise of Kylo Ren*.

STEVE McNIVEN

Wolverines Landsmann Steve McNiven gelang es Anfang 2000 auf der Comic Con in San Diego, den US-Verlag CrossGen von seinem Talent zu überzeugen. Als Zeichner von *Meridian* machte sich McNiven rasch einen Namen. Nachdem CrossGen den Betrieb eingestellt hatte, wechselte er 2004 ins Haus der Ideen, wo ihm MARVEL KNIGHTS: 4 anvertraut wurde. Umgehend ernannte ihn Chefredakteur Joe Quesada zu einem ihrer Young Guns, eine Auswahl junger Künstler, die aus seiner Sicht Superstar-Potenzial besitzen. 15 Jahre später kann McNiven ein prestigeträchtiges Portfolio vorweisen. In Zusammenarbeit mit Comic-Guru Warren Ellis entstand *Ultimate Secret*. An der Seite von Starautor Mark Millar erschütterte McNiven 2006 durch CIVIL WAR zunächst das Marvel-Universum, bevor beide in WOLVERINE: OLD MAN LOGAN eine düstere Zukunft von Wolverine beleuchteten und letztlich mit NEMESIS einen eigenen, ultimativen Antihelden vorlegten. Aus der Zusammenarbeit mit Brian M. Bendis ging die Reihe SPIDER-MAN & DIE NEUEN RÄCHER und einige Ausgaben für GUARDIANS OF THE GALAXY hervor. Ed Brubaker half er, den in die Jahre gekommenen Captain America einer Frischzellenkur zu unterziehen. Für Rick Remender gestaltete McNiven kurz die UNCANNY AVENGERS, während er für Nick Spencer den ersten und letzten Teil von SECRET EMPIRE zeichnete. Ein Wiedersehen mit Charles Soule feierte er schließlich 2016 im Titel UNCANNY INHUMANS sowie 2018 in DIE RÜCKKEHR VON WOLVERINE.

DER TOD VON WOLVERINE

BONUSTEIL

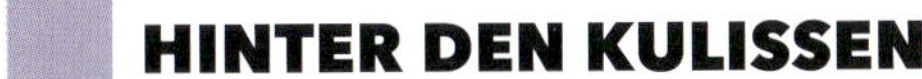

HINTER DEN KULISSEN

TIMELINE

WEITERE LEKTÜRE

ANMERKUNGEN

WEITERE MUST-HAVE-TITEL

Eine spannende, wunderschön erzählte Geschichte voller Nervenkitzel wie *Death of Wolverine* markierte ein würdiges Ende für diesen außergewöhnlichen Helden. Lasst uns zusammen die Ursprünge dieses Abenteuers entdecken, die Schlüsselmomente im Leben von **Wolverine** und seinem Vermächtnis.

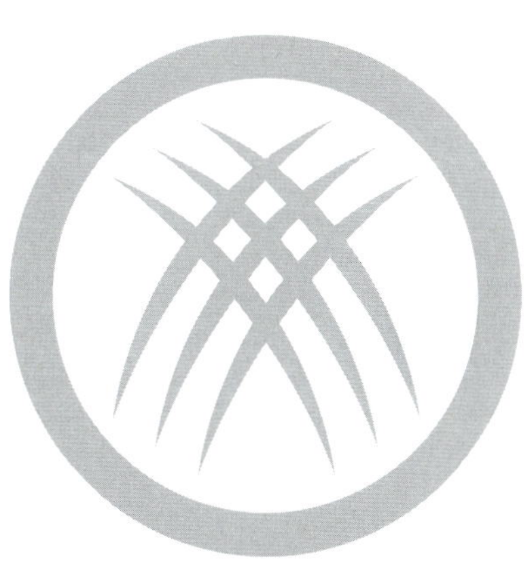

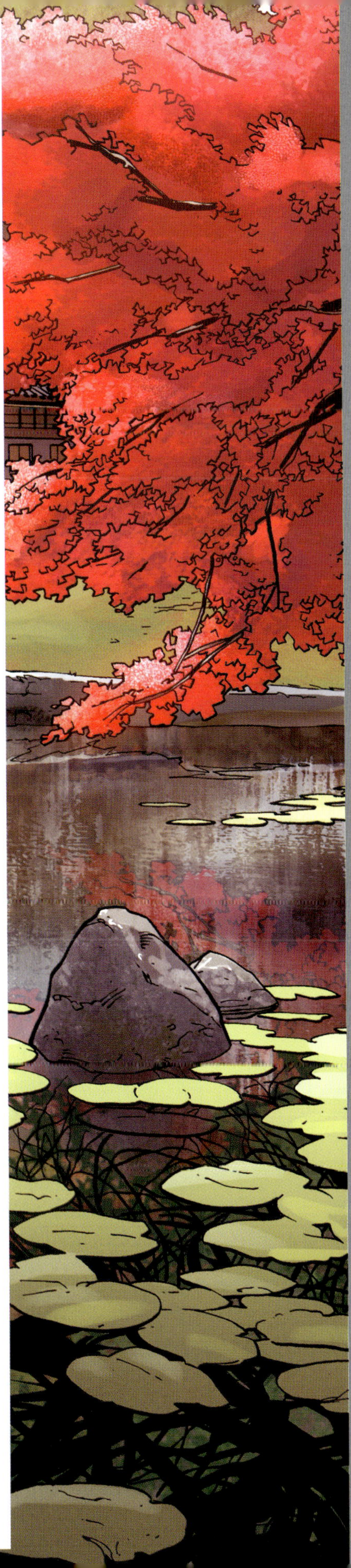

Sein letzter Gang

Wolverine und der Tod sind alte Bekannte. Vielen hat er ihn gebracht mit seinen scharfen Krallen, er musste aber auch den Verlust vieler geliebter Menschen hinnehmen. Doch dank seiner beeindruckenden Mutanten-Heilkräfte musste er sich um seine eigene Sterblichkeit nie allzu große Sorgen machen. Der Tod war sein ständiger Begleiter, doch wie es schien, würde er selbst seine Berührung nie spüren müssen.

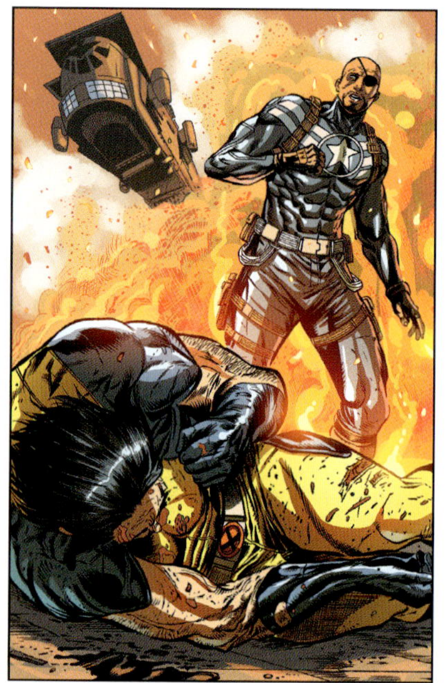

Wolverines Heilkräfte versagen ... und **Nick Fury** ist vor Entsetzen erstarrt. Zeichnung von Mirco Pierfederici.

Dies änderte sich im Jahr 2013. Auf den letzten Seiten von *Wolverine* 6, geschrieben von **Paul Cornell** und gezeichnet von **Mirco Pierfederici**, musste der schier unbesiegbare Mutantenheld feststellen, dass seine Wunden nicht mehr heilen wollten. Es trug sich zu, dass ein intelligentes Virus seine Kräfte hatte ausbrennen lassen, was Wolverine plötzlich verwundbar machte.

Die nächsten 18 Monate lang war Logan ein Todeskandidat. Und im Herbst 2014, in der Miniserie *Death of Wolverine* von Autor **Charles Soule** und Zeichner **Steve McNiven**, lief seine Zeit tatsächlich ab.

Soule war begeistert davon, Wolverines letzten Abschied zu schreiben, aber er wusste auch, was für ein vertracktes Projekt das war. In vielen Geschichten stellt der Tod einer Hauptfigur eine Überraschung dar, eine schockierende Wendung, die niemand hat kommen sehen. Nicht so in diesem Abenteuer. „Das war eine große Herausforderung", sagt Soule, auf die Schwierigkeit angesprochen, eine Geschichte abzuliefern, deren Ende bereits bekannt ist. „Ich bin mehr als zufrieden mit dem Resultat, aber es war sehr schwer, an diesen Punkt zu gelangen. Er kann ja nicht einfach sagen: ‚Hoppla, ich wurde von hinten erstochen und jetzt bin ich tot.' Es muss schon eine Geschichte sein die dem Titel *Death of Wolverine* gerecht wird. Er muss einen würdigen Abschied bekommen, und damit das der Fall ist, musst du ihn dir vier Ausgaben lang verdienen. Also baut sich da hoffentlich etwas auf bis zu einem gewissen Punkt, an dem das Wo, Wann und Wie immer noch überraschen und nicht unbedingt so verlaufen, wie man's erwartet hätte."

▶ Einige zweifelten bis zuletzt, ob Marvel eine so populäre Figur wirklich sterben lassen würde, doch der Verlag machte immer wieder deutlich, dass es für Wolverine keine Rettung in letzter Minute geben würde. Damit es auch die größten Skeptiker begreifen würden, hatten die letzten fünf Ausgaben der Serie *Wolverine* ein ominöses Banner auf dem Cover, das einen Countdown anzeigte: „3 Monate bis zum Tod", „2 Monate bis zum Tod", „1 Monat bis zum Tod".

Zusätzlich birgt es natürlich ganz eigene Gefahren, das Ende einer so ikonischen

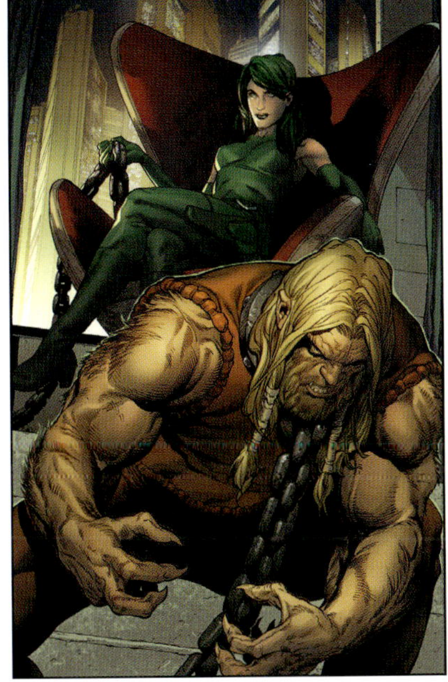

Viper und **Sabretooth**. Nur zwei von den Geistern aus Wolverines Vergangenheit, die in der Serie auftauchen. Zeichnung von Steve McNiven.

Figur zu schreiben, die von so vielen geliebt wird. „Wer Comic-Hefte liest und etwas auf sich hält, kennt Wolverine natürlich", sagt der Szenarist. „Er ist eine der bekanntesten und berühmtesten Figuren der Comic-Welt. Ich stelle mir Wolverine fast wie so eine Art **Clint Eastwood** vor. Der starke, stille, super-hartgesottene Typ. Es gibt jede Menge Geschichten zu erzählen mit so einer Figur. Ich will jetzt nicht behaupten, es sei leicht, eine gute Wolverine-Story zu schreiben, denn das ist es sicher nicht. Aber eine zu schreiben, die zumindest metaphorisch die letzte Wolverine-Story sein soll, das ist eine große Verantwortung, und die versuchte ich ernstzunehmen."

Auch McNiven, der bereits eine Vorgeschichte mit Wolverine hatte dank seiner atemberaubenden Zeichnungen in *Old Man Logan* von Autor **Mark Millar**, konnte diese Gelegenheit einfach nicht verstreichen lassen. „Ich war sofort begeistert davon, diese Serie zu machen, als **Mike Marts**, unser Redakteur, sie mir anbot", sagt McNiven. „Wolverine ist eine dieser Figuren, die ich als Zeichner liebe, und ich muss sagen, dass ich hier jeden einzelnen Augenblick beim Zeichnen genossen habe. Die letzten paar Seiten waren ganz schön schwer umzusetzen, aber ich hoffe, dass es sich für unser Publikum und die Wolverine-Fans gelohnt hat. Möge er in Frieden ruhen."

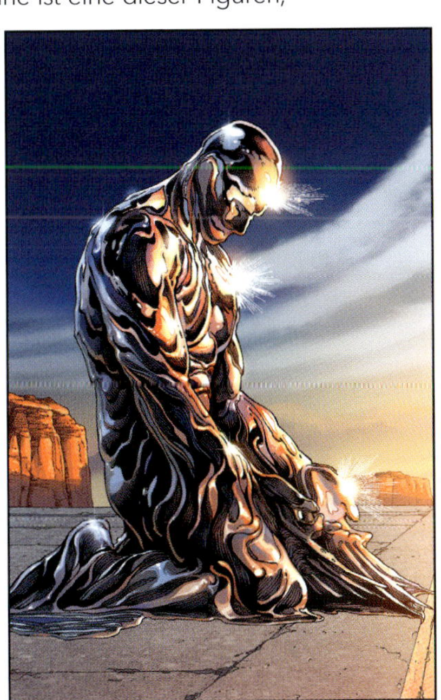

Wolverines letzter Sonnenuntergang. Zeichnung von Steve McNiven.

Nach fast 40 Jahren Publikationsgeschichte und über 150 Jahren im Marvel-Universum wussten Soule und McNiven, dass Wolverines Tod sowohl seinem außergewöhnlichen Leben als auch einigen seiner berühmtesten Abenteuer gerecht werden musste. Jedes Heft war als Hommage an eine von seinen Schlüssel-Geschichten gedacht. Teil eins blickte auf seine Anfänge in der kanadischen Wildnis zurück; Teil zwei war von seiner Zeit in Madripoor und seinem Alias, dem Spion **„Patch"**, inspiriert; Teil drei bezog sich auf seine Verbindungen zu Japan und den vielen Geschichten, die dort spielen; und Teil vier schließlich hat einen direkten Bezug zur eindringlich brillanten *Weapon X*-Saga von **Barry Windsor-Smith**. Kurz bevor die Serie debütierte, beschrieb Soule die Arbeit daran als „einen großen Spaß und eine Herausforderung, sie so zu konstruieren, dass sie nicht zusammengeschustert, sondern organisch wirkt. Jedes Heft ist ganz anders. Keine unterwürfige Hommage an die früheren Geschichten, aber das Feeling dieser alten Geschichten wird rüberkommen – hoffe ich zumindest."

TIMELINE

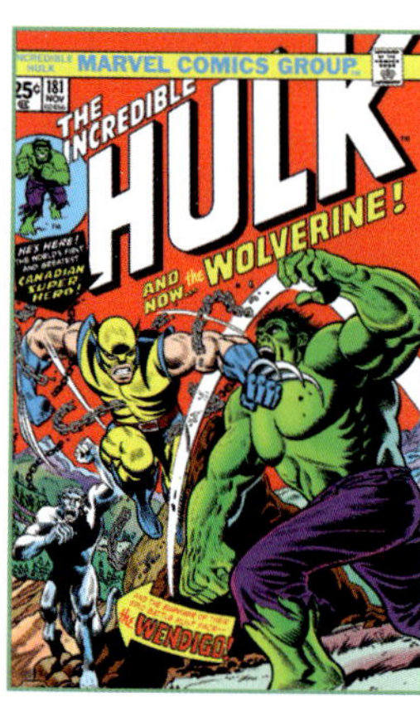

***The Incredible Hulk* 181 (1974)**
LEN WEIN
HERB TRIMPE
Nach einem Last-Minute-Auftritt in Nr. 180 gibt ***Wolverine*** *hier sein offizielles Debüt gegen keinen Geringeren als den unglaublichen* ***Hulk****.*

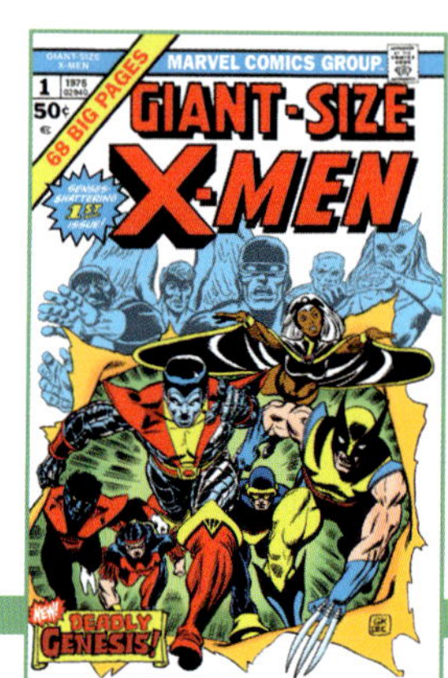

***Giant-Size X-Men* 1 (1975)**
LEN WEIN
DAVE COCKRUM
Professor X *reist durch die Welt, um Mutanten für seine neuen* ***X-Men*** *zu rekrutieren, inklusive eines Zwischenstopps in Kanada, wo er Wolverine findet.*

DER TOD VON WOLVERINE

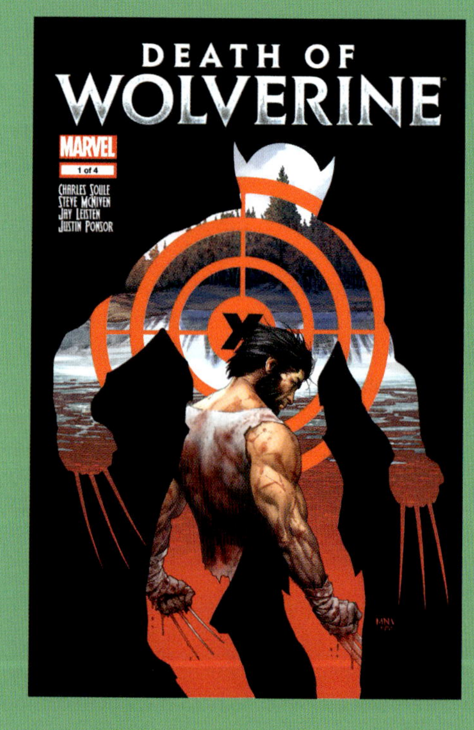

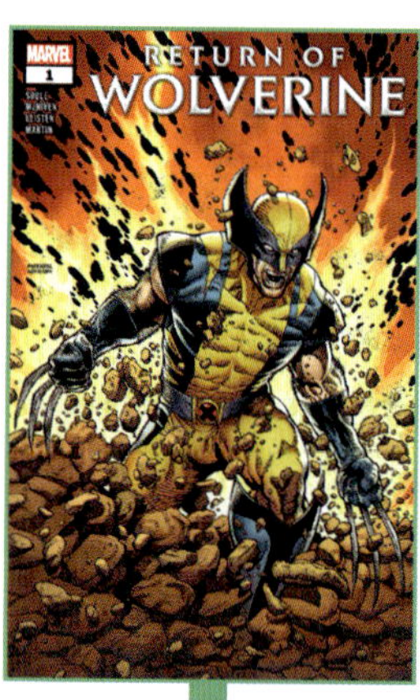

***Return of Wolverine* 1 (2018)**
CHARLES SOULE
STEVE McNIVEN
Er ist wieder da, Typ! Das Geheimnis von Wolverines Auferstehung wird offenbart, und er findet sich in den Fängen der Psychopathin ***Persephone*** *wieder.*

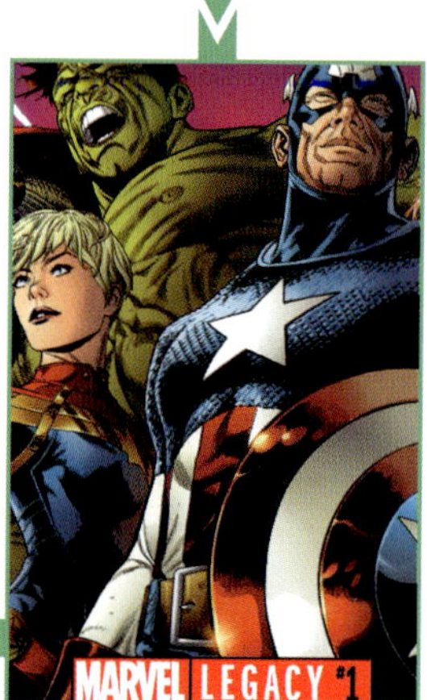

***Marvel Legacy* 1 (2017)**
JASON AARON
DIVERSE
Jean Grey *entdeckt, dass Wolverines Adamantium-„Käfig" aufgebrochen wurde, und ein von den Toten auferstandener Logan begibt sich auf eine geheime Mission, die mit den Infinity-Steinen zu tun hat.*

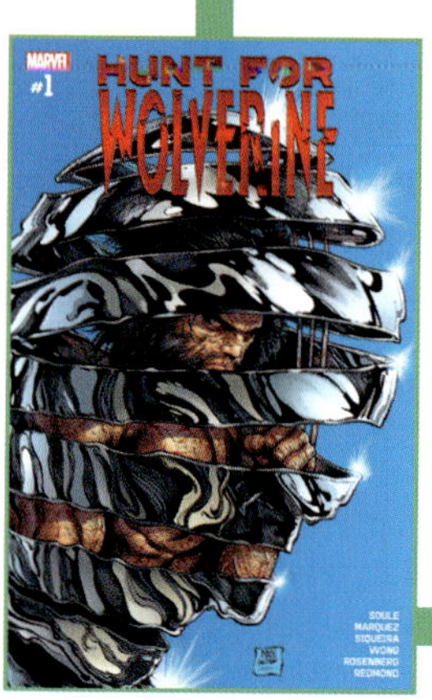

***Hunt for Wolverine* 1 (2018)**
CHARLES SOULE
DAVID MARQUEZ
PAULO SIQUEIRA
Logans Verbündete und Feinde erfahren, dass der Mutant zurückgekehrt ist, und so beginnt die Jagd auf Wolverine.

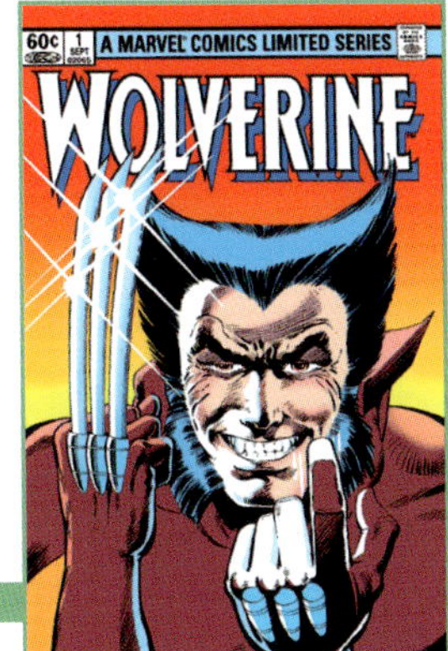

***Wolverine* 1 (1982)**
CHRIS CLAREMONT
FRANK MILLER
*In seiner ersten Solo-Serie versucht Wolverine in Japan, seine wahre Liebe **Mariko** zu finden - nur, um dabei auf den tödlichen Ninja-Clan der **Hand** zu stoßen.*

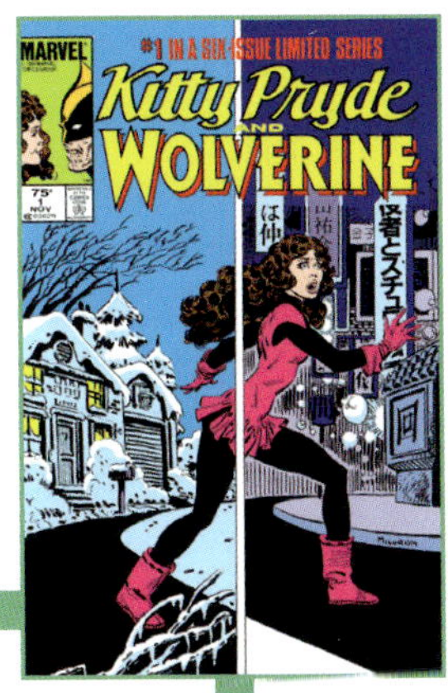

***Kitty Pryde and Wolverine* 1 (1984)**
CHRIS CLAREMONT
AL MILGROM
*Zusammen mit der jüngsten Rekrutin der X-Men kehrt Wolverine nach Japan zurück, wo die beiden es mit **Ogun** zu tun bekommen, einem berüchtigten Auftragsmörder.*

Ohne seine Heilkräfte läuft **Wolverines** Zeit ab, das Ende ist nah. Doch ein friedlicher Abschied sollte dem Mutantenhelden nicht vergönnt sein. Eine lange Reihe von Feinden und Geistern der Vergangenheit sucht ihn heim. Wolverine trotzt allen Bedrohungen und bleibt ein Held bis zum bitteren Ende. Er sucht sich seinen Abgang selbst aus und rettet dabei andere vor den grauenvollen Experimenten des **Dr. Cornelius**. Aber musste sich das Publikum nun wirklich von Wolverine verabschieden?

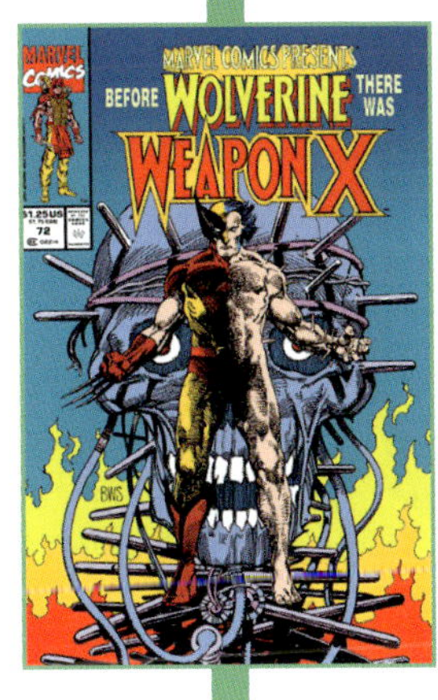

***Marvel Comics Presents* 72 (1991)**
BARRY WINDSOR-SMITH
In dem futuristischen Thriller Weapon X, *der mit diesem Heft beginnt, wird **Logans** qualvolle Verwandlung in eine lebende Waffe erzählt, deren Knochen mit dem Supermetall Adamantium überzogen sind.*

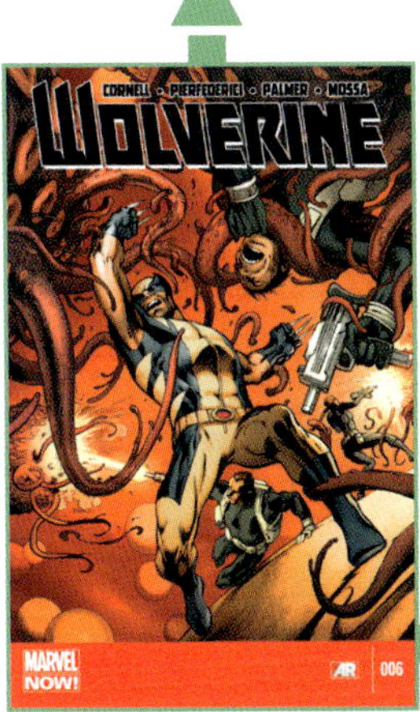

***Wolverine* 6 (2013)**
PAUL CORNELL
MIRCO PIERFEDERICI
Wolverines Welt wird auf den Kopf gestellt, als der Kampf mit einem intelligenten Virus aus dem Microverse ihn seine Heilkräfte kostet.

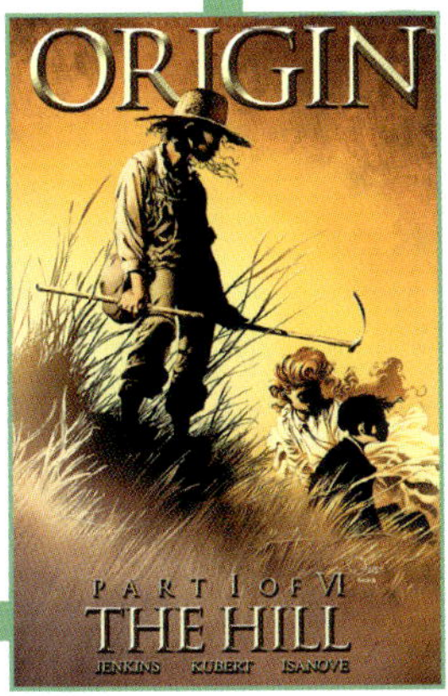

***Origin* 1 (2001)**
PAUL JENKINS
ANDY KUBERT
*Bevor es einen Wolverine gab, sogar bevor Logan existierte, war da ein verängstigter Junge namens **James Howlett**. Nach mehr als 30 Jahren erfuhr das Publikum von der tragischen Kindheit der Figur.*

Logans Vermächtnis

Wolverine ist tot, lang lebe Wolverine. Obwohl **Logan** von uns gegangen war, überlebte die Figur in zweierlei, sehr unterschiedlicher Hinsicht. **Laura Kinney**, Logans geklonte „Tochter", die bis dahin besser unter der Bezeichnung **X-23** bekannt war, übernimmt die Rolle ihres Vaters in der Reihe *All-New Wolverine*, geschrieben von **Tom Taylor** und gezeichnet von **David López**. Zusammen mit anderen Klonen, die einer Gehirnwäsche unterzogen und zu Auftragskillern gemacht wurden, ringt Laura im Lauf der Serie mit vielen Bedrohungen, die auch ihren Vorgänger vor harte Prüfungen gestellt hätten.

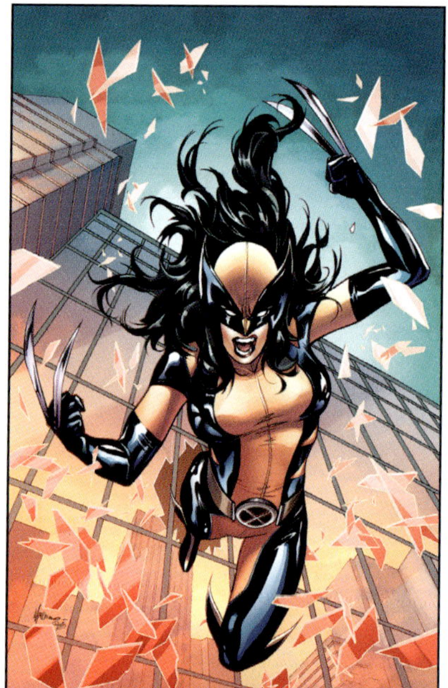

Laura Kinney als die brandneue Wolverine. Zeichnung von **Emanuela Lupacchino** und **Rachelle Rosenberg**.

Aber da gab es auch **Old Man Logan**, den Helden der gleichnamigen Geschichte von **Mark Millar** und **Steve McNiven**, die 2008 und 2009 in *Wolverine* erschienen war. Ursprünglich stammte Old Man Logan aus der nahen Zukunft eines Paralleluniversums, in dem die Schurken den Planeten Erde erobert hatten, doch im Zuge der Ereignisse des **Secret Wars**-Crossovers von 2015 hatte er es irgendwie ins „reguläre" Marvel-Universum 616 geschafft. Sein hohes Alter und zahllose weitere Tragödien hatten diesen Logan sogar noch grimmiger und schroffer gemacht als das Original. In der Serie *Old Man Logan* von **Jeff Lemire** und **Andrea Sorrentino** versucht der alte Logan ab 2016 die Katastrophe zu verhindern, die seine eigene Welt verwüstet hat. Dabei werden auch weitere Einzelheiten aus seinem Leben in der Einöde vor den Ereignissen der Millar/McNiven-Story bekannt.

Die Rückkehr der Original-Version von Wolverine kündigte sich schließlich 2017 in *Marvel Legacy* 1 an. Darauf folgte die Reihe *Hunt for Wolverine*, die sich auf ein Sonderheft und ein Quartett vierteiliger Miniserien mit den Untertiteln *Weapon Lost*, *Adamantium Agenda*, *Claws of a Killer* und *Mystery in Madripoor* verteilte, sowie ein Epilogheft mit dem Titel *Dead Ends*. Darin versuchen verschiedene Gruppen von Helden und Schurken herauszufinden, ob Logan wirklich lebt und wo er sein könnte. Dies führte zum Fünfteiler *Return of Wolverine* von **Charles Soule**, Steve McNiven und **Declan Shalvey**, in dem Logan von der Schurkin **Persephone** gefangen und misshandelt wird, ehe er einmal mehr die Welt rettet.

▶ Nach *Marvel Legacy* 1 gab es in vielen Marvel-Serien, unter anderem *X-Men: Red*, *Avengers* und *Incredible Hulk*, Bonus-Szenen zu sehen, in denen Wolverine aus dem Verborgenen seine Super-Kollegen beobachtet. Diese Zweitgeschichten dienten als Vorspiel sowohl für *Hunt for Wolverine* als auch für die Crossover-Serien *Infinity Countdown* und *Infinity Wars* von 2018.

Feinde und Verbündete

In *Death of Wolverine* kehrten viele Geister aus **Logans** Vergangenheit zurück. Der erste von ihnen war **Nuke** alias **Frank Simpson**. Im Auftrag von **Waffe Plus** hatte **Wolverine** Frank einst entführt und ihn für dieses Programm rekrutiert. Dort war Simpson gefoltert und einer Reihe von Gehirnwäschen unterzogen und so zur Killermaschine gemacht worden. Schließlich verpasste Waffe Plus auch seinem Körper ein „Upgrade" und verwandelte Nuke in einen tödlichen Cyborg.

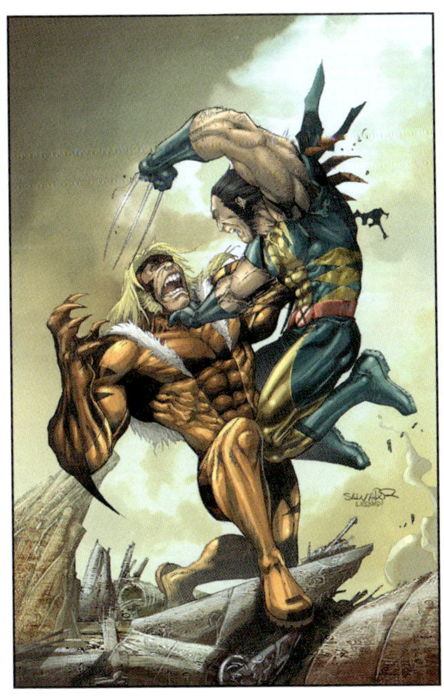

Erbitterte Feinde: Wolverine und Sabretooth bekommen sich einmal mehr in die Haare. Zeichnung von **Salvador Larroca**.

Madame Viper, eine frühere Anführerin des globalen Terror-Netzwerks **Hydra**, war Wolverine erstmals in Madripoor begegnet. Um die Kontrolle über die Insel zu erlangen, erpresste sie Wolverine und zwang ihn, sie zu heiraten. Die Ehe hielt, bis Viper von **Ogun** besessen wurde. Um den bösen Geist zu vertreiben, musste Wolverine sie verletzen. Nachdem sie einer Scheidung zugestimmt hatte, brachte er sie zu einem Arzt.

Sabretooth alias **Victor Creed** der brutale, bestialische Killer und Ex-Kollege aus dem **Waffe X**-Programm, ist zweifellos Wolverines Erzfeind. Immer wieder geraten die beiden aneinander. Creeds Mutantenkräfte sind denen Wolverines ähnlich. So verfügt auch er über beeindruckende Heilkräfte, scharfe Sinne und übermenschliche Stärke, was ihn zu einem zähen Gegner macht. Logan zu quälen, scheint sein liebster Zeitvertreib, und eine Zeit lang suchte Sabretooth Logan immer zu dessen Geburtstag heim, um ihn halb tot zu prügeln – nur um zu beweisen, dass er es konnte.

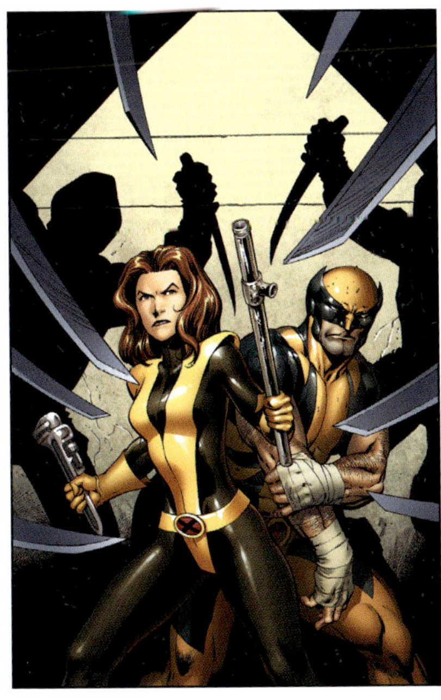

Wolverine und Kitty Pryde in Aktion. Zeichnung von **Alan Davis**.

Trotz ihres großen Altersunterschieds sind **Kitty Pryde** und Logan befreundet, seit Pryde als Teenager zu den **X-Men** stieß. Wolverine ist eine Art Mentor für sie. Er hat sie durch schwere Zeiten begleitet und ihr mit Rat und Tat zur Seite gestanden. Im Gegenzug war auch Kitty immer für Logan da in seinen dunkelsten Stunden und hat ihn daran erinnert, wie menschlich und mitfühlend er sein kann.

WEITERE MUST-HAVE-TITEL

BEREITS ERHÄLTLICH

CIVIL WAR

AVENGERS: HELDENFALL

SPIDER-MAN: SPIDER-VERSE

WOLVERINE: OLD MAN LOGAN

DEADPOOL KILLT DAS MARVEL-UNIVERSUM

THANOS: DIE GEBURT EINES MONSTERS

DAREDEVIL: DER MANN OHNE FURCHT

JETZT ERHÄLTLICH

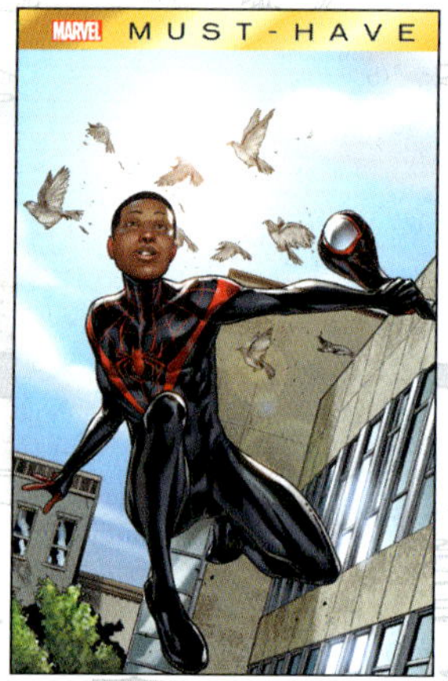

MILES MORALES: ULTIMATE SPIDER-MAN

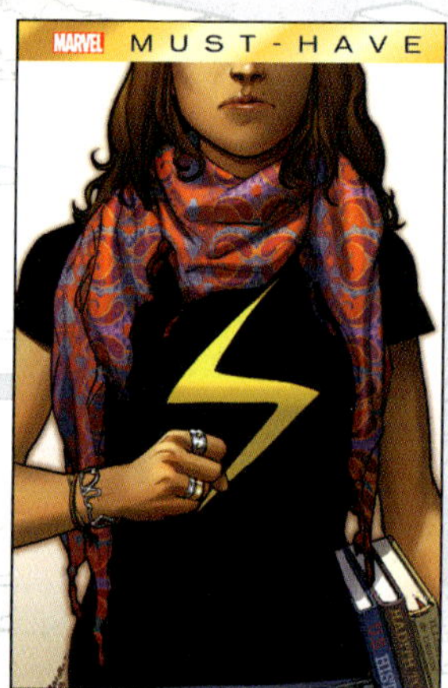

MS. MARVEL: META-MORPHOSE

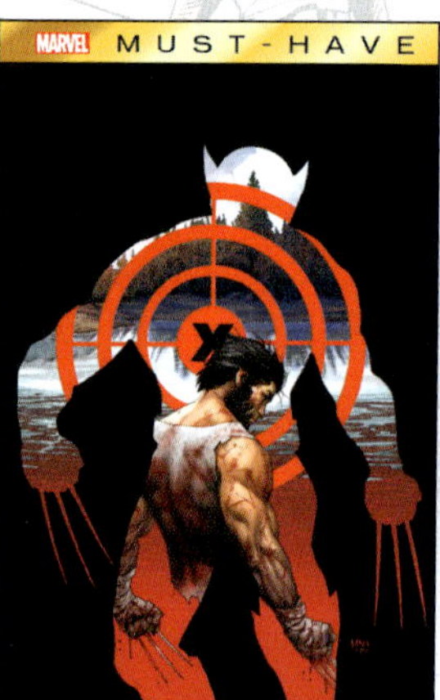

DER TOD VON WOLVERINE

DEMNÄCHST

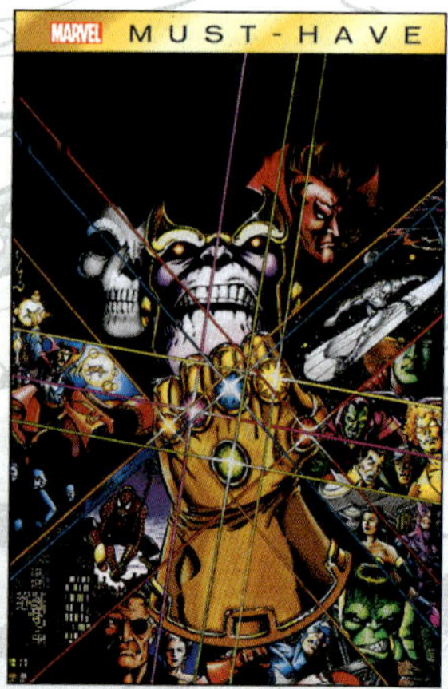

INFINITY GAUNTLET

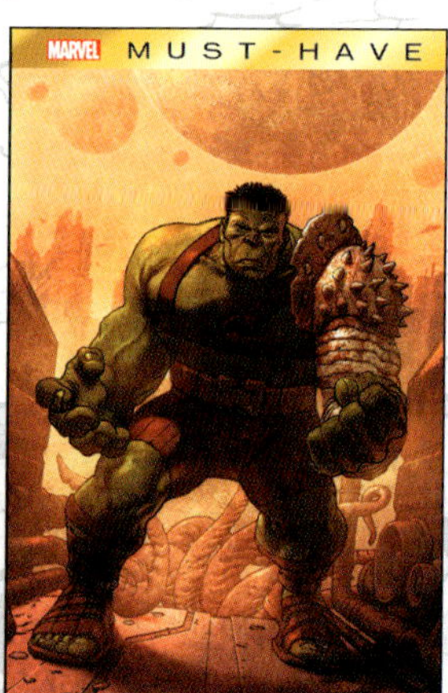

PLANET HULK